評伝 島成郎

ブントから沖縄へ、
心病む人びとのなかへ

Mikio sato
佐藤幹夫

筑摩書房

はじめに「一身にして二生を経るが如し」

島成郎《しましげお》の生涯は、大きく二つの仕事からなる。

一つは、一九五〇年の東京大学入学とともに始めた政治活動や学生運動。共産党と決別してブント（共産主義者同盟）を組織し、最後で最大の闘いとなる六〇年安保闘争を主導した。こちらは政治活動家・運動家としての島成郎である。

もう一つは、安保闘争以後、東大に復学して医師となり、返還直前の沖縄に渡って精神医療のネットワークを作り上げていった島成郎である。当時、沖縄は精神科の医師も病院も少なく、本土から一〇年は遅れていると言われていた。家族はやむにやまれず、患者を座敷牢や監置小屋に入れ置くしか術はなかった。島は保健師たちと、患者の家一軒一軒を訪ね歩き、粘り強く監置室から出るよう働きかけていった。

病院から地域に移し、今で言うデイケアをつくり、多くの職種や行政職員も巻き込んだ家族会を立ち上げていった。学生時代に全国の大学を飛び回り、ブント加入のために勧誘（オルグ）して歩いたときのように、沖縄の多くの医師、看護師、保健師、心理や福祉関係者、学校関係者などとともに、地域医療づくりに駆け回った。これが三〇代後半以降の、島のもう一つの人生である。

まさに福沢諭吉が『文明論之概略』で書いた「一身にして二生を経るが如し」という言葉そのものの生涯を、島は歩んだ。しかも、二つの仕事ともに常人をはるかに超えた役割を担い、見事に果たし切ったのである。

さらに特徴的なことがある。

六〇年の安保闘争以後、日本社会は敗戦以来の経済苦境から少しずつ脱し、高度経済成長と呼ばれる時代に本格的に入っていく。また島が派遣医として初めて沖縄に渡ったのが一九六八年、勤務医としてその活動を本格化させていくのが一九七二年。本土復帰の年であった。

いわば戦後社会の大きな二つの曲がり角において時代を牽引し、政治や医療活動に邁進していったことになる。

島は、ブントをつくるべくして立ち上げ、沖縄に行くべくして導かれた。改めて、時代に呼ばれた人なのだな、という思いを強く抱く。

すでにして私の手には余っているのだが、では、なぜ島成郎だったのか。

私事に触れることになるので、できるだけ手短に書く。この企画を勧めてきたのは小川哲生さんである。『自閉症裁判』を刊行した後の、二〇〇六年頃だったろうか。「島成郎の評伝を書いてみないか」という誘いを受けた。さすがに引き受けかねた。

ブントも、全学連も六〇年安保も、さらには沖縄も、当時の私はほとんど不案内に近かった。ましてこれほどの人物の評伝など、どこをどう叩いても無謀に違いなかった。

ところが、一〇年近い歳月を経て、ふとしたことからきっかけがやってきた。

私の若い家族が、沖縄に自分の新しい住まいをつくるという。新たないのちが間もなく誕生するのだともいう。沖縄が一気に、私の生活と関心のなかに飛び込んできた。歴史、戦争、戦後の米軍統治のあれこれ。入ってくる情報の切実さとインパクトは、けた違いに大きくなった。

島の精神医療関連の文献を読み始め、再び衝撃を受けた。地域精神医療のあり方や考え方が、半世紀近くを経た現代でも、まったく遜色のない深さと強さをもっているのである。

拙いながら、私もこの領域で仕事をしてきたノンフィクションの書き手である。島成郎が沖縄でなし得たことを、このまま埋もれさせてしまうのは恥ずべきことではないだろうか。

こうして博子夫人はじめ、関係者を訪ね歩く日々が始まった。途中から、これらの方々の後押しが、とにかく並みのものではない、と感じるようになった。多用させていただいた取材談話からも、「島成郎のためなら」という熱量の大きさを感じていただけることと思う。

以上が、島成郎の評伝に取り組むようになった経緯である。

精神医療、沖縄、そして日米問題。島成郎の生涯を縦軸のテーマとするならば、こちらは横軸をつくる主題である。いずれともに、現在の日本社会においていかに重要なテーマとなっているか、多くの説明は不要だろう。非力は承知しながらも、この四年間、全身全力で取り組んできた。ぜひとも手に取ってお読みいただきたいと思う。

本文中の注記は（　）で示し、取材談話や文献引用では〔　〕で表記し、区別した。肩書は取材時のまま。敬称は略させていただきました。

評伝　島成郎＊目次

はじめに　「一身にして二生を経るが如し」　003
プロローグ　島成郎の沖縄入域、これを拒否する　009

第一部：沖縄へ向かうこころ

第一章　「医」の初心、〝歌のわかれ〟　034
第二章　沖縄、ヴ・ナロード（心病む人びとのなかへ）　059
第三章　玉木病院と「Open door policy」　089

第二部：一九六〇年日米安保闘争とその後

第四章　喘息と戦争と敗戦の光景　118

第五章　ブント（共産主義者同盟）創設まで　140
第六章　六〇年安保闘争の始まりと終わり　169
第七章　漂流、復学、そして医師になる　199

第三部：治療共同体へ

第八章　島成郎の治療論と「久米島でのひとつの試み」　228
第九章　北の風土と医師たちの治療共同体　258
第十章　沖縄再会――〝やんばる〟に全開放病院を　283
エピローグ　島成郎、沖縄に死す　314
おわりに　島成郎の病理観・治療観と、人をつなげる力　341
参考文献一覧　344

写真提供　カバー：島博子氏、表紙：高石利博氏

装幀　間村俊一
編集　小川哲生

プロローグ　島成郎の沖縄入域、これを拒否する

米軍による沖縄入りの「拒否」

一九六八年五月八日、那覇空港に降り立った飛行機のなかで、一人の男性が足止めを食っていた。

男性の名前は島成郎《しましげお》。三七歳。年齢こそ重ねていたが、国立武蔵療養所に勤めて二年目の、れっきとした〝若手医師〟だった。このとき鳥打帽をかぶっていたという。

島は、国立武蔵療養所（現在の国立精神・神経医療研究センター）に勤務する精神科の医師で、本土からの、厚生省派遣医として沖縄にやってきたのだが、米国民政府（USCAR〔ユースカー〕United States Civil Administration of the Ryukyu Islands 琉球群島米国民政府）はビザを発給せず、降機を許可しなかった。沖縄は本土復帰前。いまだ敗戦直後から続く過酷な米軍統治のなかに置かれていた。

五月上旬の沖縄といえばすでに初夏。空の青さも海の色も、ひときわ澄み切っていたに違いない。飛行機のなかの島は、沖縄の景色をどんな思いで見ていたのだろうか。

一九四六年一月、沖縄を含む南西諸島は、米国によって北緯三〇度線で日本国から分断された。五一年一二月には、二九度線以北の島々が返還。五三年一二月には奄美大島や徳之島などが返され、二七度線が境界線となった。

政府名も沖縄諮詢会から沖縄民政府へ（四六年四月）、さらに五〇年一月には沖縄群島政府となり、翌五一年四月には琉球臨時中央政府、そして五二年四月に琉球政府と変わっていった。宮古、八重山、奄美も、同じように支庁、民政府、群島政府と移っていった。そして五〇年の一二月には、琉球列島米国民政府と総称されるようになる。いわばこのとき、米軍の命令一下、南西諸島全域に通達される統治組織が一応の完成を見たことになる。

五二年のサンフランシスコ条約締結の際にも沖縄群島は返還されず、全島が返されるのは一九七二年を待たなくてはならなかった。したがって二七度線を越えるためには、パスポート（旅券）とビザ（査証）を必要とした。

この現実をめぐり、沖縄の側からは幾度となく、その非人権性・差別性を糾弾する闘争が引き起こされていた。

島は、なぜ二七度線を越えることができなかったのか。米軍は彼に、なぜビザを発給しなかったのか。米国民政府にとっての島は、一人の若手医師である以上に、あの、一九六〇年の日米安保闘争を指揮したリーダーだった。世界に「ゼンガクレン」「東京暴動」として報じられた闘いの最高指導者であり、日本国や米軍からマークされてしかるべき存在として、沖縄への第一歩を踏み出したのであった。

もちろんこの米軍対応に島は反発し、後年、「国が派遣した医師としてきているのに、なぜ飛行機を下りられないのか、非常に強い怒りを覚えた」と語っている。保健師の一人は「このことがあったので、ますます先生は、沖縄へのこだわりを強くしたのではないか」とも述べている。ともあれ、この日は引き返すほかはなかったのだが、おとなしく引き下がったわけではなかった。

その後の経緯に触れる前に、少し回り道をしたい。

島の精神医療改革の同志である中川善資が書いた、次のような証言がある（「島さん」『別冊精神医療　追悼島成郎』所収）。このとき、中川も国立武蔵療養所の医師だった。中川は次のように書く。東京にあって「ブント（共産主義者同盟）の島」を知らない人間は、おそらく少数だった。多くの医局員が「島成郎という有名新人にどう接したらよいものか、戸惑っていた」とし、さらに続ける。

「島さん自身も努めて新入りの医師に徹しようとしているように私には見えた。例えば、島さん入局の前年5月にライシャワー事件が起こり、それを契機として全国大学精神神経科連合が結成されていたが、島さんはこの連合の活動にも一定の距離を置いていた。島さんは、どう振舞っても『60年安保の島』と注目される人びとの注視の中で、精神科医師としての道を歩み始めることとなる」

島は一九五〇年、東京大学入学と同時に日本共産党に入党する。しかしすぐに、大学を離れ党活動に専念した。すると、たちまち無期停学となる。沖縄のジャーナリストで、詩人・思想家の川満信一との対談「社会構造と精神医療」によれば、「大学のレッドパージ反対闘争でストライキをやって、半年で首になっちゃったんです」と自身が述べている。それほど島は政治運動に没入していた。

そして五八年には共産党を離れ、ブントを創設する。ブントを主流とした全学連を率いて、島は六〇年の日米安保闘争を闘うことになる。しかし安保闘争以後の島は、中川が指摘するように、様々な政治活動に「一定の距離を置いて」過ごしていた。医師になるために、人生の方向転換をもくろんだ。ただし取材を進める中で、それほど単純な話でないことが分かってきたのだが、この点については第七章で述べよう。

秋元波留夫と武蔵療養所

中川は次のように続ける。

「当時の教授は秋元波留夫先生で、島さんの復学にお力添えがあったと聞いている。然し、精神科志向は学生の頃から決めていたと後に島さんから聞いた。秋元先生と島さんとの関係は以後島さんの死に至るまで続いていたが、島さんの沖縄行きの重要な契機の一つに秋元先生の存在がある」

秋元波留夫は、東京大学精神医学教室の主任教授だった。東大精神医学教室は、一八八九（明治二二）年に開設され、初代主任教授は榊俶《さかきはじめ》。秋元はその六代目にあたり、一九五八年から一九六六年までの八年間、主任教授を務めた。それから国立武蔵療養所長として異動するのだが、そのときに東大の医局から引き連れていったのが島と中川たちだった。

一九六七年、着任間もない秋元は、沖縄への派遣医制度のバックアップや、当時の国立武蔵療養所の医療センター化など、大きな構想を打ち上げていた。もう一人、都立松沢病院から引き抜かれたのが藤澤敏雄だった。このとき三人とも三〇代。中川は医療センター構想の、島と藤澤は沖縄派遣医制度を主導するための〝秋元部隊〟だった。

国による派遣医制度自体は六四年から始まっていたのだが、懇談会の開催を働きかけ、自らが所属する日本精神神経学会内に「沖縄精神科医療協力委員会」を設置するよう動いたのが秋元だった。「その後、国の派遣医制度を支援する形で、委員会は積極的な活動をした」（小椋力「派遣医制度と本学会活動の概略」『日本精神神経学雑誌』所収）といい、秋元の意向は汲み取られていくことになる。

中川が「この当時の武蔵療養所内、特に医局は秋元旋風が吹き荒れている観があった」と書くのは、このあたりのことを指す。ともあれ秋元による沖縄への派遣医の強い推奨が、島にとっての「沖縄行きの重要な契機」となった。

さらに中川はその具体的経緯について、次のように記している。

一九六八年初めの武蔵療養所は、医局会議にあって秋元が推奨した沖縄派遣医問題が最重要課題になっていて、沖縄は医局員や職員に対し、秋元体制への賛否を問う踏み絵である、と囁かれていた。中川は言う。

「私は当面の援助の必要は認めるが、その先の根本的な解決の具体策がなおざりになるのではとの危惧を発言したばかりだが、いま一つ沖縄へ行くべしの気持ちにはなかった。

ある夜、組合事務所でストーブに当たりながら島さんは『俺達はやっぱり沖縄に対して責任があると思う。サンフランシスコ講和条約で本土は沖縄を切り捨てたんだよ』『60年の時、それをもっと尖鋭にやるべきだった』と言った。この時は組合員の入室で中断されてしまったが、島さんは明らかに私に決断を迫っていた。その後、島さん宅でお酒を飲みながら、瀬長亀次郎氏を案内してあちこちを廻った時の話をして、『俺は沖縄に行くべしだ』とポツリと言った。島さんにとって沖縄はあたかも一本の棘であり、その棘はまだ島さんの心に突き刺さったままだった」「60年の時」というのは、六〇年安保闘争を指すが、ここではいくつかのとても重要なことが書かれている。

なぜ「沖縄」だったのか——瀬長亀次郎のこと

六〇年安保闘争の後、島成郎は〝第二の闘い〟の場として、なぜ沖縄を選んだのか。これは、私が取材当初から抱えていた問いの一つだった。

中川の文章には、沖縄は「一本の棘であり」、それは「突き刺さったままだった」と書かれている。これはどういうことだろうか。さらにはもう一人、沖縄人民党（後に日本共産党に合流）の瀬長亀次郎の名前が出てくる。瀬長は、心に刻みつけずにはおかないような何かを、島に残したのだろうか。それはどんなものだったのだろうか。

五八年にブントを結成したことは、政治的立場からいえば〝反共産党〟という旗幟《きし》を鮮明にすることだった。人民党員であり、共産党とは深いつながりがあった瀬長にとってみれば、それは決定的な反党行為、離反行為だったはずである。以後、同志的関係は断たれている。

しかし一〇年を経て、いまだ島の口から瀬長亀次郎の名前が発せられる。いったいどういうことなのだろう。秋元については次章で触れる。ここでは瀬長亀次郎について少し詳しく見ていこう。

一九五〇年代のことだった。「当時共産党員だった島は、瀬長さんが上京するたびに案内役を務めていました。そうした事情もあったから、瀬長さんとは付き合いがあったはずで、瀬長さんは、娘の瞳さんも同行させていました。島は瀬長さんを通して、沖縄に対しては以前から関心をもっていたはずですよ」。そう述べるのは夫人の島博子である。島が博子と知り合う前のことであった。

瀬長の上京の経緯、長女の瞳の動向について、現在、那覇市にある瀬長の資料館「不屈館」の館長をしている次女の内村千尋によれば、おおよそ次のようなものであった。

一九五四年。父の亀次郎が獄中にあったとき（詳細は後述）、瞳は高校時代を東京都狛江市にある南灯寮で、一時過ごした。南灯寮とは沖縄県の学生のための寮であり、瞳はそこで、男子学生にとってのマドンナ的存在だった。一九五六年四月九日、父・亀次郎は釈放される。瞳は南灯寮を出て、アルバイトをしながら一人暮らしを始める。

釈放された後の五六年八月二日、瀬長は上京し、九月一六日までの四五日間、長崎の原水爆禁止世界大会に参加したり、砂川闘争の現場に足を運んだり、各地を回って多くの人と会い、沖縄問題をめぐる交流を続けている。島が案内役をしたと中川に述べているのは、おそらくこの時期のことで、瞳との交流があったとすれば、その際のものではなかったかと内村はいう。

瀬長の著書『不屈――瀬長亀次郎日記』の「第2部　那覇市長」に、次のような記載が見える。

上京は八月二日。「日青協の事ム局長福本さんが一切の世話をする神山正良、（略）その他沖縄問題解決国民協議会の幹部、全学連、私学連、原水協などの代表みえる。挨拶ののち記者会見（略）」

この全学連の代表に、島は含まれていたのではないかと、内村は述べた。また翌三日には島の名がみえる。

「5時起床。古堅君来訪。朝10時原水禁大会事ム局の槙山、西山、島三君来訪、東京大会及び長崎大会での沖縄問題の提起の仕方、分科会の活用について話し合いを進める。（以下略）」

そして五日の記載にも同様に「島君」が見られる（ただし五七年二月一七日の欄に「4時―7時まで島君のとこで原稿書き、世界〔岩波書店刊行の月刊誌か〕へ、10時帰宅したら市役所の宿直から電話」という記述が見られるので、別人の「島君」の可能性もある）。またところどころに、「ひとみちゃん同伴」とか「ひとみちゃんと昼食」といった記載が見え、機会を見ては同行させていたことがうかがえる。

本筋からは逸れるが、六〇年安保の際に全学連・島成郎の宿敵となる岸信介について、瀬長は六日の欄に次のように書いている。

「△自民党―岸〈信介〉幹事長に会う。不愉快な顔している。沖縄から来たのだと福本君が紹介する。はれものにふれるようなんだろう。野村喜三郎君がひきうけてやっているから会って下さいといっていた。いやな感じのおやじだ」

まさか瀬長には、このとき自分の世話をしてくれていた一人の若者が、この岸信介とその内閣を相手に、数十万人も動員する激しい闘いを繰り広げるようになるなどとは、思ってもみなかったに違いない。

この日記に収録された内村千尋のエッセイ「原水禁世界大会」に、「この上京は父にとって戦後初めてのものだったが、亀次郎が上京し、訴えることがいかに大きな影響を与えるかを思い知ったアメリカはその後十一年間、十六回にわたって亀次郎の渡航申請を拒否し続けた」と書かれている。

上京後、本土からの支援の手紙やカンパ活動が増えていったことを受けての記述だが、もう一つ、アメリカに激しく敵対視されるようになっていく瀬長が、これ以降は上京を断たれてしまったことも伝えている。

私は博子に、「瀬長さんと島先生の交流を示す具体的資料はありませんか」と訊ねると、一枚のハガキのコピーを入手することができた。島が瀬長に宛てて出した一九五八年の年賀状である（これは不屈館に収められている）。そこには、

「那覇市長選挙勝利の／ために　／全力を挙げて、／斗うことを／お誓いします。／御健闘を祈ります。　一九五八年　島成郎」

とある。

五八年といえば、島がブントを創設する年である。少なくとも一九五八年正月の島は、瀬長に強い信頼と畏敬の念を持っていたことは、文面からも窺われる。

ここまで瀬長について脈絡なく描いてきた。その歴史を少し整理しながら記述してみる。

瀬長亀次郎は一九〇七年、沖縄県の旧豊見城村に生まれ、高等学校入学とともに社会運動や労働運動に参加していく。四七年に沖縄人民党の設立に加わり、徹底してアメリカに反抗し県民・民衆の側に立つ瀬長は、絶大な支持者をもっていた。

しかし影響力が大きくなればなるほど、米軍はその活動を妨害し、瀬長の力を排除しようとした。そのようななかにあってさえ、一九九〇年に没するまでに、衆議院議員選挙で七回の当選をはたしている。

米軍による度重なる弾圧の歴史をざっと見ただけでも、五四年に米軍による沖縄人民党弾圧事件で投獄され、五六年に出獄する。その年の那覇市長選に立候補し当選。しかし翌五七年には米軍布令で市長を追放され、被選挙権も剝奪される。瀬長が立候補した選挙のときには、米軍のみならず、反共産党、反瀬長勢力からの誹謗中傷、選挙妨害は凄まじいものがあったという。しかも警察官は見ぬふりだった。

『不屈――瀬長亀次郎日記』所収の仲本和彦「追放工作㊦」によれば、米本国にあっても、「米国の敵、沖縄で当選」(ワシントン・ポスト)、「反米扇動者、沖縄で当選」(ニューヨーク・タイムズ)という見出しが付けられて報じられるほどだったし、沖縄の米軍の衝撃も大きかった。ムーア軍政法務官は東京のレムニッツァー軍政長官にすぐに報告。「我々が〝民主主義のショーケース〟にしようとした琉球は〝共産主義のショーケース〟となろう。米国がとれる選択肢は、瀬長を市長として認めるか、布令を発令して市長就任を防ぐか、追放するしかない」(米国国立公文書館蔵USCAR法務局文書)。米軍は、断水、銀行との経済取引の停止など、あらゆる手を使って瀬長市政を窮地に追い込もうとした。

先ほどの瀬長宛ての年賀状が書かれた年の、五八年の市長選には、瀬長は立候補していない。被選挙権を剝奪されていたからだ。この市長選挙で島が瀬長のために、具体的にどのような「斗い」（活動）をしたのかは分からない。

先ほども書いたように、一九五八年とは、共産党から袂を分かった自分たちの党を「共産主義者同盟（ブント）」と名付け、公然と政治活動を始めていった年である。したがって年賀状が書かれた時期には、島たちの分派行動は激しさを増していたはずである。

ブント結成後、共産党の機関紙である「赤旗」が、連日のように「反ブント」キャンペーンを繰り広げていた。このとき、高校を卒業すると同時に那覇に帰っていた瞳も、瀬長も、それは目にしていたはずである。

こうしたいきさつがあったにもかかわらず、一〇年を経て、信頼する友人である中川善資の前で、「瀬長亀次郎」の名前を口に出している。博子によれば、公の場でこそ口にしなかったが、島は瀬長と沖縄人民党については高く評価していたという。「眼の前には〝アメリカ〟というはっきりとした敵がいて、その敵と向かい合っている緊張感が、本土の共産党とはまるで違うところだ」と語っていたという。

島成郎にとっての瀬長亀次郎

ここから、少しばかり推理推測を書きつらねることを、お許しいただこう。

島が共産党に入党したのは一九歳のとき。瀬長亀次郎という政治家は、ブント結成までの八年間、二〇代の若き島成郎が政治家として自己形成をするにあたって、とても重要な役割を果たしたのではなかったろうか。

島は、瀬長が米軍や反共産党勢力から度重なる弾圧や妨害を受け、投獄までされながらも、一つとして屈することなく抵抗運動を続けていく姿に、おそらくは深く感銘し、目に焼き付けていたのではないか。例えば次のようなエピソードを瀬長はもっていた。

『瀬長亀次郎回想録』によれば、沖縄にとって一九五二年は、非常に重要な年であった。既述したように前年に締結されたサンフランシスコ条約が、この年の四月二八日に発効となった（沖縄ではこの四月二八日を日本国から切り捨てられた「屈辱の日」としている）。

また琉球政府が発足し、それに伴って三月には第一回立法院議員選挙が実施されているが、瀬長は最高得票で当選をはたした。そして四月、「琉球政府創立式典」が琉球大学の校庭で開催された。米軍に対し瀬長亀次郎の名を一気に焼き付ける出来事は、その時に起こった。

式典の最後になって、ある議員による宣誓が始まった。ステージにいる全議員が脱帽して、直立不動の姿勢で立っている。しかし瀬長だけは起立せず、宣誓を拒否した。

「私は最後尾に着席していたのでみんなの後ろ姿がよく見えた。失礼な言い方だが緊張している様子がコッケイに思えた。私が鳥打帽子をかぶったままデンと座って宣誓を拒否している姿を最初に『発見』したのは新聞記者のようであった。カメラマンがあわててカメラを構えなおすのが見えた。参列者の間からざわめきが聞こえてきた。チラッと軍民両『政府』の偉いさん方に目をやると表情をこわばらせている。明らかに動揺しているのがわかる」

そして瀬長は、全議員の紹介のときにも抵抗姿勢を崩さず、「瀬長亀次郎サン」と呼ばれてもそのまま座り続けた。そのときの写真が『回想録』に付されており、明るい日差しの下、最後尾で鳥打帽子をかぶって座っている瀬長が映っている。

米国民政府という巨大な権力に屈しない瀬長の不屈の反骨心、闘争心、政治家としての信念の強さ、土地や財産を奪われ続ける沖縄県人の側に立って止まないその心情。瀬長は、島にとって重要なロールモデル（模範）だったのではないか。

例えば、瀬長は次のように書いている。

> それから、沖縄のたたかいはあまりにも厳しいたたかいであるだけに、県民はつねに銃剣の前でたたかっている、というふうに考えられがちです。私個人やあるいは人民党がいっさいの十字架を背負っている、という悲愴感におそわれてしまいます。私は沖縄県民のたたかいの中で、悲愴感があまり出すぎるとたたかいは長つづきしないということを学ばされました。だからたまには冗談もとびだし、ユーモラスなこともいう、いわゆる楽天的にかまえるということであります。しかも一本のスジは絶対に通していく、このことはつねに注意を払うことにしています。
> （前掲書）

これは瀬長の政治家としての、基本的な姿勢だろう。島の沖縄での闘いにあっても、冗談を言い、楽天的に構え、スジは絶対に通していくというものであった。言い換えるならば、党に対しては離反することになったが、瀬長に対しては、愛情と信頼を終生変わらずに抱きつづけていたのではなかったろうか。しかし繰り返すが、それは簡単に公言することはもはやできなくなっている。もし仮に何人かの方が推測していたように、島が瞳に個人的な感情を抱いていたとしても、すでにルビコン川は渡られてしまったのである。

中川善資は、「沖縄はあたかも一本の棘であり、その棘はまだ島さんの心に突き刺さったままだった」と書いていた。心に突き刺さった「一本の棘」のひとつ目として、瀬長父娘との関係があったのではないか、というのが私の仮説である。

「一本の棘」の二本目。再び遡って一九五〇年代半ば。

石川県金沢市に隣接する日本海海岸に、内灘《うちなだ》という小さな町がある。この内灘の砂丘地帯が米軍試射場として接収されるのだが、地元住民によって反対闘争が展開され、五七年には返還された。

同じく五〇年代。東京砂川（立川市）での反基地闘争が、地元農民や学生を中心としてはげしく繰り広げられ、五六年にはついにこれを阻止するに至った。以降、日本国民の反発と国際社会の批判を恐れた米軍は、本土に置かれていた基地を沖縄に集中させていく。そして在日米軍基地施設面積は、本土復帰時の七二年には沖縄五一パーセント、本土四九パーセントだったものが、二〇一七年には七〇パーセントが沖縄におかれる、という事態が出現する。

言ってみれば、島が指揮した六〇年安保闘争こそが、皮肉なことに沖縄に基地が集中していく重要な要因となった。そして沖縄の軍事基地化が進む限り、「棘は突き刺さったまま」である。基地闘争については、五章、六章で詳述するが、これが、島の喉元に突き刺さった「一本の棘」の二つ目である。

儀間文彰（元琉球政府厚生局長）の支援行動

ずいぶんと回り道をしてしまったが、那覇空港での島に話を戻そう。一度は戻らなくてはならなかった島が、その後、沖縄入域が認められるまでにはどんな経緯があったのだろうか。

先の中川の記述によれば、秋元に縁の深い中川、藤澤敏雄、島の三名が、先んじてまずは沖縄へ行くべきだ、という話し合いがなされた。中川が一九六八年二月に出発する。受け入れは、沖縄精神衛生協会の事業として設立されたばかりの沖縄精和病院。そして次が島。島が那覇空港で足止めを食った後の出来事は、以下のように書かれる。

「『これは外交問題だよ。俺達は政府派遣の医師なんだ。それを拒否するのだから問題だよ。こっちでも騒ぐから島さんも東京で動いてくれ』と伝えた。私は空港〔那覇〕からの帰路、桜坂のあるバーに『琉球新報』と『沖縄タイムス』の記者を呼び、一面記事で扱って欲しいと依頼した。翌朝刊で『米軍、政府派遣医師を拒否』と大々的に書いてくれた。数日後に東京からカーペンター一等書記官が沖縄へ飛んで来た。そうして一週間遅れて島さんは沖縄へやって来た。島さんは新聞を見ながら『よくこれだけ書いてくれたね。善さん、ありがとう』と言って笑った」

島が一週間遅れで沖縄の地を踏むにあたり、沖縄の新聞が大きく取り上げてくれたことは、間違いなく大きなインパクトを与えただろう。このことに加え、決定的な影響を与えた人物がいる。沖縄の側から米国に働きかけ、解決してくれた当時の琉球政府厚生局長の儀間文彰《ぶんしょう》である。儀間は私と会う早々、つぎのように話し始めた。

「私が厚生局長に就任したのは、一九六七〔昭和四二〕年の一二月でしたが、そのあくる年だったと思います。当時沖縄には結核の先生と、精神科の専門の先生が少なくて、毎年日本政府が先生方を派遣していました。六八年だったと思いますが、今日いよいよ精神科の先生が六名こられるという日に、朝、厚生局長室に沖縄タイムスの厚生局詰めの記者がやってきて、『局長、今日来られる六名の先生のなかで、一人は来ませんよ』というのです。どうしてかと聞いたら『この人は全学連の闘士だった。米軍はビザを発給しないから、こられない』という。『どうして君はそれを知っているのか』と聞きましたら、『私も全学連でした』といいます」

当時は、医務部長が医師たちを空港まで迎えに行き、それから厚生局長室に挨拶に連れてきて、それぞれの配属先に送り出していた。

「私はどうしても合点がいかなかったので、先生方を送り出すとすぐに、USCARに、走っていきました。USCARの公衆衛生部長はフェアーチャイルドさんという人で、本職は小児科の先生です。その方に申し上げました。『あなたがたは、どうしてそんなことをするか。せっかく日本政府が送ってくれた医師を琉球政府が蹴ったとなったら、日本政府と琉球政府の間の信頼関係が失われますよ。将来、日本政府は精神科の先生を送ってくれないかもしれない。私はそれを心配します』」

儀間はさらに続けた。

「私はフェアーチャイルドさんに言いました。『医学のことはよく分からないけれど、精神科の治療方法に、赤い方法とか、青い方法というものはないと思う。この〔島〕先生が来たからと言って、沖縄の心を病む人びとが、みんな赤くなるということはない』。

小児科の先生は軍人とは違って科学者ですから、私の言うことが理解できたんでしょう。『ミスター儀間、君は責任を負うか』というので、『どこまでも負います』と答えたら『分かった』と言って、目の前で東京に電話したのです。当時、東京には琉球政府の東京事務所と、米軍の東京事務所がありました。USCARの東京事務所長は女性でしたが、おそらく、ビザを発給しなさい、といったと思うのです。私は『よろしく頼みます』と言って帰ってきました。二日したら、島先生は沖縄に来ました」

中川のいう〝一週間〟とずれはあるが、ともかく儀間が米軍に掛け合い、医療に、赤い色の医療も青い色の医療もない、と伝えたという話は、取材をしたどの方々からも耳にしたエピソードだった。そして島は、沖縄への入域を許された。

儀間が語る入域拒否が解かれた理由

儀間は、米軍からビザ発給を拒否される島成郎というのは、いったいどんな人物なのか、強く好奇心を誘われたという。そして次のように言う。

「私はUSCARがビザの発給を拒否する元全学連の先生って、どんな人だろうと興味津々でした。医務部長が空港で迎え、私の部屋に連れてきました。先生はハンチング〔鳥打棒〕をかぶっていました。私は驚きました。当時沖縄の医者で、ハンチングをかぶっている医者は、誰もいません。徳田球一のトレードマークはハンチングですね。

先生の目はぎらぎら輝いていました。私はなるほどと思いました。『先生。いろいろなことがあったと思いますが、気にしないで、どうか沖縄の心を病む人びとのために、一生懸命やってください』。そういいました。ちょっと雑談をしてから、先生は配置先に行きました。私はこの先生は一週間したら、必ずもう一回私を訪ねて来ると思っていました。他の先生方は任務が終って、明日帰るという時の挨拶に来るだけだが、島先生は一週間したらかならず来ると信じていました」

儀間は島にプレゼントをしようと、自宅からウィスキーをもってきて局長室の机の引き出しに入れておいた。一週間後、思った通りに島がやってきた。

「私は先生に『今日はどこへ行ったのですか』と聞きました。当時、那覇市役所に首里支所があり、そこに瀬長亀次郎の娘の瀬長瞳が勤務していたのですが、この人に会いに行ってきたといいます。『どうして瞳さんを知っていますか』と聞いたら、『東京で一緒に運動をしたことがある』。そういう話でした。そして雑談をしている間に、先生が精神医療に対して一つの哲学をもっていることが分かったのです。

それは、いかなる人も生きる権利をもっている、人間としての尊厳が尊重されなくてはならない。精神を病む人といえども、社会の構成員の一人として幸せに生きられるよう援助されなければならない。そのためには人々の理解と、地域の協力がなければならない。これが先生の哲学です。ぼくは先生から学びましたね。それで、『先生、これでも飲んで一つがんばってください』と言ってウィスキーを渡し、別れました」

一九六七年に厚生局長に就任した儀間は、六九年の主席選挙で保守陣営の候補が敗れたために、野に下ることになった。局長は公務員法では、身分保障されていないのだという。民間人となった儀間があるときに食事をしていると、結核の派遣医として訪沖していた医師が、儀間の席に来てこんなことを言った。

「局長、島先生は、理由は分からないですが、任期半ばなのに、明日、帰されるようです」。儀間が「飛行機便は、分かるか」と聞くと、「はい、明日の、ノースウェストです」と答えたという。このときの儀間は、島のために何かをする権限も、力ももっていなかった。

「私は空港に見送りに行きました。先生、どういうことがあったか分かりませんが、これに懲りずに、是非またいらっしゃいよといって激励しました。後で調べたのですが、精和病院の当時の事務局長が、精和病院の中に労働組合をつくる動きがあって島先生がそれを指導している、と誤解したらしいのですね。それでこの事務長が当時の屋良主席に密告をし、島先生を沖縄に置かないようにしてくれ、本土に帰してくれと言って、帰されたというのが真相らしいですね。これは後で分かりました」

島への真摯な信頼と愛情

それから話は医療に関することになった。島が久米島で、監置されていた患者を一人ずつ解放していったこと。保健婦たちの信頼がきわめて厚かったこと。久米島に家族会ができ、島がとても慕われていること。こんな話が続いた。また儀間は、次のようなことも語った。

「島先生が来た当時は、沖縄の医師は先生のやり方に反対だった。先生は開放主義だけど、そのときの沖縄の医者たちは、まだそうではなかったですからね。でも、だんだん先生のやり方の良さが分かり、批判しなくなりました。いま沖縄の医者たちは、先生が久米島でやったことは全国の地域精神医療のモデルになっている、そういいます。多くの先生方が認めていますね」

そして話は再び、島と最初に会った時のことに戻った。儀間は一九七九年から海洋博記念公園管理財団の常務理事をしていたが、八二年、島が『精神医療のひとつの試み』を出版したとき出版祝賀会が企画され、そこに招かれた。

「そのときに保健婦の一人から電話があって、席上、ぜひ祝辞を述べて欲しい、島先生のたってのお願いである、という依頼を受けたのです。もちろん、喜んで引き受けましたよ。私はそのとき、島先生のビザをめぐって米軍とやり取りをしたときのことを、全部話しました。そして先生は最初に来た時から、報いられることを期待することなき県民への献身、そうした心をもっているることが私には分かった、その心がこの本になって現われた。そんな事を話しました。みんな驚いたり、感心したりして聞いていましたね」

儀間は、島の告別式や偲ぶ会など、折りあるごとにこの話をしてきたという。


いくつか、儀間に確認しなくてはならないことがあった。

島は沖縄に来て以降、政治的な発言や行動を一切していない。儀間は最初に会ったとき、米軍にマークされてしまうから、そうした言動は慎んだ方がいいという助言をしたのかどうか。それが一つだった。

儀間は、「それはまったくありません。先生一人の判断で、そうしたんだと思います」と即答した。まさに即答だった。「自分は精神医療に専念すればいい、一人でも多くの患者を救いたい。そう徹していましたね」

政治的な発言を島が封印したのは、何か儀間との約束のようなものがあったのではないか。実は私はそう推測していたのだが、それは間違いだった。

二つ目の疑問は、瀬長父娘との交流が、沖縄に来て以降もじつはひそかに続いていたということはなかったか、というものだった。やはりここでも儀間の答えは真っ直ぐだった。

「たぶん沖縄では、瀬長さんとは一切会ってないですね。控えていたのでしょうね」

博子も、瀬長の立場では〝ブントの島〟に会うことはさしさわりが生じる、党に属するとはそういうことだ、だからそれはなかったと思うと答えていた。

三つ目の問い。なぜ儀間は、島が沖縄に入れるよう、米軍の決定に抗い直談判までしたのだろうか。儀間自身が、米軍に睨まれてしまう危惧はなかったのか。そう訊ねた。すると、とても意外な答えが返ってきた。

「実は、人民の立場に立つ、弱い者の立場に立つということは、若い頃から私の頭にありました。そこが先生と私の共通項でした。だから先生にビザが発行されないというと、怒るのは当たり前だったのです。他の局長ならば怒らなかったと思いますよ、軍のやることですからね。米軍なんて絶対権力者ですから、誰も刃向かえませんよ、亀次郎以外にはね。

だから我が身を顧みて、報いられることを期待することなき県民への献身、先生がこの精神をもっていることを見抜いたのです。そうだからこそ、すぐにUSCARに飛んで行ったのです。私は今でも変わらずに、島先生を尊敬していますよ」

真摯に島の身を案じ、そして信頼を寄せていたがゆえの行動だった。詳しくは書けないが、儀間のちょっとした個人的事情もあった。島を迎えるために米軍と掛け合ったというエピソードの裏に、そのような事実が潜んでいたことを知り、私は深く納得した。そして言った。

「ひょっとすると、儀間先生が直接掛け合いに行くという行動がなければ、島先生は本土復帰まで、沖縄には入れなかったかもしれないですね」

「奥さんもそう思っているはずですよ。だから今でも何かあると、沖縄に行ったら儀間に聞きなさいと、どなたにもいいますからね」


儀間はまたこんなことも語ってくれた。瀬長瞳の出版記念の会が、那覇のジュンク堂で開かれた。儀間も足を運んでみた。

「その時私は、島先生が沖縄に初めて来たときにビザが出なかった、という話をしました。そして一週間経って私のところに訪ねてきたとき、瀬長瞳さんと会っていた、むかし運動を一緒にやっていたと島先生が答えた、というこの話をしました」

瞳さんのほうはどう答えましたか、と訊ねると、次のように言った。

「司会の人が、どうですかと聞くと、その通りです、と答えましたね」

一九六八年の沖縄の政治事情

『瀬長亀次郎回想録』を読むと、島が初めて沖縄を訪れたこの一九六八年は、次のような年として記録されている。

「六八年二月一日、アンガー高等弁務官は立法院定例議会で『メッセージ』を述べ、十一月の立法院議員選挙と同時に主席公選を行なうと発表した。これは米日支配層にとって後退であった。

逆に県民にとっては、『明らかに知事公選要求闘争を重要な一環とする沖縄県民の祖国復帰闘争など大衆闘争の統一的発展の歴史的な成果』(人民党声明)であった」

もちろん、公選となったとしても、どちらの陣営がその席を取るかで、県民にとっては天と地の違いが生じることになる。

「しかし彼らにとって公選を認めたとはいえ、沖縄基地の安定的確保のためには、占領支配に協力し、意のままになる『主席』をやはり必要としていた。一方、県民にとっては、米軍の占領支配、高等弁務官の専制支配を打ち破り、祖国復帰への重要な橋頭堡をうち立てることになる」。はたして「選挙戦は総力戦となった」。沖縄が二分される。

自民党は、党の総力を挙げて沖縄自民党を支援する。本土復帰をめぐる様々な論戦がなされ、瀬長と共産党に対する激しい誹謗中傷も行われる。そして一一月一〇日、革新統一候補の屋良朝苗が当選を果たす。ここから「祖国復帰運動」が、さらに盛り上がりを見せていくことになる。

言ってみれば島が沖縄に降りたった五月から八月は、主席公選に向けて保守と革新が激しい票の奪い合いをしているさ中だった。米軍も緊張を高めていただろう。儀間が、島の支援に走ったのは、こうした緊迫した状況の中でのことだった。

最後にまとめよう。

那覇空港で足止めを食った島成郎は、その〝第二の闘い〟の舞台としてなぜ沖縄を選んだのかと問いかけた。そして瀬長亀次郎の存在を、その答えのヒントとして取り上げ、仮説を述べた。

瀬長亀次郎について、ほんとうは私などが知った風な口を叩くのははばかられるのだが、不屈館で求めた資料に、瀬長の演説での言葉が拾われており、そのことに少しだけ触れてみたい。

「民衆の憎しみに包囲された軍事基地の価値は0にひとしい」

「一リットルの水も、一握りの砂も、一坪の土地もアメリカのものではない。

空気は我々がただで吸わせている。

そのうえ、今回の新たな土地強奪である。

我々は対米非服従運動を起こさねばならない」

「この瀬長一人が叫んだならば　五十メートル先まで聞こえます。

ここに集まった人たちが声をそろえて叫べば、全沖縄市民まで聞こえます。

沖縄の七十万人民が声を揃えて叫んだならば　太平洋の荒波を越えて　ワシントン政府を動かすことができます」

文字だけだと、緊迫感と迫力は伝わりにくいかもしれないが、ドキュメンタリー映像の中の瀬長の演説は、いかに沖縄の人々を勇気づけ、励まし、鼓舞しているか、はっきりと感じられるものだった。そして島にも、どこかでそれを聞く機会はなかっただろうか。

くり返すが、六〇年安保闘争を闘い、さらには沖縄に居を構えて地域精神医療を闘った島成郎もまた、瀬長の不屈そのもののあり方に鼓舞され続けた一人だったのではなかったろうか。

本書では、そんな島成郎の生涯をたどってみたい。

第一部：

沖縄へ向かうこころ

1967年ころの白衣姿の島成郎（島博子氏提供）

第一章 「医」の初心、〝歌のわかれ〟

秋元波留夫という恩人

島成郎の人生を眺め渡してみると、逆境が初めにやってきて、それが大きなものであればあるほど、また重要な局面であればあるほど、応援の手を差し伸べてくれる人物が現れてくる、そうやって新しい人生が始まっていく、というパターンが多い。

打開は島自身にしかできないことではある。島成郎は信頼に値する、と多くの人が感じればこその応援者である。島は、沖縄で幾多の困難に出会うことになるが、しかしそれ以上に強力な、多くの先輩や仲間にも出会っている。

安保闘争後の復学のときにもそうだった。東大精神医学教室へ入局するにあたって、主任教授だった秋元波留夫の力添えを得た、という中川善資の一文を紹介した。

秋元は、東京大学精神医学教室への入局、国立武蔵療養所への勤務、その後の沖縄・玉木病院への勤務など、人生の重要な局面で島を支えてきた。いわば島と博子にとっては〝恩師〟とも〝恩人〟とも呼ぶべき人物だった。

「秋元先生は、六〇年安保で医局員が逮捕されたときには、警察に自分自身で出向いて行ってもらい受けてくるような、学生思いの教授でした。普通、教授はそんなことをしないのだけど、でも秋元先生はやってくれました。いろいろな意味で、秋元先生は島の恩人ですね」

ちなみに島に逮捕歴はない。現場の指導者に指令を発する最高指揮者だし、いつ逮捕されてもおかしくはなかったのだが、警察は、島が逮捕されてしまうとデモを指揮できる人間がいなくなる、司令塔を失えば、デモは暴徒化しかねない、そのように判断したのだろう。もっとも島自身は自分にも逮捕状が出されていると思っていたという。

「それで、秋元先生は最後まで島を、陰になり日向になり、いろいろお世話して下さった方です。そして指導教授が先輩の原田憲一先生です。原田先生には青山で葬儀委員長をしていただきました」

これから、医師・島成郎の人生を描いていくのだが、いくつか触れておかなくてはならないことがある。回り道をすることになるが、お付き合い願いたい。

秋元波留夫は一九〇六（明治三九）年、長野県に生まれる。東京帝国大学医学部を卒業した後、松沢病院勤務、東京帝国大学講師などを経て、金沢医科大学（現・金沢大学医学部）の教授となる。東京大学医学部に移り、精神医学教室主任教授、国立武蔵療養所所長（現在の国立精神・神経医療研究センター）、都立松沢病院院長と歴任していく。文字通り日本精神医学界の重要なポジションを歩いた実力者である。

秋元の略歴を見ていて興味深いのは、明治期の精神医学の若き俊英、石田昇に触れた論文や著書があることだ。石田は、東大精神医学教室二代目の主任教授である呉秀三の弟子にあたる。三〇代前半にして長崎医学専門学校（現・長崎大学医学部）の初代教授に推挙されるなど、将来を嘱望されていた医師だった。

後にアメリカに渡って研鑽を積む。ところが、留学中に分裂病（統合失調症）を発症し、病の精神的混乱のなかで、同僚のドイツ人医師を射殺するという事件を起こしてしまう。精神障害は認められず、逮捕。刑務所に収監された。やがて肺を患い、治療のために日本に戻ることを許された。治癒とともに再び渡米し、刑に服することを条件に帰国が認められたのだった。しかし石田は都立松沢病院に入院したまま、病の中で生涯を終えている。いわば石田は日本精神医学界黎明期の、悲劇の象徴的存在だった。

秋元は、石田が二九歳のときに著した『新撰精神病学』を読み、そのことが精神医学を志すきっかけになったと述べ、次のような感銘深いエピソードが明かされる。

松沢病院に勤務して間もなく、夜回診に同行した婦長から、重症慢性患者の収容棟に長崎医専の精神科教授がいると知らされ、秋元は驚いた。やがてその老人の病棟を担当することになった。彼こそが、自分を精神医学に導いてくれた石田昇その人だった。

精神医学の俊秀として謳われ、私を精神医学に導いた石田先生を狂気の世界に拉致して、「迷妄なる一肉塊」（新撰精神病学序文から）にしてしまった分裂病という病気の深刻さと、この病気に対する当時の医学の無力に悲痛の思いを禁じることができなかった、というのが、石田先生を受け持った当時の私の感慨であり、分裂病の治療研究に私を駆り立てた動機でもありました。

（「20世紀を精神障害者とともに歩んで」『精神医学遍歴の旅路』）

石田の悲劇を胸に刻んだ精神科医師は、秋元にとどまらなかったろう。秋元にとっては、これが医師としての〝原点〟になった。初心を作ったといってもいい。では秋元は、どのような病理観や疾病観をもっていたのだろうか。

精神病は精神活動の異常である。精神活動は脳髄機能をその物質過程に持つが、しかし、これによってただ一義的に規定されるものでない。脳髄は、神経系の中枢として、環境との交渉、環境への適応をその独自の機能として持つ。精神は脳髄機能を媒介とする環境の反映である。そしてとくに人間の精神は文化環境の反映である。もちろん人間精神は環境の反映、すなわち被作用者であるとともに、またこれに働きかける作用者である。文化環境は人間精神との間の作用—反作用的関係において発展するものである。

（「文化と精神病」『異常と正常』）

この後、環境と遺伝、素質など多様な要因を関連させた考察になっていくのだが、この件に、秋元の基本的な考えがよく表れている。精神（こころ）は、脳髄機能を媒介とする環境との作用—反作用の相互関係によって規定されていく。

秋元は島成郎の弔辞において、次のように述べていた。

島の精神科医としての真骨頂はすなわち、「一つは、心を病む人を癒すという精神の医療は、人間を自然に営まれる社会生活からきり離し、長く隔離することによっては成立しないであろう。

だから医療者は密室のような場からもっと積極的に現実の社会生活の場にでて、この連関のなかで仕事をするべきではなかろうかという考えである」という一文に示されており、「沖縄の風土にマッチした地域医療はこの考えの実践」だった（秋元波留夫「弔辞」『天空の星』所収）という。

これは、島の仕事への的確な理解だといってよい。そしてそれは、先に引いた秋元の病理観から考えても、齟齬はないように見える。ところが、この時代に特有の、一筋縄ではいかない事情がそこには見え隠れしていた。

国立武蔵療養所での島の疑問

島は、秋元が国立武蔵療養所に移るのを機に、そこに職を得た。「それまではほんとうにお金がなくて大変だったんだけど、ここにきてやっと、安心して食べられるようになったのよ」と博子はくり返した。身分は国家公務員。宿舎も用意された。

国立武蔵療養所は、当時、在籍する医師が三十余名、病床が七〇〇床もある巨大な単科の精神科病院だった。八万坪ある武蔵野の林に取り巻かれ、自然環境にも恵まれていた。プール、屋内体育館、野球場があり、畑があり、さまざまな設備が整っていた。島は、それまでの大学病院の「地下牢」から抜けだしたような解放感を覚え、精神を病む人たちの療養にはこれ以上はない環境のように思われた。

明るい近代的な病棟が次々と建てられていく。働くスタッフたちもみな若く、意欲にあふれていた。島はそこで、数多くのすぐれた先輩や友人たちと出会うことができたと述べている。

しかし患者との触れ合いが続くほど、違和感を覚えるようになっていく。

最初の驚きは、前任者から引き継いだ患者のカルテを見たときだった。黄褐色になるまで変色したカルテは古く、厚い束になっていて、一部は千切れ、紛失しかかっているものもあった。なかに、戦前に印刷されたと思われるカルテの表紙に未復員というゴム判が押されているものがあった。入院は昭和十〇年〇月〇日（原文）。『沖縄精神医療』に収録された島の論文「精神病院（一）」に、次のような文章がある。

「すでに消えかかったようなインクのあとをたどると、昭和〇〇年応召、満州で発病、内地に護送され入所。といった経過がみられる。そしてそれ以来粗悪な紙に一年に数行ほどしか書きいれられていない乏しい記録を追っていくと、この患者がこの療養所で軍人として過し、そして敗戦を迎え、バタバタと栄養失調で倒れていった戦後の混乱期を必死の農耕作業でくぐり抜け、そして廿数年にわたる人生の大部分をこの病院で過してきたことを知って、一瞬気の遠くなるような思いにとらわれた」

このとき、一一〇名ほどの未復員者がいたという。彼らが所内のレクリエーションで歌うのは、決まって軍歌だった。アメリカによる占領も、安保闘争も終わり、高度経済成長のもと、物があふれる時代になっている。この間、電気ショック療法、インシュリン療法、作業療法、生活療法、精神療法、薬物療法、社会復帰訓練といった先端の治療がおこなわれてきたはずなのに、未復員の患者たちは、いまだ社会復帰できずにいる。

島は強く感じた。「彼らは戦後日本の精神医療が通ってきた道をその対象としてたどらされてきたのだ」。そして「その結果として今、すでに社会へ復帰する可能性も殆んど失われた初老の日々を黙々として淋しく送っている」。

この事実は、島にとっては衝撃だった。それだけではなかった。患者たちの髪の生え際から前頭部にかけた、大きな切り傷の瘢痕を見つける。「同じような場所に同じようにあるみるからに痛ましいこの刻印が、戦後の一時期精神医学界を風靡したあのロボトミー（前頭葉白質切截術）の痕であることを知って、私は何ともいえぬ感慨とともに、恥ずかしさと後ろめたい感情に襲われた」と、島は書く。

ロボトミーは大きな批判を受け、すでに過去のものとなった治療法である。医者は止めれば済む。しかし患者たちは生涯その傷を背負っていかなくてはならない、こうした医者と患者の関係を「恐ろしいと思った」と島は、率直に感情を吐露している。

そして次のように、この文章は続いていく。

> 鍵も〔東大病院に勤務したときに渡された病院の鍵で、それは医師であることの存在証明だった〕ずっと私のポケットにあったが、患者を拘禁しているものは、ただ物理的な鍵と鉄格子だけでなく、もっともっと強固な、目には見えない高い障壁であり、それは社会の側からだけでなく医療者の行為によってつくられたと思い知らされたのだった。
>
> このような「病院」とは？　ここで行われる「医療」とはなんだったのかという問いはより鋭く、より深く私の胸につきささっていった。（「同前」）

これが、島成郎の医師としての原体験＝初心であった。精神医療とはなにか。精神病院とはなにか。青臭いと言われようと、島は終生この問いを問い続けることになる。『沖縄精神医療』で連載され始めた「精神病院論」は、結局著作としてまとめられることはなかった。しかし記録に残された最後の講演となる「連続講座（全三回）これまで・いま・これから」においても、「精神病院のこれからを考える」と題されたテーマについて、島は述べている。

講演の期日は二〇〇〇年三月一三日より三日間。場所は沖縄・本部のノーブルメディカルセンター（本部記念病院）。他界する半年前、がん治療のさなかにあった島を師と仰ぐ院長・高石利博のたっての求めによる講演だった。武蔵療養所での初心の問いが、やはりここでも繰り返されていた（病院論とこの講演の詳細は後の章で検討する）。

傷痍軍人武蔵療養所

未復員患者が一一〇名という武蔵療養所とはどんなところなのだろうか。

秋元波留夫講演集『精神医学遍歴の旅路』に、「十五年戦争と精神障害者」「治安維持法と伊藤千代子」という講演録が収録されているが、ともに「戦争と精神障害」がテーマとされている（ちなみに「十五年戦争」という名称は、満州事変がはじまった一九三一年から敗戦に至る一五年を指す）。

あるいは近年、武蔵療養所の後身である国立精神・神経医療研究センターに保存されていた診療録を解読・分析する研究が進められている。その一つの成果として「戦時精神医療体制における傷痍軍人武蔵療養所と戦後病院精神医学」（後藤基行・中村江里・前田克実）などの論文が書かれるようになった。これらを参照しながら記述を進めていく。

満州事変以後とくに、戦争で怪我をしたり結核になったり、精神を病んだりする軍人がその数を増していった。一九三八年以降は、内地に戻された精神疾患の患者は、基本的には国府台病院で治療を受けることになっていた。三九年には全国各地に温泉療養所、結核療養所、精神療養所などが設置されていく。

四〇年一二月になると、東京都小平市に精神障害軍人の療養所として「傷痍軍人武蔵療養所」がつくられ（同年千葉県に下総療養所が、四五年には佐賀県に備前療養所が設置される）、その際、国府台陸軍病院からも患者が移動してきた。症状が固定し、原隊復帰がもはや望めず、しかも自宅には帰ることのできない患者たちが集められたのだった。

その結果、傷痍軍人療養所は、陸海軍病院での治療が終了したあと、長期療養を必要とする慢性患者の施設という性格をもたされた。それは、病のために兵役を免除されたものの帰郷できずにとどまる場所、と位置付けられたことになる。

後藤・中村論文はこの点を取り上げ、武蔵療養所は「皇軍」には存在しないことにされていた〝軍人の精神病者〟を収容する場所、という矛盾を抱える所となった、と指摘する。

そしてここには、兵役を全うできない傷痍軍人であることへの軽視や蔑視（彼ら自身にとっては負い目）に加え、精神病者であることへの偏見や軽視、差別が加わり、二重三重に差別が構造化されていった。つまりは、傷痍軍人全体のなかでも軽んじられることを結果とした。これが、後藤・中村論文が示した重要な指摘だった。

やがてこのことは悲劇的な形で現実化する。秋元は次のように書く。

戦局の激化とともに軍隊に召集される所内の医局員や職員が増え、人手不足が激しくなっていった。戦況の悪化とともに深刻化する問題があった。食料の欠乏による栄養失調と死亡する患者の増加である。後藤・中村らの研究でも指摘されているが、武蔵療養所の在院者は、「年齢が比較的若い、身体的には丈夫な若い人たちが多かった」という。それにもかかわらず、一九四一（昭和一六）年ごろから死亡者が増加していく。松沢病院でも同様の事実が見られると秋元は統計を示し、次のように述べる。

このような痛ましい死亡の原因は、松沢病院の記録が明らかにしているように、食料の不足による慢性栄養失調であります。松沢病院や武蔵療養所は公的施設であり、闇の物資調達は不可能であり、政府の食料配給計画を忠実に守らなければならなかったのであります。この二つの施設だけでなく、おそらく当時の全国の精神病院の患者は同じような状況に置かれていたにちがいありません。精神病院に入院している精神障害の人たちの多くは、一般市民のような食料調達の自由を持たず、食料は病院から支給されるものだけに限られました。死亡はその結果ですから、病死というより事故死であり、正しくは政府の不当な配給計画の実施による他殺というべきであります。（前掲書）

栄養失調による病死は、「国による他殺だ」と、秋元が激しい言葉で述べていることがひときわ目を引く。そして松沢病院に残っている記録を紹介しながら、日常的な飢餓地獄のなかに置かれた患者たちがどのような惨状を生きざるをえなかったか、その様子を報告している。

人手不足も地獄絵図に輪をかけた。秋元はナチスドイツの「精神障害者抹殺」についても縷々述べていくのだが、その際も、「わが国では精神障害者を『気ちがいは穀つぶしだ』という考えから兵糧攻めにして殺しましたが……」というように、ここでも怒りに満ちた言葉を書きつけている。

なにもナチスドイツだけではない、「わが国でも同じような障害者殺害が実行されたのです。どこの国でも、またどんな時代でも、戦争は必ず障害者を犠牲にせずにはおきません」と、戦争反対の決意を述べ、結んでいく。

島成郎が若き医師として赴くことになった国立武蔵療養所とは、このような歴史的背景を抱える医療施設であった。

一九六〇年代の精神医療とその改革

もう一つ、横軸（同時代）の問題がある。一九六〇年代から七〇年代は、世界の精神医学が激しく揺れ動いたのだが、日本においても例外ではなかった。当時、従来の精神医療や精神病院のあり方に、若い医師たちを中心に激しい異議申し立てがなされた。

彼らは造反派とか改革派と称されていた。反体制派とか、反精神医学派という言葉が使われることもあった（秋元はこれを用いた）。ここには様々な主張や立場があり、ひと括りにすることはできないのだが、島との関連でいえば、森山公夫、中川善資、藤澤敏雄、広田伊蘇夫、浜田晋、石川信義といった名前が浮かんでくる。もちろん彼ら一人一人の思想や理念も多様ではあるが、東大闘争のあとに創刊された『精神医療』に集った人々である。

島をはじめとして、若い医師たちは何に造反し、何を改革しようとしていたのだろうか。

ひとつには、五〇年代から六〇年代にかけて林立し始めた精神科病院の悪しき収容性の問題があった。かつて島は、沖縄タイムスの記者・山城紀子のインタビューに、怒りとともに次のように答えていた。

「強制措置入院を国が保障している。そのために私立の精神病院がどんどん増える。入院は長期、社会復帰はできない。強制大量長期収容です」（山城紀子『心病んでも』）。

こうした衝撃や憤りはひとり島だけではなかった。たとえば島の古くからの朋友・森山公夫の次のような一文。

（略）とりわけ1960年以降の日本の資本主義の高度経済成長とまさに足並みを揃えて、厚生省の政策的主導のもと、精神障害者を隔離・収容する場としての粗製濫造の精神病院がそれこそ雨後の筍のように建てられてゆきました。新病院はおおむね大学医局と癒着し、新築の乱造の病棟に、大学病院精神科の新人がパート医として派遣されたのです。こうして多くの理想に燃えた新人医師は、現実の腐敗に相まみえることになります。

当時の精神病院は、まさに「3Kの場」でした。「汚い・臭い・危険」そのもので、多くは粗製濫造の建物に患者を文字通り詰め込み、スタッフは少なく、暴力が支配し、そして実際に臭かったのです。こうした人権侵害の状況は、東京のどんな精神病院でも、そしてまた全国の至るところでもほぼ同じような状況を呈していました。（略）

（「藤澤君、ご苦労様でした」『精神医療別冊　追悼藤澤敏雄の歩んだ道』）

この時代の精神科病院がいかに悲惨な状況にあったかは、すでに多くの報告がなされている。

それを告発する森山の一文は、彼らの同志・藤澤敏雄への追悼文として書かれたものだが、その藤澤もまた、島や森山と同様、病院医療に衝撃を受けたところから医師としての歩みを始めていた。

私と精神病院の出会いは、驚愕といっていい感情をともなっていた。とはいえ、それだけではやがて私は精神病院に慣れていったにちがいない。私の中に起こった驚きと憤り、異和感が新しい出会いによって強化され、鮮明によみがえり、あいまいであったものが怒りとなって私の中で持続的な志をかたちづくっていったのである。／（略）／

精神病院の実態がひどすぎるということから出発して、この悲惨をもたらしている人間の社会のからくりが論理としてみえて来る必要があった。この論理というのは、ふたたび自分の感性にかえって来るたぐいのものでなければならない。（略）

（『精神医療と社会』増補新装版）

藤澤は一九六二年以来、精神病院の勤務医として過ごしてきたのだが、「こんなことは許されない」と主張する人々を見出し、彼らとともに「拒否の感情を組織していった」。悲惨をもたらす人間社会のからくりを論理として立てていくこと、おそらくそこに〝造反派〟とか〝改革派〟と呼ばれる若い医師たちに共通する思想、あるいは治療理念といったものを見てとってよいだろう。

ただし事態はさほど簡単ではない。

森山によれば、藤澤と二人、それぞれがパートで出向いた病院で組合を作って改革運動を起こそうとしたのだが、個別の闘いでは、精神病院のもつ悲惨・矛盾はびくともしなかった。藤澤も、批判し告発したものは過重な負担をあえて引き受けない限り、「不穏分子、不満分子」として葬り去られるしか仕方がないほど、「現実の枠組みは固く厳しい」と書いた。

変革の動きは少しずつ広がりを見せていたのだが、一方、精神医療にたいする社会防衛を求める動きも大きくなり始めていた。

一九六九年の金沢学会まで

一九六四年三月、ライシャワー事件が起きる。精神科の治療歴を持つ一九歳の青年が、ライシャワー駐日アメリカ大使を刺すという事件で、池田内閣はすぐに精神衛生法を改正する。このなかに、すべての医師に、診察した患者に精神病の疑いを持ったとき、警察に通報する義務を負わせる、という内容が含まれていた。

六五年一月には、犯罪を起こす（可能性のある）精神障害者への対策が強調され、精神衛生協議会は精神鑑定医・精神障害者の緊急入院・保護拘束制度の創設などを答申した。しかし日本精神神経学会はこれに反対し、差し戻した。このときの理事長が秋元波留夫だった。

そして医師たちが反対し続けたもう一つが、「従来の隔離収容や保安処分を補完的に支えていたのが大学の医局講座制であり、これを解体しないといけない」（森山・同前）という主張だった。急ぎ足になるが、また先走るが、以下のことを短く記しておこう。

六八年、東大医学部でデモ参加者への処分問題への抗議に端を発し、東大闘争へと発展する。医局の解散を決議し、東大精神科医師連合（精医連）が結成され、精神医学教室の主任教授だった臺弘《うてなひろし》に不信任案を提出。そして六九年の「金沢学会」に至る。

島は、この六九年は「非常に記憶に残る大事な年」だとし、次のようなことを書いている（「連続講座第1回「それまで」」『精神医療　追悼島成郎』）。

「日本の精神科の医者の集まりである日本精神神経学会という一番大きな学会があります。それが金沢で大会を行い、その時に、日本の精神病院の実状、これに対して精神科の医者はどう答えるか、ということが若い医者を中心に激しく告発されました」

総会は二日間続いた。従来行われていた学会発表はすべて取りやめとし、これらの問題に集中して討議が繰り返された。若い医師たちだけが騒いだのではなく、古くから地道に民間病院で医療活動をしてきた古い医師たちも、反対者の中に交じっていた。

「それまで威張っていた大学の教授を中心とする学会の理事会というのは、投票により不信任されました。そして学会の体質、そういう精神病院を支えている体質を無くそうではないか、そのために新しい執行部体制を選ぶということで総選挙を行うという決議をやった。金沢学会として知られている学会が行われたのが、１９６９年です。

私はまだ精神科医になりたてで3年ぐらいだから、まあちょっと図々しいことをやったと思いますけども、あまりにもひどい精神病院の状況に抗議を発して、新執行部を選ぶ選挙に立候補して評議員になり、理事になり、そして全国の精神病院改革の運動を心ある医療者と一緒にやることにした訳です。その運動は医者だけじゃなくて、その後は看護者に広がり、或いは心理士に広がり、ＯＴに広がり、一般の市民運動にもなり、病院の開放化、患者の人権を守るという運動となってずっと全国に広がっていった、そういう大きなうねりのあった年です」

読んでいると、ブント時代の彼を知る人ならば「島成郎、健在なり！」と思われるのではないだろうか。全国の大学をオルグして歩きながらブントへの支持者を集め、全学連のなかで主流派をつくっていったときのオルガナイザー島成郎を彷彿とさせる件である。医師たちの病院改革、大学改革の意思が集められ、形となり、力となったのがこの金沢学会であった。

そして七二年の東大病院の精神神経科の自主管理闘争（いわゆる赤レンガ闘争）にいたるのだが、森山公夫の談話を引こう。

赤レンガ闘争は激しい闘争で、東大精医連も病棟占拠派と講座派の二つに分かれた。ちなみに島は政治運動からは身を引いていた、と自身では述べていたが、森山は取材で次のように言う。

「その頃、ぼくは精神科医になってちょうど一〇年目くらいだったので、先発隊というか、島さんはぼくに先発隊をやらせようとしたんじゃないですか。島さん自身は元ブント書記長という立場があります。会議にはすべて出席して議論に参加していますが、自分が前面に出るわけにはいかないという意識があったのだろうと思います。そこで、ぼくや他の人間を前面に出すのです（笑）。島さんはそういうところがありますね。全学連のときにも、唐牛健太郎《かろうじ》を委員長に担ぎあげますしね」

また別のところでは、赤レンガ闘争の発端を提起したのは島であり「ただし準備は入念で、半年以上も前から若手の活動的医師を集め、（中略）東大病院への『乗り込み部隊』を組織し、それが闘いを担う主体になるべきことを力説」したともいう。

「それで東大精神科病棟の闘争の基本的な方針には、だいたい島さんの意向がくみこまれていたと思います」

参謀的な役割を、ひそかに島は担っていたということだろうか。赤レンガ闘争のとき、自分たちの雑誌をつくろうということで、『精神医療』がつくられた。島の提唱だったと森山はいう。

島は終生、言葉と行動に緊張関係をもたせ、言葉には実践（行動）を伴わせようとする人だった。発言には、行動が伴っていなくてはならなかった。だからこそ、精神医療改革運動という実践は、島にとっては治療臨床に劣らないほど重要なものだった。

もちろん、こうした改革運動が、全国の精神科の医師たちから一律に支持されたわけではない。その反対派の一人が秋元だった。秋元は、東大精医連の結成と時を同じくしてあちこちの大学で反体制の動きがあったが、「多くの教室では教授をはじめ教室員が一体となった改革が進められたということです」と言い、東大は別として「全国の大部分の精神医学教室は反体制運動の嵐は短期間で終わっています」と言う。つまりは、改革運動など持続できるものではなかった、と指摘しているのである。

藤澤敏雄はその秋元に対し、次のような文章を残している。

すなわち金沢学会以来の学会闘争や精医連運動を、改革のための苦しい作業と受けとるか、意味のない混乱・停滞と受けとるかによって立場とかかわりはかかわってくるのである。秋元氏は、精医連運動、学会闘争に対して不快な感情をもっていたようである。そうした「過激」なことに連なる人びとは、武蔵療養所に一切採用しないことを決意したようだし、療養所内部では、改革運動に連なるとみられる人びとは、排除ないしは遠ざける対象となっていた。

（「外来診療活動の可能性と限界」『精神医療と社会』）

藤澤には、遠ざけられることの不当さを訴える、苦渋に満ちた文章もある（「精神病院について」前掲書所収）。この時期、このような事態は全国各地でおこっていた。改革を訴えた多くの医師たちが主流からは遠ざけられ、中央からはねつけられ、理想の治療共同体を求めて地方に散っていった。

先んじていえば、島が沖縄に下り立った時にまずぶつからざるをえなかったのが、この「改革運動に連なるとみられる人びとは、排除ないしは遠ざける対象」となった、という事態だった。本土からやってくる派遣医の受け入れ先となっていた精和病院が、陰に陽に島を拒んだ。精和病院の医師や職員による、島受け入れの請願運動が起こったほどだったという。このとき活動の拠点として那覇保健所を提供し、島を救ったのが当時の所長の原實だった。

藤澤の引用に戻るならば、ここから事態は微妙で、複雑なことになっていく。島が沖縄に活動の場を移した後、造反派、改革派への厳しい批判が、秋元によって語られていくのである。島の朋友・同志たちと、自分の恩師である秋元の対立が激しくなる。しかし島は、秋元との交わりを断たなかった。島が沖縄にいたとき「ほとんど毎年のように沖縄を訪ねたわたしと家内は、君と博子さんの案内で沖縄本島のあちこちを歩くのが、何よりもの楽しみでした」と、秋元が弔辞で述べているほど、終生、深い交流を続けていた。

ブントをつくったあと、通常ならば敵対者となっても不思議ではない瀬長亀次郎に対しても、島は信頼と尊敬をうちに持ち続けた。形こそ違え、秋元に対しても、対立してしかるべき言葉を飲み込み、感謝と敬意を断たなかった。

敵対し対立する側と、一方の信頼する側とをうまく化学変化させ結合・統合させてしまう力が、島成郎という人間の最大の特質であり、魅力であるかもしれない。

秋元波留夫の改革派批判

秋元に『精神障害者の医療と人権』という一九八七年の出版物がある。これを読むと、この時点で、秋元もまた病院や医療の改革を考えていたことが分かる。患者の人権問題にも、社会的な問題にも、真摯に関心を向けていたことが理解される。いま読んでも重要なことが書かれている、と感じられるところもある。

たとえば措置入院制度についての批判。この制度はその存在価値を急速に喪失していることを具体的な数値を挙げながら示し、「自傷・他害のおそれ」になる基準には客観性はない、「鑑定」できる問題ではない、と書く。

私たち精神科医が診断できるのは、どんな病気であるか、その治療のために入院が必要かどうか(入院の可否についてだって精神科医の間に意見の相違が起こりうる)である。「自傷・他害のおそれ」はすべての人間に存在する(だから自殺や傷害が絶えない)。このような普遍的な条件を強制入院の要件にすることは全くナンセンスである。/(中略)/このような見地に立つ時、ひとしく強制的医療形態であるいわゆる「医療保護入院」(現行法の「同意入院」)と措置入院とを区別する根拠は存在しないことは明白である。

(『精神障害者の医療と人権』)

正論というほかない。そしてこの問題はいまだ解決されていない。秋元は、わが国の精神医学の教育制度には多くの欠陥があり、「敏感な若い世代がその改革を求めるのは当然である」とし、次のように論を進めていく。彼らは「改革を要求したのであり、精神医学の解体・廃絶を意図したのではない」とし、「彼らとその後継者たちは、全国の大学や病院、地域で、離島、僻地精神障害者の医療をよりよきものにするための実践と研究に奮闘している」と書く。ここまでは〝造反派〟が主張する課題を共有しているように見える。

しかしこの後、東大精神科病棟と研究室の「不当占拠の実態」(赤レンガ闘争)について、激しい非難の言葉を投げていく。秋元が述べているのはおおむね次のようなことだ。

ここに掲げられた「講座制粉砕」とか「東大解体」といったスローガンは「全くの出まかせの欺瞞であることは明白であり」、「彼らが打倒を叫ぶ講座制の恩恵のもとで『東京大学講師』『東京大学助手』の虚名」を、実力と実績によってではなく、暴力的にかすめ取っているだけであるとされる。

「いま彼らは、口先でなんといおうと、講師、助手として、彼らが攻撃してやまなかった体制権力の手先になりさがったことは確実である。『精神医学解体の論理』はこのようにして、『病棟自主管理解体の論理』というよりも『病棟自主管理頽廃の論理』に変質したのである」(『精神障害者の医療と人権』)、と断罪する。

「精神医学解体の論理」には、森山公夫の著作タイトルが含意されている。さらには「金沢学会」についても、「20世紀精神医学の歩んだ道」(『精神医学遍歴の旅路』所収)では次のように書かれる。

「私が一番おかしいと今でも思っているのは、わが国の精神医学、精神科医の科学的成果、主張を、（中略）日本精神神経医学会が、一九七〇《ママ》年の金沢学会総会での反体制派の暴力的追求に理事が総退陣したのをきっかけに、いとも簡単に反体制派に乗っ取られてしまったことです」と、金沢学会での〝造反〟が批判される。このことによって十数年にもわたって、学会は重大な問題について発言することを封じられてきた、というように。ところが先に触れたように、金沢学会に精神医療改革の出発を見たのが、当の島成郎だった。

もう一つここには、武蔵療養所を中心に行われてきた「生活療法」なるものへの理解と評価をめぐる対立も絡んでおり、すでに引用したように、生活療法と秋元批判の急先鋒が、島の同志・藤澤敏雄だった。

生活療法批判に深入りする余裕はない。どちらにどんな理があるか、その判断にまで踏み込むことは、本書のテーマから大きく逸れる。いずれにしても、島成郎が沖縄にあってその活動を本格化させていく七〇年代から八〇年代の精神医学界は、改革派とそれに反対する潮流、という二つの動向が緊迫した状況をつくりあげていた。

「あの人は明治の人だからね」

書いたように、秋元は島との親密な交流を、島が亡くなるまで手放さなかった。島も師が、自分の同志たちと敵対していることには、いっさい触れなかった。志を同じくする自分の朋友たちと、恩義ある師匠筋の医師とのあいだで激しい批判の応酬がなされる。複雑な思いを抱いてはいただろう。

もちろん、考え方や理念に決定的な相違があろうとも、そこには触れないまま、親密な交流を維持することはできる。そういう人間関係があることを否定しない。逆に思想が近く、共感しあっていた当初の関係が、些細な齟齬をきっかけに感情の軋轢が重なり、修復不能になる。そして生涯にわたって断絶をもたらす、という関係も十分にありうる。

幸い、貴重な証言をひとつ得ることができた。

秋元との関係について、沖縄で島の活動を支えた中山勲（現・玉木病院院長）が、次のように述べたことがとても腑に落ちた。

「秋元波留夫先生も、反体制の医療者の側からすれば一番の問題というか、蹴落とさないといけない存在なんでしょうけれど、島先生は学会などで、他の教授たちに対しては『きみたちはー！』といって糾弾するような人だった。ところが、トップにいる元凶の一人のはずの秋元先生に対しては、絶対に糾弾しないのです。何かの拍子で私が『島先生は、秋元先生はあまり追及しないのですね』と言ったら、『あの人は明治の人だからね』、そう言って終わりなんです」

前章で、島と瀬長亀次郎との交流にこだわったが、瀬長もまた「明治の人」であった。

島成郎、歌のわかれ

最後に一つ、中川善資の追悼文「島さん」より、あるエピソードを引いて、この章を終えることにしよう。適宜省略しながら再現する。

一九六八年の国際反戦デーでのこと。島、藤澤、中川の三人で、代々木公園に出向いた。快晴で、色とりどりの幟《のぼり》がはためき、大勢の人が集まっていた。島は嬉しそうに「凄いね」を連発していた。なぜ嬉しそうだったかは書かれていないが、顔を上気させていたというから、おそらくは気が昂《たか》ぶっていたのだろう。

なかに小平反戦の幟を立てている一五〜一六名の若者の集団がいて、三人はこの集団に入れてもらった。島が「私たちは小平の市民だ。小平反戦の旗を見たので入れてほしい」と頼み込んだという。デモ行進が始まると、隊列整理をする主催者が何人か回ってきた。するとなかの一人が「島さん、何でこんなところにいるんですか。先頭に立って下さい」と叫んだ。島は「いや、俺達はここにいるから」と言って断った。夕暮れになり、デモ隊は国会前で止められてしまった。

代々木公園から国会前まで、デモ行進であれば一時間半だろうか。全員が座り込みに入った。すると赤い幟を林立させた大集団がやってきた。島は突然立ち上がり、「革マル、突っ込め！」、大声で、二度、三度と叫んだ。叫んだだけではなかった。「島さんは泣いていた」と中川は書いている。

これが一つ目のエピソードである。ノスタルジーに浸った、感傷の涙ではない。私にはそう思えた。島のなかで、六〇年安保闘争の光景が再現されていただろうことは想像してよい。しかし、感傷を許すほど生易しいものではなかったはずだ。六月一五日のデモの中にいた樺美智子は命を落とし、四八名が重傷を負った。廃人同様になったものもいただろう。この事実を島は、終生忘れなかったはずだ。では、何の涙だったのか。

もう一つのエピソード。東大安田講堂の最後の攻防の日。

中川と島の住まいは、武蔵療養所の官舎であり、島の部屋で一緒にテレビを見ていた。放水を浴びせられた学生が、次々と機動隊員によって引き立てられていく。そんな光景が映し出されていた。突然、博子が叫んだ。

「貴方がた、後輩がやられているのよ！　何とかしなさいよ！」

突然、そう言われてもどうすればよいのか。二人は黙って島の家を出て、本郷に向かった。

「自分たちに何が出来るのかなど考えもないまま安田講堂の姿を見ていた」

中川は末尾、エピソードを次のように結んでいる。

「入局当初から島さんは過去は語らなかった。むしろ心の奥にしまいこんでいた。然し、沖縄へと飛び立たせたものは若い頃からの島さんであり、彼の中で矛盾なく精神科医であり続ける場が沖縄だったと私は思っている」

この二つのエピソードを中川はつないでいるのだが、以下のことをつけ加え、本章を終えることとしたい。

国際反戦デーは六八年一〇月二一日。安田講堂陥落は六九年一月一八日。この「10・21国際反戦デー」では、「新宿騒乱」と呼ばれるほどの激しい衝突が、学生と機動隊との間で繰り広げられた。逮捕者は一六〇〇人。三人が、「10・21国際反戦デー」のこの日、どこまでデモ隊に加わったかは不明だが、島が沖縄での最初の派遣医から戻ったのが、六八年八月。次に沖縄に向かうのが七一年四月。

二つのエピソードは、二度の沖縄派遣に挟まれた時期にあたる。そして七一年一〇月から七二年一月まで、四度目の派遣医として沖縄へ行き、四月からは玉木病院を拠点とし、本格的な医療活動に入っていく。医師になって以降、島は政治的な言動を封印していたから、「10・21国際反戦デー」は最後のデモへの参加だった。

「歌のわかれ」とは中野重治作品のタイトルであるが、自分の中の〝青春的なもの〟との決別が託されている。島もまた〝うた〟と別れ、退路を断った。そんなエピソードではなかったろうか。

次章では、島がどんなふうに地域の人々をオーガナイズしていったのか追ってみたい。

第二章　沖縄、ヴ・ナロード（心病む人びとのなかへ）

医師として沖縄に立つ

島が本土からの派遣医として初めて沖縄の地を踏んだのは、米軍統治下にあった一九六八年のこと。「『やんばる』からのリポート」に、当時の、次のような事実が報告されている（『精神医療のひとつの試み』）。

派遣医の期間は三ヶ月。県立精和病院（当時は精神衛生協会立）が派遣先となり、第一回目のときに、島は本島北部やんばる地区での巡回診療に参加する機会を得ている。

当時、名護より北には精神科の医療施設は皆無だった。精神科医もいなかった。発病した患者は、那覇近隣の病院まで行かなくてはならない。バスを乗り継ぎ、長時間かけてたどり着いて診療を受け、薬をもらった頃はすでに帰りのバスはなかった。本島北部に住む患者が病院で治療を受けるためには一泊しなければならず、最低でも二日がかりだった。

なんといっても沖縄県全体の病院数が少なかったし、あったとしても常に満床で、何十人もが入院待ちの状態だった。医師も絶対的に不足していた。

もう一つ患者を病院から遠ざけていたのが経済事情だった。一度ならばまだしも、定期的に診療を受けるとなると経済的な負担が大きかった。「何度かの景気後退期を含みながらも、戦後の早い時期に沖縄経済は驚異的な復興を遂げ、その後も高い成長率を維持して」いった。産業構造も大きく変わる。同時に、「那覇やコザを中心として沖縄社会は急速に都市化し、伝統的な村落共同体は崩壊していった」（岸政彦『同化と他者化』）。

共同体の崩壊が進めば、そこにとどまらざるを得ない困窮層はさらに貧困に追い込まれる。医療保険などの社会保障も機能していなかった。障害をもつ家族を抱えるということは、貧困、家庭内の葛藤や対立、地域からの孤立など、家族崩壊のリスクを大きく引き上げてしまうことに直結した。

勢い、発病しても放置されたままになる。パニックになったり、症状が進んで暴力をふるう患者は、自宅の庭先に作られた「監置所」や、屋内の「座敷牢」に閉じ込められた。家族にとってはそれ以外術《すべ》がなかった。数年、十数年をそこで過ごす患者も珍しくなかった。「あるものは檻のような監置所に閉じ込められ、あるものは長い歳月薄暗い部屋にひっそりと暮らし、家族は看護に疲れ果て絶望とあきらめの中で苦吟していた」と、島も書く（「おりおりの断層」『精神医療のひとつの試み』所収）。

島の本を読んでいると、監置室に置かれた患者と出会ったときの衝撃がくり返し書かれ、行間には哀しみや怒りが渦巻いているのを読み取ることができる。

「私たちは北部の町村に赴き、公民館などで相談にのり、また保健婦とともに家庭を一軒一軒訪問して診療にあたりました。

このときに見た、医療に恵まれないまま打ち棄てられたような状態の患者さんや諦めきって小さくなって過ごしていた家族の姿は今もはっきりと私のなかに刻まれています」

これは「日本復帰二十五年、沖縄精神医療はいま」という講演録であり、あるいは七四年の講演録「沖縄での経験から」（ともに『精神医療のひとつの試み』）にも、復帰後二年が過ぎてもさまざまなかたちで患者は放置されている、と憤りを込めた筆致で書き、次のように続けていた。

「私は那覇保健所を中心として、地域の医療に携わっているが、この三年の間に、二十に余る監置患者に出会っている。この学会に出席する一ヶ月前にも、那覇に遠くない農村のある部落で、四年来、母屋に接した六畳程のブロック造りの監置所にいれられ、外部との交通は一日二回の食事の差し入れ口である二十センチメートル四方の小穴だけで、暗闇の中、糞便にまみれた生活を強いられている中年の女子患者を診た。

離島で、これまた数年来、鎖で足を縛られたまま奥の一部屋に監禁されている侏儒の重度精神薄弱の患者さんもいる。或いは十年来、無動のまま放置され、両膝関節強直を起こして歩行できないで近所の人に負われ病院に連れてこられた患者さんもいた」

このような現状を、本土の医師たちが知らないわけではなかった。一九六四年、第一回目の派遣医として足を運んだ岡庭武は、島と同じ武蔵療養所の医師だった。沖縄の各地で私宅監置の調査を行っており、岡庭は「沖縄の私宅監置」という論文で現状を明らかにしていた。北村毅によれば、『精神医学』に掲載されたその論文は、本土の医師たちに大きな衝撃を与えた。本土の病院医療の〝大量収容・長期入院・薬漬け〟がもたらす惨状を目の当たりにしていた医師たちにとってさえも、沖縄の状況は過酷であり、悲惨であり、多くの医師たちが胸を痛めた。

六五年、岡庭はもう一度沖縄に向かい、精神病患者の状況を調査している。報告によれば、私宅監置者は全島で五八名発見された。女性や老人は木小屋、台所の一隅、部屋に格子や板を張って監置室にしたものが多かった。また別の医師は、なかには丸太を組み合わせた簡単な作りだが、まるで「家畜か野獣を入れるような監置室もあり、また畳3分の2くらいの狭い一室にひざを曲げてうずくまっている女性もあった」とも報告している（小椋力「派遣医制度と本学会活動の概略」『精神神経学雑誌』）。

これが、沖縄の地に立った島が目の当たりにした精神を病む患者たちの現実だった。

沖縄の精神風土と心病む人びと

なぜこのようなことになるのか。

そこには沖縄の精神医療や保健衛生をめぐる、特異で独特の歴史があった（以下、一つ一つを断らないが、北村毅編著『沖縄における精神保健福祉のあゆみ』、小椋力『沖縄の精神医療』などを参照しながら書きすすめていく）。

一つは、第二次世界大戦後まで、沖縄には一つも精神科の医療施設がなく、精神科の医師も存在しなかったという事情がある。沖縄は長い間、精神医療のゼロ地帯だった。もちろんそのことは、精神病者がいなかったことを意味しない。

本土では一九五〇年に精神衛生法が定められているが、占領下にあった沖縄には適用されず、一九〇〇（明治三三）年に制定された精神病者監護法が、そのまま患者たちを座敷牢や監置所に監置する法的根拠となっていた。市町村が公費で監置所を設置するケースもあった。琉球精神衛生法が制定されるのは、やっと一九六〇年になってからである。しかし実際はほとんど効力を持てないままだった。

〝精神障害者は治療と福祉の対象ではない、警察による治安維持の対象である〟――こうした現実が根強く存在することの不当さを、島は以後、くり返し訴えていくことになる。

一方、監置所以外の患者たちは、放置・放任されるに任され、「フリムン（精神病）」、「フラー（知的障害）」と呼ばれ、街なかを彷徨《さまよ》い歩いていた。

差別や蔑視を受けながらも共同体の中にいることを許され、わずかな仕事や食事を与えられていて、争いごともなかったという報告がある。しかし北村は、日常的に暴力や排斥の対象となり、女性は性暴力の被害者となり、妊娠しているケースも少なくなかったとも論じている。

もう一つ重要なことは、長い間沖縄では、治療よりもユタによる民間療法に信頼が寄せられていたことだ。やんばる地区で精神医療に携わってきた高石利博（本部記念病院理事長）は、ドクター論文「御嶽信仰と精神科医療の接点――カミダーリィ」（一九七八年）で、「カミダーリィ」とは「神祟り」「神憑り」「神代理」とする諸説があるとし、いくつかのケースを紹介した後、次のように書いている。

まず彼女達のカミダーリィは、沖縄の民間信仰、いわば沖縄の社会現象と、個々の生活歴とが絡み合って起きて来たものであり、（ときにはその基底に個人の精神病的素質が横たわっていたとしても）我々はそれ等を深く理解しなければならないということである。

〝ユタグトゥは因習、邪教の類〟〝オガミゴトには今后関わり合わないように！〟などと頭から否定しても何の解決にもならないものである。それらは、妄想に対して、〝それは妄想だから信じないように〟と言うに等しいのである。診察室の中、病棟では、それは妄想に等しいものであっても、彼女達は又島に帰り、御嶽の懐の中で生活し、人間関係を保たなければならないのである。

七八年の段階でさえ、これほど濃密なユタによる信仰空間が保存されていた。戦前、あるいはそれ以前、沖縄における民間信仰がいかに大きな力をもっていたかは、容易にうかがうことができるだろう。高石によれば、現在でも医療とユタグトゥとの両方を使い分けている患者は少なくないという。この事実が、沖縄精神医療の大きな特徴をつくっていた。

ちなみに島成郎の疾病論には、こうしたシャーマニックな視点はほとんど顔を出さない。ユタやノロといった〝神の声を聴く〟存在も、その文字さえもが見当たらない。なぜだろうかと考えていたら、新しく発見された資料に「1991. 3」という日付を持ち、「老人の精神病（異常精神状態）について」とタイトルされたノートのなかの、次のような一文が目に留まった。

老人問題は、老人の問題ではなく、
人間そのものについての問題であり、
社会問題であり、政治問題であり、
人類史の問題であり、

そして科学そのものの問題であり、
更に精神医学の再変革につながる大問題である。

老人の精神病についての考察ではあるが、宗教性や信仰といった「魂」につながっていく問題は顔を出さない。精神現象をあくまでも社会や科学そのものの問題として捉えようとしている。これは老人問題に限らず、精神疾患を考えるさいの、島の基本的な立ち位置だった。

若い頃、読書会をして鍛え込んだというレーニンやマルクスの影響が、〝三つ子の魂〟として残っているのだろうか。マルクスにあって「宗教」は〝阿片〟であり、迷妄として乗り越えられるものとされていたから、島にとっても視野の外におくべき問題だったのだろうか。

もちろん、沖縄の地で精神病患者のこころに迫りながら、その背景に深く関連する民間信仰に触れなかったから、島はそれが劣っていると考えていた、科学的治療論のほうが優れていると考えていた、と述べたいのではない。島の疾病論の特徴ではないか、と指摘したいのである。

ともあれ、ユタによる民間療法か、監置所での監置か、放置されるままになって街なかを彷徨するか、そのどれかが戦前から戦後間もなくまで、沖縄の精神病者たちが辿るべき宿命だった。

沖縄戦と米軍統治下の精神医療

二つ目は沖縄戦の問題がある。

沖縄戦とは、アジア太平洋戦争の最終盤、「一九四五年三月二三日、米機動部隊による空襲、二四日の艦砲射撃によって始まり、二六日の慶良間諸島への上陸、四月一日沖縄本島への上陸より本格的な地上戦が開始され、六月二二日牛島第三二軍司令官の自決、七月二日米軍による沖縄戦終了宣言によって組織的な戦闘は終了し、沖縄の日本軍が降伏調印式をおこなった九月七日に最終的に終了した戦いである」（林博史『沖縄戦と民衆』）とされる。沖縄は、本土防衛のための〝捨て石〟だった。

「鉄の暴風」という言葉があるように、それがどれほどの激闘で、砲弾・武器・人員におけるアメリカの物量攻撃が凄まじいものだったか、戦闘の真っただ中に置かれた住民がどれほど酸鼻を極めたか。両軍の戦闘は八二日間続き、約五〇万人の住民が巻き込まれ、全住民の四分の一にあたる約一五万人が犠牲となったといわれる。

米軍の側から書かれた資料に、『沖縄シュガーローフの戦い』がある。著者ジェームス・H・ハラスは、「沖縄戦は太平洋戦争を通じてもっとも血みどろの戦いであった。八二日間の戦闘で米軍の陸上兵力は七六一二名が戦死もしくは行方不明、三万一三一二名が負傷、二万六二一一名が戦闘疲労症となった。海軍兵力の被害も深刻で、輸送や支援攻撃の任務中に四三二〇名が戦死し、七三一二名が負傷した」と書いている。

『沖縄県史』（各論編6）を読むと、「『鬼畜米英』という極度な恐怖心を植えつけられていた米軍が迫ってくるなか、米軍に投降することは絶対に許さない第三十二軍の方針のもと、住民は絶体絶命の絶望的状況のなかにおかれていったのである」、しかしそれでも「住民は戦場を彷徨しながら自らの意志と知恵で生き延びようとした」と書かれる。多くの県民は殲滅戦の中に残され、砲弾のなか、阿鼻叫喚とともに逃げまわる以外なす術がなかった。

戦時下にあって、心を病む者たちがどのような扱いを受けたかは、北村の「沖縄戦における精神障がい者のスパイ視と虐殺」(『季刊戦争責任研究』81)に詳しい。日本軍兵士が精神病者たちをスパイ扱いにして処刑する様子が報告される。「夜間、動くものはすべて撃て」という命令のもと、制止してもさまよい続け、その犠牲となった精神病者も少なくなかった。病者たちを庇い、彼らに連なることは自身にも被害が及ぶことであり、そのことを恐れた住民は、心を病む者に対する暴力の列に加わっていくことになる。

あるいは元沖縄タイムス記者の山城紀子の証言。

山城は記者としての沖縄戦取材の中で、戦争を潜り抜け、戦後を生き延びた人たちは、独特の精神風土の中で命をつないできた、と指摘する。そして自身の年齢とともに、そのことが戦争体験者たちの日々の姿によく見えるようになったと語る。

「身近な人をたくさんなくした人は、(略)「死んだ人」が比べる基準になりはしないだろうか。(略)生きていただけでも儲けものだ、生きていただけでもよかった、と思いながら生きてきた人の価値観が、ああやって暮らしていた高齢者たちの姿だったんじゃないか。沖縄社会のなかでは、よりよい生活とか、よりよい高齢期とか、そういうことが、多くの高齢者のテーマにはなり得てこなかったのでは。死んだ人と比べてどうか。死ななかっただけでよかった。そういう根本的なところの価値観を、あの時期の沖縄の住民は身につけたんじゃないか」(『沖縄と女性たちの戦後史——『戦争と性』を中心に』『沖縄からはじめる「新・戦後入門」』所収)

近年、沖縄県立大学の當山冨士子を中心に「沖縄戦トラウマ研究会」が発足し、沖縄戦の体験者の心のありようがいかにPTSD(心的外傷後ストレス症候群)に満ちたものであるか、その研究が進んでいる。山城は加えて、沖縄の風土や生活への視点を示しながら、病理にとどまらず、その人の全体を見届けようとしており、こうしたまなざしはとても貴重だと感じられる。

また、六・二三の慰霊祭（沖縄戦の戦闘終結とされる日）が近づくと、平均年齢が九〇歳を超えた特別養護老人ホームの高齢者が、重度の認知症になっても「ちむわさわさー」になるのだという。「ちむ」は心、「わさわさー」は騒がしいということだと山城は教えてくれたが、六月二三日が近くなると、不穏になり、落ち着かなくなるという。

「あんなに高齢になって、しかも自分がどこにいるか、いくつになっているか、聞いても分からない高齢者が、あの当時の空気を覚えていて、湿り気とか火の具合とかなんでしょうね、そういう感覚を覚えていて、あの時期になると落ち着かないということが起きる。これは、胸が締め付けられる思いがしますね」

この証言は、胸に迫る。あるいはこんなこともあった。

一九六五年から六六年にかけて、沖縄で精神医学調査が行われたことがあった。精神疾患患者の人口千人対有病率が本土のそれをはるかに上回り、二倍という数値が出た。その結果を引いて山城は島成郎に、どうして沖縄にはこんなにも心を病む人が多いのか訊ねたという。島は、戦争の影響だと即答した。山城が、改めて一から「沖縄戦と精神障害」について考え直すきっかけになったという（島は別のところでは、さまざまな要因がある、とも語っている）。

島は沖縄戦と病理の関係に言及することはなかったが、等閑視していたわけではない。戦争の問題に触れることは米軍について語ることになる。そのことを島は封印していた。戦争が心に与えたダメージ、占領下の治療環境の劣悪さ。これは島にとっては前提だった。

戦争終結後の沖縄の精神医療

戦後の沖縄にあって、精神疾患を持つ患者がなぜ長い間捨て置かれていたのか。理由の三つ目は、米軍による軍事占領下における医療施策の結果であることだった。これは島の持論でもあった。

「このような処遇〔監置のこと〕の形態は、様々な要因によるが、その最大のものは、アメリカの軍事占領下での医療施策にあることは明瞭である（すなわち、占領軍にとって、直接影響のある伝染性疾患――結核、癩《ママ》、性病などに対しては本土並み或いは本土以上の対策が行なわれたが、精神疾患に関してはほとんどノータッチであった）」（『精神医療のひとつの試み』）。

占領下にあった時代、精神医療にかかわらず、医療や保健衛生は沖縄県民のため以上に、駐留するアメリカ兵を守ることを第一の目的としていた。一九四〇年代後半、県民の収容所での生活は衛生環境も食糧事情も劣悪極まりなかった。

医師も激減していた。沖縄戦を経て、医師数は戦前の三分の一の六四人に減少、一九五三年の時点では本土の四分の一。戦後長らく医師のいない離島やへき地において、医療行為に制限のある医介輔《いかいほ》（代用医師）によって医師不足が補われる時代が続いたことも、沖縄医療の特徴だった。

戦後沖縄の精神科病院の歴史について詳細を述べる余裕はないが、すでに四五年に米軍野戦病院がつくられ、四六年にはそれが宜野座地区病院精神科病室として移管される。四〇年代後半から五〇年代には四病院が開設され、六〇年代からは精神医療の〝本土並み〟が目指され、その数を増やしていくことになる。

五一年には保健所が開設され、公衆衛生看護婦（公看）による活動が始まる。この時期、アメリカ軍政府公衆衛生部看護顧問として高知県の指導に当たっていたワニタ・ワーターワースが沖縄に着任し、公衆衛生看護婦の育成にあたり始めた。

「医介輔制度がかろうじて医師不足を補い、公看駐在制こそが、医師の絶対的不足を補完するかたちで定着し、戦後沖縄の医療・公衆衛生を支える両輪となった」。そしてワーターワースは、「戦時が『御国のため』、『戦地の兵隊を思え』といった精神の修練に比重が置かれたのと比べ、アメリカ式の近代的な公衆衛生の技術を徹底して指導した」という（木村哲也『駐在保健婦の時代』）。

ワーターワースは五一年に看護婦学校に関する法令を起草し、五五年に沖縄公衆衛生看護学校の発足につながっていく。そして五八年には「琉球精神障害者援護協会」（現・沖縄県精神保健福祉協会）が設立され、やっと医療と精神保健衛生が沖縄の地にも入り始めていく。

しかしくり返すが、北村も述べるように、「米軍による沖縄の占領統治政策はあくまでも『軍事上の安全保持』という揺るぎない優先的価値」の上に立っていたのである。

沖縄におけるこのような特殊事情が関連し合いながら、心を病む人びとの状況を作っていた。島はこうした状況に直面しながらも、このことを、沖縄の精神医療が本土に比べて遅れている証しだ、とは考えなかった。「戦前・戦後を通じた日本精神医療の歴史が凝縮してあらわれ、その本質を露呈しているのだ」という視点をとることが、島が沖縄の精神医療を考える際の一貫した姿勢であった。

いってみれば島にとって〝沖縄問題〟とは、沖縄という地に限定されたローカルな問題ではなく、あくまでも日本国の問題、日本国全体のある本質を映している問題として考えられていた。

南風原町での巡回診療へ

派遣医として北部地域の巡回診療を続けながら、島が胸に刻みつけていたのは打ち棄てられた患者や家族の姿だけではなかった。医師にとっても過酷な条件の中、どうすれば、たとえ不十分であっても医療が彼らの一助となることができるのか。この悲惨な状態から少しでも救うことができるのか。巡回診療の中にあって、島は恐らく注視し、模索していたに違いない。

南風原町《はえばるちょう》から発行された記念誌『あゆみ　精神衛生活動の記録』をみると、一九六八年、島成郎第一回目の巡回診療のとき、本島北部から南部の東風平《こちんだ》、豊見城と移っていくが、島はこれらにも参加している。

島が沖縄にきて最初に見た夜景が、精和病院の宿舎から見た南風原町の夜景だった。

二度目の来沖が、一九七一年四月から七一年七月まで。那覇保健所の嘱託医も兼務し、南風原など南部地区で、巡回訪問や保健所クリニックを実施している。島は地域巡回の重要性をはっきりと感じるようになった。そこで、駐在公看を中心としてもっと継続して行うべきだと主張し、自身の長期滞在も視野に入れ始めていた。ところがアクシデントが起こる。

三回目の派遣が七一年七月より一〇月、一〇月より七二年一月まで（四回目）と六ヶ月続いたが、精和病院の理事会が受け入れを拒んだ。それまで何度か職員組合がつくられようとしており、このとき島が立ち上げの運動を支援したという疑いをもたれたのだった。

これを機に、那覇保健所の嘱託医となることを所長の原實が認め、保健所クリニック、久米島巡回診療、南部地区巡回訪問などを島は本格的に始めていく。

このとき、ひときわ大きかったのが駐在保健婦たちの存在だった。島は、なぜ駐在保健婦との活動を求めたのか、と自らに問いかけた後、このように書いている。

「医療機関の極度に少ない沖縄では、保健所がなお地域の保健センターの役割を果たし機能しているように思えたからであり、特にその柱となっている『公看（公衆衛生看護婦）』とよばれていた保健婦の活動は、地域住民に密着し、その要望に実によく応えているのを実際にみたからである。／この地域住民の中で献身的に働いている彼女らと共同して、地域での精神医療を行ってみたいという私の願いは、考えてみると私が地域活動を行う最大の動機であったかもしれない」（『精神医療のひとつの試み』）。

患者や地域住民のなかにどう入るか。彼らと共にどうあることができるか。苦難の多い闘いを強いられるとき、まずは身近なところに信頼すべき同伴者（同志）を見つけ出すこと。そして活動をともにしていくこと。島は「公看」という同志を発見する。強力なパートナーとなるべき存在を、島は沖縄に見出していく。

南風原町での精神保健活動

南風原町は本島南部に位置する。六市町に囲まれ、那覇市に隣接している。人口は現在三万八千人ほど。沖縄県で唯一海に面していない街である。

那覇保健所の駐在保健婦で、南風原町での保健活動を牽引し、島を強力にサポートしたのは新里厚子だった。新里は、琉球政府立那覇看護学校公衆衛生看護学科に学んだあと、一九六一年に駐在公看になり、一九七〇年ごろから那覇保健所で地域活動をつづけていた。

取材に当たって新里は同じ駐在保健婦で、南風原町や久米島で島と活動をともにした嘉手苅《かてかり》綾子と、現役の保健師である照屋恵子を紹介してくれた。そのときのインタビューを中心に報告していこう。

新里は言う。本土復帰前の一九五〇年から六〇年代、公衆衛生看護婦の活動で、精神疾患をもつ患者とのかかわりはほとんどなかった。当時の沖縄は、マラリア、ジフテリア、下痢腸炎などの急性伝染病の蔓延とともに、日本脳炎、不治の病と怖れられていた結核が猛威をふるっていた。当時の沖縄の結核罹患率は、人口一〇万対四〇〇。ちなみに二〇一二年の罹患率は一〇万対一六・七だから、二三倍強。

一五〜六〇歳代の働きざかりに発病が多く、琉球政府は一九五六年、独自の結核予防法を制定し、結核対策にとりくんだ。駐在公看は、在宅の結核患者の治療、住民の健康診断の計画と実施など、担当地域の業務をフル回転で担っていた。本島の中部や南部など、人口の多い市町村の公看は、一人で一〇〇人前後もの結核患者を受けもたなくてはならなかった。母子家庭の訪問にも追われていた。精神疾患患者の存在に気がついても、支援に手が回せる状態ではなかったという。福祉事務所のケースワーカーたちが、精神疾患の患者や家族の悩みに向き合っていた。

那覇保健所は、那覇市をふくむ浦添市以南の、二一市町村を管轄する保健所だったが、七二（昭和四七）年五月の本土復帰時に中央保健所を新設し、那覇市に移管する。そして那覇市を除く二〇市町村を管轄する保健所として、那覇保健所は南部保健所と名称が変更され、出発することになった。

島は一九七一年、精和病院から週に一度、那覇保健所（七二年からは南部保健所）の精神疾患の患者を担当する嘱託医として、南部地区の巡回診療と、保健所では初めてとなる精神科クリニックを開始する。新里が南風原町の駐在保健婦として赴任するのは、一九七三年。ここから二人三脚の始まりとなる。

「島先生がクリニックを始めた当時、私はクリニックの担当公看として初めての精神衛生活動でした。何も分からず、オロオロし、先生にサポートしていただきながら仕事をしていたように思います。私を含む当時の駐在公看の多くは、精神障害者の看護経験がほとんどなかったので、研修の必要性を痛感し、先生にお願いをして研修計画をつくりました。

先生は『いま公看に必要な研修は患者さんと直接触れ合うことであり、病院の医療を理解することだ』とおっしゃって、勤務先の精和病院に交渉してくれました。そのおかげで管内の公看三〇人余りが交代で、一週間ずつ病棟実習を経験することができたのです」

一九七〇年の後半ごろから、結核対策も本土の結核予防法に準ずるかたちで見直しが始まり、駐在公看も徐々に、精神疾患の患者の支援活動に時間が取れるようになっていく。

「保健所のクリニックは、回を追うごとに相談者が増えていきました。福祉のケースワーカーや地域の民生委員に紹介され、家族が相談に来るようになったのです。内容は、『暴れるので家に閉じ込めているが、どうしたらいいいか』という切羽詰まったものが多かったですね」

クリニックは、午前中はできるだけ多くの診療や相談を受ける、午後は直接本人を看るために家族の同意を得て家庭訪問をする、夕方は保健所に戻ってカルテの整理やケースカンファレンス、という流れだった。週に一度ではあったが、毎回夕方七時から八時ごろまで業務が続き、とてもハードな一日だった。

家族や地域から相談がくる患者のほとんどは、過去に入院歴や治療歴がありながら再発。病院に連れていけず、病院から訪問してもらえなかった、困り果てた家族が放置したり私宅監置になってしまった、というケースだった。

「こうした患者さんたちに島先生は心を痛め、病院受診につなぐまでのあいだ保健所クリニックで抗精神薬の投与ができないか、所長に相談しました。当時の保健所は、結核予防法に基づいて結核患者の治療はしていましたが、ほかの疾患には治療法の根拠がなく、所長もどうしたものか思案していましたが、先生の熱意にほだされ、運用で何とかしようと許可してくれました。

この投薬によって、一～二週間の短い期間ではあっても、患者によっては安定を取り戻しました。家族からの信頼を得ていき、家庭訪問もやりやすくなったように思います」

患者や家族、行政職員とつながる

私は新里に訊ねた。地域を訪問し、長い間監置室にいた患者に話しかけ、すぐに受け入れてもらえるものだろうか。患者の多くが拒絶し、場合によっては半年一年と時間がかかるだろうと思うが、どう解きほぐしていったのだろうか。新里は答えた。

「最初の相談に来るのは、ほとんどの場合、家族か関係者です。先生は患者の病歴や日常生活の様子、困ったことなどを具体的に聞いた後、本人を診たいと必ず訪問を約束します。そして家族の同意を得て家庭訪問をします。訪問をしても、本人が会うのを拒否したときには無理をせず、壁越しに、体調を心配してきたけれども、また来るからね、と声をかけて帰ります。

そんなときは、いつか本人は会ってくれる、決して無理に面会を強要してはいけない、と話していました。先生は『病院に入れるために来たのではないよ、体の状態はどうなの。辛そうだね、夜は眠れるの』と、ほんとうにやさしく語りかけます。そして『辛い、眠れない、というのは大変なんだよね。眠れると少しは楽になるよ。眠れる薬を、少し飲んでみないか』と尋ねます。二回、三回と続けているうちに、ほとんどの患者さんは首をタテに振るようになります」

面会のとき、薬は保健所からのものであること、服薬はこうすることなどを説明し、一週間後の訪問を約束して面接を終えた。「先生の週一度の訪問が、二回、三回と続く頃には、本人や家族に落ち着いた表情が見えましたね」と新里は言った。

患者の言動を受け入れ、待ち、時間をかけて良好なかかわりを作り、治療（支援）へとつなげていく。こうした方法は今でこそ珍しくない。しかし当時、医師は絶対的な権威であり、権力者だった。島はそうではなかった。

「本人が心を開いてくれるようになると、地区担当の保健婦との信頼関係もできてきます。ときどき家族や地域の住民から、患者が暴れている、何とかしてほしい、と相談を受けることがあります。そんなとき先生からは『連絡があったときには、どんな状態なのか、できれば自分自身の眼で確認した方がいい。ほんとうに大声を出しながら暴れているときは、保健婦は前に出ないで、警察に保護をお願いしたほうがいい。入院してもらい、落ち着いたころをみて病院で面会し、退院後の支援につないでいった方がいい』という助言がありましたね」

患者が不穏になって荒れているとき、看護婦は無理に抑え付けない方がいい、その場は収まったとしても、患者は「この人間に抑え付けられた、屈服させられた」という屈辱感が長く残る、それはその後の治療にいい結果をもたらさない、というのが島の一貫した主張だった。強制入院など固く戒めた。患者はその仕打ちを一生忘れない、というのが持論だった。


「先生はまた、地域のなかに精神疾患への理解者をできるだけ多くつくるにはどうしたらいいか、常に考えていました。私が管内の村に駐在保健婦として転勤したのを機に、那覇保健所内で実施していたクリニックを、新しい勤務先の駐在所に移したらどうか、と先生は提案したのです。地域の人たちにとって、身近なところで、気軽に相談できる場づくりが大切だろうというのです。二ヶ月に一回ですが、さっそくそこでクリニックを始めました。すると役場職員はじめ、民生委員や自治会、婦人会など地域の関係者が、日頃疑問に思っている精神疾患についての問題を、気軽に相談に来るようになりました。役場職員は家庭訪問にも同行してくれるようになったのです。

患者と家族、地域の人々の相談にじっくり耳を傾け、時間をかけて話し合う先生の態度に、多くの関係者が親しみをもち、同時に協力者に変わっていきました。こうした地域での相談活動は、管内の市町村に広がっていきました」

南風原町が、行政を挙げて保健所クリニックの取り組みを始めたのが一九七六（昭和五一）年。しかしその年の五月に新里が異動になった。新里と入れ替えで赴任してきた駐在保健婦が田名サヨ子だった。

オープンダイアローグなる治療技法が現在ブームになっている。緊急の際に、患者の自宅に真っ先にチームで駆けつけ、入院させるのではなく、家族を含め、患者の話にていねいに耳を傾けながら話し合いをする。そのような治療だといわれる。新里が言う「患者や家族、そして地域の人々の相談にじっくり耳を傾け、時間をかけて話し合う」とは、まさにオープンダイアローグそのものだろう。患者のもとを訪ねる訪問はアウトリーチ医療であり、地域の関係者つまりは多職種を伴った家庭への支援活動はＡＣＴ（Assertive Community Treatment：包括型地域生活支援プログラム）である。

医療者（支援者）の都合やルールを優先させるのではなく、苦しみのなかで孤立し、身動きが取れずにいる患者の側に立ったときにどうするのが最良の治療（援助）か。そう考えるならば、おのずと導かれるあり方である。

古くから行われていたものを横文字にし、言い換えただけではないか、と揶揄するつもりはない。ＡＣＴにしろアウトリーチにしろ、あるいは当事者研究にしろ、いま支持を得ている技法や援助スタイルは、この、患者の側に立って考えることを徹底したものである、という点で共通している。緊急措置だからといって拉致するかのように入院させたり、大量の薬物を、患者が乞うままに処方したりするよりもはるかによい。

島と新里を中心に行った保健所での巡回相談は、さらに大きな人の輪を作っていく。「二〜三年後には、患者や家族に役場職員や民生委員などがボランティアとして参加して、ピクニック等のミニデイケア活動が始まりました。そこでは日頃家族も見ることのない患者本人の笑顔があり、家族は大変喜んでいました」

これまでいかに辛い思いをして過ごしてきたか、それぞれの家族が涙を流しながら話し、苦しいのは自分だけではないのだとお互いを励ましあった。定期的にピクニックが開かれるようになり、それが本格的なデイケアへとつながり、家族会がつくられていった。南風原町の家族会は「どんぐり会」と名付けられた。

「地域でデイケアをはじめた頃は、病院に入院中の村出身の患者さんの参加も病院に呼びかけ、ときには試みたりしていましたが、次第に病院として地域活動に参加するようになりました。病院の活動自体も変化していったと思います。村内でのデイケアが、時には近隣町村が合同で、また時には管内市町村全体で、合同でピクニックや運動会をするなど、次第に地域活動の輪が広がっていきました」

島が企図した地域でのデイケア活動は、数年の後には各地域の家族会を結び、「心の輪を広げる集い」としてより大きな広がりを見せていく。この集いは、一九八八年に沖縄県精神障害者家族連合会となり、さらに二〇一四年に沖縄県精神保健福祉連合会（沖福連）という、一四の家族会の連合会になっていく。その初期に島をスーパーバイザーとして迎え、大きな推進役を果たしたのが山里八重子であり、山内春枝だった。

浜田晋の「私は目を見張った。数年の間に彼は沖縄の保健婦や役場職員や家族たちを含めて地域をすっかりオーガナイズしていたのである」という言葉通りの取り組みが、こうして実現していったのである。

つなげる力と粘り強さ

もう一人、島のサポート役兼パートナーとして尽力した駐在保健婦の嘉手苅綾子は、島への絶大な信頼を込め、次のように語った。

「私たちは、ほんとうに困ることだらけでしたけれども、先生はどんな相談にもかならず応えてくれました。ある事例について相談すると、このケースは医療より身近に相談を受けている地域の民生委員につないだほうがいいといって、役場の職員や民生委員を含めてミーティングをし、患者さんとのかかわり方を整理してくれるのです。

ケースのことで困ったことがあったときは、いつでも相談に乗ってくれましたし、その後の活動にとても役立ちました。時間を厭わないのです。時間外であっても対応してくれたし、先生でなければできなかったことだったと思いますね。すると役場の人たちとか民生委員さんたちを、いつのまにか自分たちもやらないといけない、という気にさせてしまうのです。それで盛り上がって、さらにまた、次に進むことができるのです」

こんなふうにして嘉手苅は、島成郎という人間の魅力を何度か口にした。私は訊ねてみた。島成郎の人を惹きつける力はお会いした方全員が口にするが、どこにそのすごさがあるのだろうかと。すると嘉手苅は次のように答えた。

「先生はどんな人にも高飛車に出ることはなく、必ず受け入れてくれる。そこが先生のすごいところだと思います」

至極、単純明快だった。この指摘も多くの人に共通していた。山城紀子も、精神科の医師が患者と肩を組んで写真に収まるなんておよそ考えられないことだが、島は患者の退院後も垣根のない付き合いを続けていたと言い、その写真を示してくれた。

医師の高石利博は、「一緒に酒を飲んだらその時からみんな仲間だ、あとは電話一本」というのが、島の酒席での口癖だったと言い、役所や病院内のどんな職種の人とでもこだわらずに席を囲んだという。

もう一人お話を伺った照屋恵子。沖縄にあって、現役の保健師として主導的な立場にあるが、後年の島の謦咳《けいがい》に接している。照屋は次のように語る。

「島先生は人と人とをつなげるのが自然ですごい、と思いました。当事者ご本人が地域で生活しやすくなるように、周りの人に働きかけていく。地域の民生委員さん、そういう人たちに実際にかかわってもらいながら、理解を深めていくことが大事だ、ということを常々話していました」

照屋が市町村の駐在保健師だった頃、交流事業を企画する機会があった。ところが、市町村の職員に「精神障害者は何をするか分からない。何かあったら責任がとれるのか」と言われ、計画作りが進まなくなったことがあった。

「そのとき、先生に相談したのです。患者さんが怖いという気持ちは、その人を理解していないから出てくるので、理解を深めるためにも交流は大切だよ、役場にできることは何か、しっかりと伝えることだね、というアドバイスをいただいて実現し、成功することができたのです」

人と人との出会いをつくっていく力は、島成郎の天性の才能ではないかと洞察したのは、玉木病院の院長・中山勲だった。

新里は次のような言葉を付け加えた。

「保健所での活動開始から一一年、日頃の地域活動があまりに大変で弱音を吐く私たちに、先生はよく『地域活動は一〇年単位で考えないといけないものだ』といわれました。一〇年？　気の遠くなるような話だ、と思いましたが、一緒に考え、共に行動する先生の粘り強さと地道な活動を見て、その言葉通りのことをやっている、と思いましたね」

勉強会を組織する――〝多職種連携〟の先駆け

つなげる力、粘り強さ、地道な活動、といえばもう一つ、月に一度行われていた勉強会の存在もとても重要な役割を果たしていた（特にネーミングはされていないようで、いろいろな方が触れているが、名前についての記載はない。ときに保健所勉強会とも称された）。この勉強会を通して、島は自分の考える疾病論、支援論、障害論を共有する仲間を増やしていった。そしてこれは、現在言うところの〝多職種連携〟の先駆けになっている。立ち上げにどんないきさつがあったのか、新里に訊ねた。

「勉強会が始まったのは一九七三年です。保健所クリニックの終了後でしたが、先生がコーヒーを飲みながら、精神医療の勉強会をはじめたいが、どうだろうというのです。みなで相談しました。『職場や職種を問わず、社会のなかでの患者さんたちとのかかわりを通して、疑問に思っていること、分からないことを自由に話し合う場にしたい。だから仕事を離れたプライベートな時間にした方がいいと思う』と勉強会の趣旨について話されました」

話し合いの結果、次のように決まった。

月に一度、第一土曜日の午後におこなう。保健所の会議室を使用。始めたら続けることが重要であり、参加者が三名以上、集まれば流会にはしない、といったことを申し合わせた。当日の事例紹介者や話題提供者の交渉は島が、会場の確保は保健所の相談員が、関係各施設へのお知らせ文書の発送は保健婦の嘉手苅と新里がおこなう、と役割を分担してスタートした。

新里と嘉手苅は、毎月お知らせの文書を作成し、保健所、市町村役場、福祉事務所、精神病院などに宛てた発送作業をおこなった。四〇通から五〇通ほどになったという。勉強会には、医療関係者以外に、市町村職員や福祉事務所の職員、学校教員や弁護士など、毎回二〇人前後の参加者があった。

「また年に一度、夏になると北部に場所を移し、合宿しての勉強会。終ったあとは、バーベキューをおこなって交流をしました。それが楽しみで来ている人も結構いましたから、普段参加できない方々も加わって四〇人から五〇人も集まり、にぎやかで楽しい交流会になっていました。

こうした勉強会や交流会の一回一回を、先生は本当に大切にされていました。そんな先生の思いが参加された方々に伝わったんでしょうね。大きな広がりとなって、地域精神医療活動の原動力になったと思います。私もこの勉強会を通して、病院の医師や看護師さん、ケースワーカーをはじめ、他の職種の多くの方々と親しく知り合う機会となり、宝物を得た思いでした」

一年間だけではあったが玉木病院で同職をした医師の知念襄二も、勉強会へ参加していた一人だった（後年、島が沖縄を去ることになったとき、後を受けて久米島の巡回診療をおこなったのが知念だった)。知念は言う。

「勉強会は、こういう相談があって困っているとか、こういうことがうまくいかない、どうしたらよいかというような、各現場で抱えているケースが報告され、議論されました。話し合ってすぐに問題が解決するわけではないのですが、参加している皆さんは、聞いてもらえる場があるだけでもずいぶん安心感を持つのです」

この勉強会がいかに貴重な場だったか。

「この勉強会で報告されたものをまとめ、『沖縄精神医療』という雑誌になります。勉強会のなかで、こんなちっぽけな経験を雑誌にして出してもいいもんかと迷う人たちを、実に的確に励まして書かせ、また実践していくんです。あれはすごい力です。人を励ます力がとてもある人だという印象がありますが、その前提には、自分が率先していろいろなことをやっていくという姿勢があってのことです」

『沖縄精神医療』の執筆陣を見ると、南風原の福祉課長だった花城清文、琉球大学教育学部の教授だった吉川《きつかわ》武彦(吉川も、島を語るときには欠かせない存在の一人である。エピローグで詳しく紹介する)、中央保健所の富山幸祐、金城祥教(二人は、勉強会を開いたときの主要メンバーだった)、そして多くの看護師や保健師と多士済々。

もう一人、現玉木病院長の中山勲は、島の粘り強さを「驚異的」といい、若い人たちの発言への受け入れ方について述べた。

「学生運動をやってきたパワーで、人を集めて組織して何かをする。それがすごい。組織するというより本人は遊んでいる感じですが、頭のなかの大きな理念としては、世界に誇れる精神科医療を日本の沖縄においてつくり上げたいという気持ちなのでしょう。でも彼は遊んでいるのです。遊びながら地域活動のなかに組み込んでいく。だから若い人がすごく集まります。

参加して思ったことは、若い人が物おじせずに発言する雰囲気を作っていて、発言を決して否定しないのです。突飛な意見が出ても、それをうまく拾い上げていく。だから島先生と仲良くなれるというのは、若い人にとっては、とても嬉しかったんじゃないでしょうか」

傑出したオルガナイザーは、また優れた教育者でもあった。勉強会が終わると、ジャズミュージシャン・屋良文雄の営むジャズ喫茶で二次会の始まりだった。島が昔から足を運んでいた店だった。勉強会には出席せず、二次会の島成郎目当てで待ち構えている人もいたという。

島は飲むほどにますます談論風発。酔い始めると靴を脱ぎ、やがて靴下も脱いで店内を歩き回り、知らない人にもお構いなしに話しかけては、あっという間に旧知の友人のようになった。

監置室から患者を解き放つ

この章の最後にもう一度、監置されていた患者たちに話を戻したい。島は彼らとどう接したのだろうか。どう受け入れられていったのだろうか。新里に訊ねた。

「最初に訪問したときは、患者さんは監置小屋に入れられていました。入口の雨戸には五寸釘が打ち付けられ、食事の差し入れ口があるだけでした。先生が『開けましょう、なんでもないから』と言い、家族がバールを持ってきて開けたのです。

患者さんはボロをまとい、やせ細り、顔色も真っ青、髪はボウボウで、とても人間の姿とは言えないものでした。先生は、この状態を改善するにはしばらく入院が必要だからと家族を説得し、入院の手続きをしました。六ヶ月ほどの入院でした。退院後、私たちが訪問したときに、本人がコーヒーを作って出してくれたのには、もう本当にびっくりしました」

家族は、監置室を出ることなど無理だと考えていた。これまでも調査と称して何人もの医師がやってきていたが、一度足を運んだきりで、次に姿を見せることはなかった。どうせまた同じことが繰り返されるだけだという不信感も、家族は強く持っていた。

「担当の保健師と先生が何度か訪問を重ねているうち、家族も、先生が本気で自分たちに向き合ってくれていることに気づいたのでしょうね。次第に変わっていきました」

監置室にいた患者と最初に会ったとき、いずれ出られるようになると思えたろうか。私は訊ねた。嘉手苅が答えた。

「最初は思いませんでした。でも、劇的な変化をした人が何人かいました。家族はあきらめていて、出るとまたあちこちに迷惑をかける、自分たちはこれ以上苦しみたくない。このままにしておいてほしい、と言っていましたが、先生が説得することで徐々に変わっていきました。

その患者さんは後になると、先生に、ありがとうと言って、お茶を出してくれるまでになったのです。あるとき家族と一緒に保健所にやってきて、島先生！　と大きな声で名前を呼び、ありがとう！　と言うんです。あれは忘れられないですね。五寸釘を打ってバリケードを作り、部屋から出られないようにしていたんです。本人も家族もつらかったでしょうね。先生は、心を閉ざした患者さんへの接し方がとてもよかったですね」

嘉手苅の言葉を新里が受けて語った。

「先生は、家族の気持ちを聞き出すのがとても上手でした。その患者さんの父親は、何回も入院させては退院させていたので、もう諦めているから来ないでくれ、と言ったんですが、先生がいやそうじゃないと、何度も通いながら、保健所の薬を少し出してみるんです」

嘉手苅がそれを受けて言った。

「そうでしたね。そのうちに、薬を飲めば良くなることを本人が理解するようになり、だんだん定期的に薬を飲むようになったんです。そして先生にお礼を言う。何年も閉じ込められていた人が外に出て、最終的には保健所のクリニックに通うようになりましたね。大変だったでしょうけど、家族の気持ちもほぐれていきましたね」

島自身はどうだったのだろうか。その胸の内を示す次のような文章を残している（「久米島の十年」『精神医療のひとつの試み』）。

「今でこそ、保健所や保健婦が精神衛生活動をするのは当たり前のようにいわれますが、久米島の診察を始めた当時では（久米島と南風原地域は、同時期に巡回診療を行っている）、地域で活動するのはどういうことなのか、みんな見当がつきませんでした。

私自身、那覇保健所の嘱託になったのがその年（七一年）の四月で、保健所の仕事をするのは初めてで、いわば素人みたいなものでしたので、当時の所長であった原先生や保健婦、相談員の方々と一緒に頭をひねりながら十分相談した上で、地域精神衛生活動の一つの試みとして久米島巡回診療を開始することになったのです。

ですから暗闇のなかの手さぐりで歩みだしたようなもので、今日まで試行錯誤の連続でした」

島もまた新里や嘉手苅と同じように苦闘していた。

保健所嘱託という立場は残したまま、一九七二年、宜野湾の玉木病院に医師として着任する。それはまた、家族ぐるみの沖縄移住でもあった。玉木病院と久米島が次の舞台となる。

第三章　玉木病院と「Open door policy」

本土復帰と玉木病院の開設

「玉木病院がなければ、島成郎が沖縄で、あれほどの地域医療を成し遂げることは難しかっただろう」

「玉木正明がいなければ、島成郎があれだけ自由に、久米島で思い切り自分の信念とする地域医療に取り組むことはできなかっただろう」

取材中、何度この言葉を聞いただろう。そしてもう一つ、玉木正明がいかにユニークな人柄だったか、という指摘が続く。ある人は、よくあの組み合わせで長く続いたものだといい、またある人は、あの組み合わせだからこそうまくいったのだといった。

玉木のユニークさは、いわく「詩人、文学的」「主語のない人」「不思議な人」「純粋」「空想的でロマンチスト」などなど。ここには、かるい揶揄も交じっているのかもしれないが、しかしこうした玉木の性格は、患者にたいする分け隔てのない優しさ、といった美質となって表われた。玉木正明とは玉木病院の生みの親、院長であり理事長であった。

玉木と島が医師となり、初めて顔を合わせたのは国立武蔵療養所。二人を結びつけたのが秋元波留夫だった。プロローグで、島はなぜ沖縄に向かったかと問いかけた。正明の弟・玉木昭道（事務長）の手になる年譜に「一九六八年　国立武蔵療養所で研修。『地域医療』を語る島成郎に出会い、その実践を沖縄で示すべく交流を深める」とある。中川善資や藤澤敏雄とはまた別の目から見た沖縄を、言い換えれば戦争と戦後のリアルな沖縄を、島は玉木から聞く機会があったのではなかったろうか。

沖縄に戻り、精和病院に勤務していた玉木正明が、自らの玉木病院を開設するのは一九七二年九月三〇日のこと。八七の定床で開設許可が出された。診療開始は一〇月二五日。五月一五日の本土復帰から遅れること、ほぼ五ヶ月だった。

建設地は宜野湾市愛知。病院が建つ前、一帯は民家が少なくて茅に覆われていた。サトウキビ畑が東側の丘裾まで続き、標高三〇メートルほどの小高い丘の上がその地に選ばれたのだった。屋上からは沖縄国際大学が眺望できる。遠くには、市の五八パーセントを占める普天間飛行場があった。

病院開設にあたっては医師三名という規定がある。島は開院と同時に常勤医となった。もう一人は、玉木の親友で精和病院の医師だった中山勲（現・玉木病院長）の名義を借りた。中山が徳島から沖縄に戻り、精和病院に勤務するのは一九六九年。非常勤医として月に数度宿直してもらうという形で、加わってもらったのだった。

玉木は『玉木病院十周年記念誌』で、「私のその頃〔開設当時〕の最大のテーマは、Open door policy（精神科病院の開放化運動）であり、人間的開放医療の実践活動であったわけです」と述べている。沖縄の地で、それまでにない精神医療を試みたいという理想があった。

一方、本土復帰は県内の行政機構や経済に大きな混乱をもたらしていた。病院建設にこぎつけるまでの金策がいかに大変だったか、開設当時の事務局長・玉代勢昇は次のように述べている。「その頃の沖縄は日本復帰という大激動期でしたし、更に悪い事に金融引き締めの大不況に見舞われていまして、金融機関から金を借りることのむずかしさを島内企業の大小を問わず凡ての企業がいやという程味わされていたものでした」（『玉木病院十周年記念誌』）。

復帰時、沖縄は大不況に襲われていたというが、戦後経済の動向について岸政彦の『同化と他者化』を参照してみよう。岸は「一九五八年にB円からドル通貨制へと移行し、きわめて大規模な産業構造の変動と労働力の流動化をともないながら、沖縄も高度成長期の時代へと突入していった。（中略）日本が高度成長期に入っていた六〇年代に、沖縄もやはり一〇％近い成長を遂げていたことがわかる」と書いている。

沖縄の経済成長は、通常は「基地経済」の恩恵として語られることが大半なのだが、岸は「むしろ人口の増加と都市集中、そしてそのことによる内需拡大がもたらしたものであった」という人口移動と経済の視点を一貫させている。

さらに「六〇年代後半になると、ベトナム特需、講和前損害補償金、観光収入の増加、日本政府の対沖縄援助の本格化などの数々の要因が重なり、さらに沖縄経済は成長していく」、ところが順調に続いてきた六〇年代の経済成長は、復帰前になるとブレーキがかかっていく。北部の人口減少と那覇市への人口集中が、復帰を境にストップしており、これが、経済成長が止まったこと偶然の符合ではない、と指摘する。そして本書の主題ともいうべき次のような記述となる。

人口移動は経済成長を生み、経済成長は人口移動を生むのである。復帰後に経済成長が悪化したのは、海洋博の影響などというよりも、農村部での余剰人口が解消され、人口増加と人口集中がゆるやかになったことの結果であると考えることができる。ここで重要なことは、この成長はあくまでも沖縄経済の内発的な発展であったということである。それは、産業構造の変化、家族関係の変化、女性労働力の変化（中略）、学歴の上昇、世帯人員数の減少などを含んだ、およそ経済と社会のあらゆる領域における近代化のプロセスそのものであった。（前掲書）

問題は「近代化のプロセス」が本土以上の速度で進んでいくことであり、あまりに急速な近代化による矛盾も沖縄では端的に現れた。

開院直後の〝てんてこ舞い状態〟

医療も、復帰時の混乱の影響を逃れることはできなかった。開設早々に襲われたのが、入院ラッシュだった。常勤医師は二人だけ、看護師その他の運営体制も、すぐには軌道に乗らない。玉木病院はいきなり混乱状態に陥ることになった。『玉木病院十周年記念誌』に収録されたスタッフによる座談会「私たちの十年」を見ると、「戦争のような日々」「入院また入院」「てんてこ舞いの日々」という見出しが続く。なかで、島はこんなことを述べている。

「丁度その〔開院の〕６ヶ月前が日本復帰でしたよ。精神衛生法を始め、いろいろ法律も変わるということもあって、約半年間、沖縄中の精神病院が入院をストップしていたんですね。だから玉木病院の開院を待ちかねていたんで、それっというわけで北部からも那覇からも離島からも、全琉から1~2ヶ月の間に殺到してきたわけです。院長と、新しい病院をということで、開放化とか地域医療とか一応言っていたんですが、『入院』『入院』と次から次へと連れられてくる人をなんとかかせにゃということでその場その場で対応するのがやっとで、考えてみると、何をやっていたのかわからない。患者の意見を充分聞いている余裕もなく、入院、入院で、大部分が強制入院でした。本人が嫌がっているのを無理矢理入れる、閉鎖病棟に押し込むのが多かったんですね」

多い時には一日に八名、一四名と入院が続き、一ヶ月で七〇名から八〇名の入院患者があった。当時は精神保健福祉士をしていた玉木昭道は、一年で八〇〇枚のカルテを書いたという。開放化を打ち出している以上、避けられない事態が患者間のトラブルであり、外出した患者が地域で〝問題〟を起こすことだった。苦情が続いたし、自殺者も出してしまった。

記念誌を見ると、こうした事態が生じるたびに、職員たちは話し合いをもっている。管理を強化し、閉鎖病棟を増やすという発想はとらず、一つ一つの事故やトラブルを検証し、どこにその原因があったか、リスクを減らすにはどうするか、職員間で共有して対策を立てていくことで困難を乗り越えようとしていた。

島も正明も開設当初からしばらくは、連日の宿直に追われていた。正明は、あまりに宿直が続くので、段々とノイローゼ状態になっていったと告白している。閉ざされた空間に長期間入っているため、入院させられているのは患者ではなく、じつは自分の方ではないかという錯覚から抜けられなくなったという。当直明けになると夢遊状態になって、那覇の国際通りを歩いていた。正明はそのとき、いかに空気と水と自由が人間にとって重要か、そして閉鎖病棟というところがどれほど非人間的な場所であるか思い知らされた、とも述べている。

「だからこそ、自分たちの精神病院は、いかなることがあっても開放させていく、閉鎖しておくところではないと身をもって体験し、教えられた」

正明はそう明言している。

島は島で、開設当初のこんな体験を語っていた。

「当直室にいると、ドーン、ドーンとすごい音がするので、何事かと思っているうちに2階の格子戸を壊して、目の前でピョンピョン下に飛び降りたりしたこともありました。2階の診察室で処置をしていたら、突然天井から足が二本ニョキニョキと出て、ポンと飛び降りてくる人がいたのにはビックリ。便所の天井から天井裏に出て、方々へ行くのが流行ったりしたんですよね」

離院を企てる患者が、後を絶たなかった。集落まで追いかけていってやっと捕まえ、そこから戻ってもらうこともあった。それでも保護室は増やさなかった。「開放病棟」を二年目に、次に「男女混合病棟」も設けた。最初は危惧されたが、やがて落ち着いていった。「心配したほどでなかった」とかつての職員は口にする。薬や小遣い銭の管理、一日のスケジュールの選択、外出や外泊の自由など、自分の生活を自己管理する「自主病棟」を開設したのは、四年目のことだった。

島は一〇年を振り返りながら、次のような事実を正直に述べている。

「私達も看護も余裕がなかったせいか、この〔開設当初の〕一年間の死亡も一番多かったですね。

自殺は一例だけでしたけど、老人などの死亡が多く、11名にのぼっています。その後は一年に一例あるかないかですから、いろいろな事故も多かったように思います」

そしてこの開院当初の「患者の意見を聴く余裕もなく次々に強制入院させて」いく経験は、その後の島に、患者や入院や治療についてのさまざまな問いをもたらすことになった。これはやがて、島の疾病論や治療論、病院論の中核を作っていくのだが、この点については久米島の章で詳しく述べたいと思う（ちなみに玉木病院開設後、最初に久米島の巡回診療に行ったのは、一九七三年一〇月。開院から一年後。久米島でも患者が待っているのだから当然と言えば当然なのだが、病院があれほど多忙を極めているときにも久米島の巡回診療は続けられていた）。

玉木病院職員たちの語る「島成郎」

ところで、私が沖縄の方々に初めて取材依頼を送ったとき、真っ先に承諾の連絡をくれたのは玉木昭道だった。留守電に「ほかならぬ島先生の取材です。喜んでお受けします。日程調整が必要でしょうから、いつでも連絡をください」という声が入っていた。

それから三ヶ月を経て玉木病院に足を運んだ。院長室で中山、玉木のお二人に話を伺い、病院の中を案内してもらった。二つの保護室も見せてくれた。今は危険なので立ち入り禁止にしているという屋上に連れて行ってもらうと、はるか遠くで発着訓練をくり返すオスプレイが、豆粒ほどの大きさで見えた。まぎれもなくここは沖縄だった。

この日、昭道はかつての職員の方々に連絡を入れ、「それぞれの島成郎について語ってもらう会」という企画を立て、そこに招いてくれた。看護職の方々、検査技師の方など、一〇名ほどが集まってくれた。以下はそのときに語っていただいた「それぞれの島成郎」の記録である。今ならば考えられない話も出てくるが、五〇年も昔のこと。もう時効だろうから、そのまま書くことにした（発言には佐藤による整理と補足が加わっており、文責は佐藤）。

精和病院時代。病院側から「島成郎は精和病院に勤務する医師ではないから、処方箋を書いても薬を出さないように」と、職員に達しが出されていた。これには、さすがに内部からも反対の声が上がった。島にとっては、保健所クリニックを開いたり、巡回診療に行ったときに、患者に薬を出せなくなる。一計を案じた島は試供品を溜めておき、また飲み忘れた薬を残薬とせずにストックしておき、それを服薬させながら活動を続けていったという。新里厚子も述べていたように、保健所から薬は出せない。薬を処方できなければ、巡回診療が成り立たなくなる。ここで大英断を下して許可したのが所長の原實だった。

「いまでいうジェネリック薬品のさきがけだったさあ」と誰かが冗談を言い、笑った。玉木昭道がそれを受け「そもそも島先生は、薬はあまり使わなかった。薬に頼るよりも、身近な看護者の意見をよく聞いて治療にあたっていた。『おれは医者だ、医者がこういうのだからこうしろ』とは言わなかった。患者中心で、患者本人の言い分をよく聞くという点は、ほんとうに徹底していた」

次も精和病院時代のこと。組合運動の陰の首謀者になることを病院側は危険視していたのではないか、という指摘が出た（プロローグで、儀間文彰も同様のことを述べていた）。

「精和の職員だった時、組合を作ろうとして、ぼくらの先輩がたはぜんぶ潰されてしまった。玉木病院でぼくらが組合を立ち上げようとしたとき、先生は、堂々とやりたいようにやりなさいといって、バックアップをしてくれた。そしてぼくに、きみは事務局長がいいといった」

発言した人も他の職員も、島が「六〇年安保の島成郎」であることはよく知っていたが、そのことで特に違和感や抵抗感はなかったという。

「でも先生は、運動の話は一切しなかったですよ。加藤登紀子さんのご主人の話をしてくれたことがありましたが、そのときもちょっとだけだった。それから樺美智子さんが亡くなって何周年か経ったとき、これから東京に行って来るといって、少しだけ樺さんの話をしてくれました。それくらいですよ」

島と加藤登紀子の交流は多くの人の知るところだが、加藤の夫・藤本敏夫は六〇年代後半から七〇年代、学生運動のブント系のリーダーをしていた。加藤とは獄中結婚だった。こうした関係で島との交流ができていった。学生運動の話が続き、「島先生が政治の話をするのは聞いたことがない」と誰かがいい、皆がうなずいた。するとある人が「先生は、じつは公安からマークされていたみたいだ」という。

「本部で講演会をやったとき、ぼくは聴きに行ったんだけど、警護の警察が来ている。なかの一人がぼくの同級生で『おまえ、何しに来たんさ』と聞くわけさ。ぼくが『島先生の講演を聴きに来た』というと、公安がいるからと教えてくれた」

七〇年代前半は、連合赤軍による浅間山荘の事件があり、赤軍派によるよど号のハイジャック事件があった。セクト同士の陰惨な内ゲバも熾烈になっていた。警察当局は相当に神経をとがらせていたことだろう。そんな時代だった。

患者への対応、職員との関わり

治療と患者の話題になった。あるとき、患者が家に籠城していると連絡があり、島と一緒に駆け付けた。母親は怖くて近付けないでいる。島がその患者に歩み寄っていき、どうしたのかと話を聴き始めた。ああしろこうしろとは言わず、聴くことに徹していた。

「先生は看護者の、患者に対する高圧的な態度だけは戒めた。それ以外あまり言わないし、叱られたことはない。奥さんにはよく叱られていたけど(笑)。看護者にはとても優しい先生だった」

すると別の人が「職員の考え方がバラバラなのはよくない、不穏になっているときにはこうして接した方がいい、ということは教えてくれた。でも、たしかに叱られたことはなかった」

「ぼくは一度だけある」といったのは玉木だった。玉木は精神保健福祉士の資格をもち、玉木病院に勤務する前は少年院での教官の経験もあった。そんなこともあって、子どもたちの検査を独学で勉強していた。ロールシャッハと知能検査は、琉球大学教育学部にいた吉川武彦に教わった。

「ある時、島先生に点数化した検査結果を見せ、この患者さんはこういう人ではないか、と言ったのです。すると怒られた。『昭道君、人間をこういうもので見たらだめだよ。数字のなかに人間はいないよ』。ぼくは独学で勉強して、ちょっと得意になっていたんだね、三〇代の前半だったけど、この一言にはぐさっときた。いまでもよく覚えている」

玉木病院の活動の自由さやダイナミックさ、という話題も盛り上がったものの一つだった。「病院ではいろいろな活動をやった。絵画療法をやったり、作業療法で登り窯を作ったり、その窯で焼き物を作って展覧会をしたり。患者さんもすごく喜んでいた。一つのルールにはめ込んで治療をしていくという考え方は、玉木の職員はみんな持っていなかったと思う。とにかくダイナミックに、自由に。これは島先生の影響が大きいね」

「奇抜なことも、たくさんやりましたね。ずっと監置室にいて、足が拘縮して歩けなくなった患者さんを、歩かせてみたり、自転車に乗せてみたり」

「野放図といえばそうだけど、精神治療にはこれが絶対的に正しいというルールはないんだから、歩けないなら歩けるようにしようと考えたわけだね。医療の枠を超えているけれど、当時はおおらかだった。ちゃんと歩けるようになったんだから」

「玉木病院の自由さということでいえば、男女混合病棟を始めたのは、玉木病院が走りではないですか」

するとと別の職員が、思い出したというように「混合病棟とはどんな取り組みかということで、ぼくは看護協会で発表させられたんです。男女混合病棟なんて冗談じゃない、というのが当時の看護協会のうけとりかたで、けっこう質問攻めに会いました。男がいれば女の人は化粧をする、女がいれば男は男らしくしようとカッコつける。あたりまえのこと。そんな発想でやっていた」

玉木がそれを受けた。

「病院のなかに、できるだけナチュラルな社会があったほうがいい。そういう考えだったね。精神科の治療は、盲腸を切ってしばらく療養して、治ったら退院するというのとはわけが違う。病院は生活訓練の場でもあり、生き甲斐を見出し、いろいろな力を得て退院していく必要があるわけです。街に出たら男と女だらけだし、同じような暮らしの形をそのまま病院でやってみる。そう考えて混合病棟を作り、食事も男女一緒に摂るようになった。ぼくらにとっては、当たり前のことをやっているつもりだったんだけどね」

「看護協会の反対は強かったですよ。病院のなかで『男女のトラブルが多くなるんじゃないのか？』と訊くので、『そうでもないですよ。一般社会より少ないですよ』と答えた覚えがある（笑）」

一方、患者にできるだけ地域での生活と同じように、自由に生活してもらう。そうやって病院の開放化をはかろうとすればするほど、事件や事故と背中合わせになる。

「島先生は、事件や事故は一般家庭で起きるよりも、精神科の病院で起きる方がはるかに少ない、という言い方をしていました。犯罪率もそうで、一般の人間よりも少ないと。島先生のそういう考え方にぼくらは影響を受けたのですが、でも地域に出ていった時には反論されるわけです。『病気の人は怖い、何をするか分からない』と。だけどぼくらは『どう違うの、一緒ではないの』。そういうのですが、なかなか理解してもらえなかった」

「いまやっと地域医療の普及ということで、法律が整備されてきた。当時は法律もなにもないときで、ぼくらは四苦八苦しながらやっていた。この本（『精神医療のひとつの試み』）に、まさにいま時代が追い付いてきた」

しかし玉木病院は、大きな試練にぶつかることになる。それは後の章で触れる。

少し話題を変えてみる。沖縄取材に入って最初にお会いしたのは中山勲だった。一回目のとき、中山は次のようなことを述べた。

「今でこそ玉木病院は影の薄い病院になっていますが、ある時期、沖縄には玉木病院という素晴

玉木病院創業10周年記念パーティで談笑する前列左から、島・秋元波留夫氏・玉木正明氏。後列左から秋元夫人、博子さん。(玉木昭道氏提供)

らしい病院があるというほど、日本でも名の知れた病院でした。ひとえに島先生の力によるものだと思いますが、私が専門医の試験があって、福岡で口頭試問の試験を受けたことがあります。そのとき、私よりも一〇歳以上も若いような教授が私の申請書を見て、先生はあの玉木病院の方ですかと言うのです。そうだと答えると、自分たちは島先生にはお目にかかったことはないけれど、名前は聞いていますという。それくらい知れ渡っていた。口頭試問をする四人の教授たちは、私に医学的なことは何も質問をしないで、島先生はどんな方ですかと島先生の話ばかりして、時間がきたら、これでよろしいですよということで、終わりになりました。それくらい玉木病院といえば島先生と知られていましたね」

秋元波留夫が結んだ「玉木正明と島成郎」

玉木正明は金沢大学医学部時代に、秋元波

留夫の薫陶を受けた一人だった。国立武蔵療養所に研修医として移ると、玉木は夫妻ふたりして、秋元からもその妻からも可愛がられた。

正明の最大のテーマが「Open door policy（精神病院の開放化運動）であり、人間的開放医療の実践活動だった」ことはすでに述べた。その理念は島とも共有していた、と昭道はいう。玉木病院での取材の時だった。

「島先生を玉木病院に呼んだところに、正明院長の大きな手柄があったとぼくは思います。いろいろな評判のあった島成郎を思い切って呼んだわけですが、これは島成郎を上手に使ってやろう、利用してやろうという考え方ではないのですね。

院長には理想の開放医療を実現したいという思いがあり、それを実現するためには島成郎がいないとできない、そういうかたちで、自分の欠如の部分を理解していたと思います。病院は自分が守るから地域医療を存分にやって下さい、という院長の姿勢が一貫していたのも、その表れでしょうね」

正明は玉木病院創設の際、島を招聘することの是非を秋元に相談していた。

「当時いろいろと批判のあった島成郎先生に協力を依頼しましたら、『君の考えは良いが私がいくと迷惑をかけるかもしれないよ。』と辞退しておりましたが、幸いに受けていただくことになりました。それは秋元波留夫先生の『島君は病院経営を助けてくれるよ。』という温かいご支援のたまものであったと感謝しております」（『玉木病院十周年記念誌』の座談会）

中山勲は加えて、次のように証言した。

「島先生が派遣医を引き上げ、本土に戻ると聞いて、理事会がほっとしたのは確かです。ところが島先生は、もう一期三ヶ月やりたいと厚生省に申し出たのです。そうすると精和病院は、もう派遣医はいらない、自分たちで医者は確保できるから、といい出したのです。そのとき私や他の沖縄の医師や職員が、理事会と対立したのです。私も理事会とやりあった方ですが、島先生は沖縄で医療をやりたいと強く思い、那覇保健所にしばらく勤務した。そのとき玉木先生が自分と一緒にやろうといって玉木病院をつくり、島先生を誘った。

いろんな人から、島成郎は危険人物だ、なぜあんな危険な人間と一緒に組むのか、と言われたといいます。すると正明院長は『いや、俺は毎日妄想をもった人間と付き合っている、でも島成郎は患者ではないし、妄想があるわけでもない。話せば分かるんだから、一緒にやっても大丈夫だ』、そう答えたのです。そういうところはしっかりしていた。正明院長は、直観的に正しい判断をすることがあります。なぜそうなのか、道筋はうまく説明できないけれどね」

儀間文彰の「精神科の治療方法に、赤い方法とか、青い方法というものはない」という名セリフとともに、玉木正明の「島成郎は患者ではないし、妄想があるわけでもない、話せば分かる」というこの言葉も、なかなかの名ゼリフである。中山は言う。

「島先生は日本精神神経学会の理事会にも積極的に出席していましたから、病院を空けることが多かったのですが、正明院長は全部許していた。島先生の活躍は、玉木正明という理解者がいたからですね。そして島先生を沖縄につなぎ、育てた人が、秋元波留夫先生です」

たしかに玉木病院の記録を見ると、島は一年に一度、多いときは二度、というように日本精神神経学会に参加している。沖縄にいながらにして、日本の精神医療全体の動向にたいする関心を怠らなかったことの証左と言えるだろう。

中山と昭道の話題は、再び秋元のことになった。昭道が言う。

「正明院長は、沖縄の国費・私費留学制度で金沢大学医学部に進み、その縁で秋元先生に目をかけてもらい、国立武蔵療養所の研修医として半年くらい行っていたのです。一九六八年ですね。それまでは精神科医としての経験は積んでいなかった。沖縄の精和病院がまだ医者が足りない頃で、医者であればとにかく戻って来い、その後に精和病院の精神科で研修医をやればよい、というかたちで武蔵療養所に行っています。右も左もわからない時に、秋元先生が作った派遣医制度のなかで研修医になり、精神科医になっていくわけです。結果的に、それが島先生を迎える準備状態をつくっていったのです」

そして話題は正明の幼少期・少年期のことに及んでいった。正明は一五、一六のころ、名護の中学校の陸上競技の選手であり、一〇〇メートルの沖縄中学記録をもっていたと中山は言う。

「その話を聞くと、私は本当にうらやましかった。正明先生は本格的に陸上をやって、一時は日本のトップ選手を目指そうと思っていたというんです。あきらめたのは、身長が一六三センチでそれ以上伸びなかった、この身長では世界に太刀打ちできないと思ったからだというんです。

話を聞いていてうらやましかったのは、明日は試合だという日の前の晩、新しいトランクスのゴムを緩めては、これは緩すぎる、強く締めてこれでは強すぎる、一晩中、そうやっていたといいます。スパイクのひもも、強くしたり緩めたりして調整した。神経質なんですね。ぼくは運動音痴なもんですから、そうした話を聞くと、そんな少年時代をもっている正明先生がうらやましかったね」

しかし、その後が挫折の連続だったと昭道はいう。

「正明院長は、浪人して医学部に入ったけれど、途中で挫折して留年を二回くらいしているのです。退学寸前になり、親父が飛んでいくのですが、寒い金沢では〝沖縄のご長男〟もなにも関係ないですね。みんな厳しいですからそこで叩かれ、潰れそうになった。何とか持ち直し、一〇年かかって医者になったのです。正明院長は精神的に潰れそうになっていく体験を持っているわけです。でも一方で、それを立て直したという体験も持っているのですね」

こうした挫折体験を持つことが、医師としての重要な部分を作っている、と昭道は続ける。

「精和病院に勤めてからも、当直中に外出し、飲酒運転で夜中に帰ってくる途中で逮捕され、与那原署の留置場に入れられたことがあったそうです。署長が親父の郷里の出身で、親父はびっくりして署長にかけあい、『一晩泊めてもらって、目が覚めたら医者の仕事が待っているから帰してほしい』と頼みこんで帰してもらった。

正明院長が患者さんに寛大だったというか、治すというよりそのままでいいよと考えたのも、こうした自分自身の挫折体験が関係しているかもしれませんね」

中山は、こうした正明を秋元はとくに可愛がっていたという。

「秋元先生は、沖縄に来るといつも正明院長といっしょにいるし、本のなかでも、沖縄には玉木正明という男がいる、この男は素晴らしい、とあちこちで書いているのですね。島先生も秋元先生の愛弟子ですから、二人とも愛弟子なのですね」

昭道は、秋元は玉木病院にとっても二人にとっても、たしかに精神的な支えではあったと思う、しかし一方では、「我々と玉木病院のバックには、秋元波留夫という精神医学界の重鎮がいるのだ」という周囲へのアピールの意味もあったのではないか、とうがった見方も示した。

玉木正明と皇国教育

玉木正明の父親は、一九四五年、沖縄師範学校の付属大道小学校という国民学校の訓導（現在の教諭）だった。沖縄師範の教育実習の場所が大道小学校であり、校長の下のリーダーとして、女子師範のひめゆり部隊の結成にも関与していた。

「要するにぼくの親父は、皇国教師だったわけです。ぼくには兄が三人いて、正明院長は長男で、昭和一〇年生まれです。第三子に男子を得て、兄貴が生まれたとき、親父は万歳をしたといいますし、盛大なお祝いをやったらしい。そして皇太子みたいな育て方をしているのです。だから、自分は特別だという意識をもっていた兄貴なのです。島成郎は力のある医者だが、自分は皇太子だからおまえは好きにやってよろしい、という態度だったと思うのですね」

正明と島の、絶妙といえば絶妙な、微妙と言えばきわめて微妙な関係である。話題は二人の関係についてさらに進んでいくのだが、その前に少しだけ「皇国教師」について触れておきたい。

明治の琉球処分から第二次世界大戦に向かう沖縄県下にあって、日本国民として認められるために率先して皇民化教育をほどこし、皇国の民、天皇の赤子として県民自らが自己同一化していった。そのことは、沖縄戦の悲惨を激化させる結果を招くことになった、と大田昌秀は『大田昌秀が説く沖縄戦の深層』で指摘する。

沖縄教育会の機関誌『琉球教育』によると、沖縄の教育者の最も重要な任務は、「此の民をして軍国の民たらしめること」であり、「本県上流の青年をして忠勇なる軍人たらしめ、以て、軍人精神、国家思想を頑迷《がんめい》無知なる一般市民に起こさせること」であったのです。
こうした発想に基づいて、沖縄の教育者や指導者たちは、廃藩置県によって日本の「新付《しんぷ》の民」となった沖縄の人びとを教育の力によって本土他府県に同化させ、日本人のナショナル・アイデンティティを確立させせようと躍起になったのです。（強調原文）

新付の民とは、新しく付き従った民びとをいう。このことには、沖縄の側にも言い分があった。本土の政府や国民の、沖縄に対する無知、無理解、差別である。

それというのも、日本政府や本土他府県人が沖縄の実情に疎《うと》かったばかりでなく、沖縄の人びとの古来の風俗や習慣に対して理解が欠如していたこともあって、ともすれば沖縄の人びとを野蛮視し、差別や偏見の対象にしがちだったからです。そのため沖縄側では教育を普及することによって、県民の知的レベルを〝本土なみ〟に引き上げさえすれば、こうした差別や偏見から解放されるにちがいないと考えたわけです。

こうして軍国教育が徹底しておこなわれ、国防思想の普及とともに、国策の積極的な受け入れが叫ばれるようになっていく。そのことが、日常生活の必需物資や食糧の十分な備蓄もなく、報道や交通網の孤立への備えもないままに、戦争に突入していくという結果を招いた。微妙な言い回しながら大田は「各地で起きた住民の『集団自決』も多くの場合、そこに起因したと言えなくもありません」と書きつけている。

玉木昭道の「ぼくの親父は皇国教師だった」という一言の背後には、戦争をめぐるこうした痛恨の歴史があった。中山が言う。

「島先生は、内心では、玉木院長のことを困った人だと感じるところもあったと思うけれど、絶対にそれは言わないのです」。島が学会に居並ぶお偉方のなかで、秋元に対してだけは糾弾せず、「あの人は明治の人だからね」と言って終わりだったと中山は言ったが、正明に対しても同様だった。

「島先生は、玉木先生に対し『沖縄の長男は、偉いからね』で終わりなんですよ。それ以上は言わない」

昭道が続けた。「それは合っていますね。沖縄の長男はそうなんです。しかも八人兄弟の長男で、軍国主義の皇国時代の赤子、皇国教師の長男ですから、死ぬまで特別扱いでした。島先生は見抜いていたんですね。経営的には、すべてこちらでやったように見えるし、島先生もそこには口を出さず、自分や患者さんの砦として病院を成り立たせるようにしていた。そして自分は縦横無尽にやりたい医療をやる」

「そうですね。それを正明院長が支えていた」と中山が言った。「お互いが、和して同ぜず。認め合っていたことが、島先生がいた十数年の成果になった」

玉木正明と島成郎の、微妙なライバル関係？

島の活躍が知られるにつれて、正明のなかに、微妙なライバル心が滑り込んでくる。中山も昭道も、さすがにそれを見抜いていた。まず、中山が言った。

「正明院長には、島先生に関連した業績が多いのです。島先生が月に一度か二度、久米島で病院収容医療ではない地域医療のモデルを作ろうと活動していくとき、玉木病院の看護師も二、三人付いていき、病院の業務としておこなったのです。それが十数年つづいたわけですが、正明院長はそれを経営者として認めていたわけです。

島先生を通じて、沖縄が地域医療に力を入れているということは全国的に知られるようになったのですが、玉木院長の陰のサポートがあったからこそであって、その点は評価していいと思います」

なかなか微妙な話になっているが、ここは部外者が安易に口を出してよいところではない。もう少し耳を傾ける。昭道が次のように言う。

「正明院長は、島先生とぶつからないように工夫していました。基本的に、島先生の現場での医療の在り方を含め、親和性はあったわけです。自分もそうしたいけど、島先生よろしくということでやってもらい、理論的なことは島先生に任せる。でもその仕事を二人でやったこととして、『我々は二人してこういうことをやっている』と病院のスタッフに伝える。上手に利用したと思います。

十数年たって医者が複数になった後も、正明院長は島先生を副院長にはしなかったのです。島先生が玉木病院を辞める時になって初めて、副院長にしたのです。おれが天皇だというところに自足していたところがあって、だからぶつからなかった。ぼくはそう見ています」

正明は、玉木病院に中山を招いたときにも同様に、対外的なことも中山の仕事だからと職員に伝え、自由に活動をさせていた。しかし昭道は、それは、自分の身の保全でもあったという。

「島先生を遇したように中山先生も迎えたわけですが、正明院長にはそういうところがある半面、潰れていく人の影の部分を、医者という立場以上に自分のこととして見ることができるという面もあった。高校を出た後は挫折の連続ですからね。そんなところも持っていました」

前述の、看護職の人たちが集まった席で、昭道はこんなことも言った。島と、兄・正明との複雑な関係（そう彼は表現した）に挟まれて、どうすればいいのか迷ったことがあった。昭道は玉木一兵のペンネームで小説や戯曲を書く作家でもあるが、小説を書くことで何とか切り抜けたという。

「小説で取り上げたテーマは、島先生の影響が大きかったと思いますね。ある精神科の病院の院長を殺すという作品がありますが、あれがひと騒動になった……」

昭道は『曙光』（琉球新報社）という作品集を持つ。そこに収められた作品のいくつかは作者を連想させる人物を主人公とし、あるいは語り手とし、〝精神を病む〟というテーマが、寓意性の高い世界のなかで描かれている。そのなかの、〝精神病院の院長を殺す〟というテーマが描かれた「お墓の喫茶店」は、二〇〇六年の琉球新報短編小説賞を受賞した。昭道はこの作品について「ひと騒動になった」と触れたのだった。

「これが受賞したことで、ぼくの周りでひと悶着起こったのです。悪い院長を殺す小説で賞をもらったものだから、兄貴の周辺の人たちは、お前を昭道が殺しているけれども、許していいのかという騒ぎになっていた。おかげで『実話ではありませんね』と、何度か釈明しないといけなかった。島先生は、微妙な気持ちで読んだでしょうね」

院長と島が一緒に仕事をしたというのは不思議ではあるが、玉木正明という人はそういう面では心得ていたという。

「確固たるものがあるようで、何もない。何もないようで、ある。だからぶつかりようがない」

そんなことも昭道は言った。

こよなく酒を愛した島成郎

もう一つ、どうしても触れなくてはならないことがある。島はとびっきりの愛酒家であった。病院での島は、夕方になって仕事が一段落すると、よく看護者の休憩室に行ってビールや泡盛を振る舞っていたという。医局には酒蔵(?)があり、一息ついて一杯、看護師の準夜勤が終って帰る前に一杯。肴には美味しいイワシの缶詰が常備されていた。

「当直のときに、泡盛の一升瓶を医局から持ってきて、仕事を終えた看護師たちがきて、裏の部屋で酒盛りが始まるのです」。そんなメモを残してくれたのは、前述した会に参加できなかった管理栄養士のT。昭道も言う。

「開設当初、島先生は三日泊まるという連直が当たり前だった。ときどき外から助け船の医者が来て、やっと宿直が明ける。するとみんなを引き連れて、那覇市の飲み屋にくりだしていくんだね」

武勇伝もあった。国際通りではしごをして、若い職員と肩を組みながら「カネのないやつ、おれんとこへこい、おれもないけど、しんぱいするな」と、大声で歌いながら練り歩いたこともあった。

「住まいは古民家の一軒家を借りて、改造してみんなの集まり場所になっていたけど、正月三が日には必ず大勢が集まって、台所まで開放していた。自由に自分でとって食べて飲んでいたね。文化人とか芸術家もたくさん来ていた。島先生は自分で料理して振る舞うのが好きだった」

島成郎が女性にとてもモテた、慕われたというのも、どこへ行っても耳にする話だった。玉木病院では島を囲む「美女の会」なるものがつくられていたという。

「あの頃は『美女の会』のメンバーも、まだ三〇歳前後でしたから、元気がありました。先生が『行くよ』というと、みんなで付いていった。一次会が終った後、よくバーに連れて行ってもらっていました。そうやって、おいしいものを飲んだり食べたり、とても楽しかったですね」

検査技師の女性がそれを受けて言った。

「私たち七人で『美女の会』を立ち上げたのですが、おいしい食事を食べ、笑い、今も楽しく思い出しています。本部で加藤登紀子さんのコンサートをやった時、先生に券をとってもらい、一緒に行きました。昔は加藤登紀子がぼくのファンだったんだけど、今はぼくが加藤登紀子のファンなんだよ、なんて言っていましたよ」

島ファンの女性がいかに幅広い年齢層に渡っているか、という話になった。

「私の生まれ故郷は伊江島ですが、『美女の会』で、先生を連れて行きましょうと、一緒に行ったことがあります。私の家にもお招きしたのですが、母と八〇代後半の祖母がいます。祖母は認知症だけれども、ちゃんと男を見る目があるんですね。一気に島先生が好きになって、びっくりしました。先生が帰られた後も、男前だったねえ、と母に何度も言っていたといいます」

さらに昭道が言った。

「先生が住んでいたのは、最初は宜野湾の芝野団地の一軒家。アメリカの払い下げだった。瀬底島でも古民家を借りていたから、最後まで仮屋住まい。島先生には立派な城を築くという発想はなかったね。給料の半分以上を職員とのお付き合いで使ったんじゃないですか。骨董品とか、お金になるようなものを集めるという考えはなかった。飲んで気前よく使い、宵越しの金は持たないという考えですね。奥さんは大変だったろうと思うけど」

体調を壊していったこと

泡盛、ウィスキーとこよなく酒を愛した島は、検査が大嫌い、医者が大嫌いで、体が確実に蝕まれていった。何度か大量の吐血をしては、病院に運ばれた。最後は胃を切除することになったが、がんという診断がつけられるのはずっと後のことだった。先ほどの女性が言った。

「『美女の会』のメンバーで、インドへ行ったことがあります。Tさんが絵ハガキを買ってきて、先生に出そうといいます。その頃、名護の病院に入院をされていたので、励ますハガキを送ろうというのですね。みんなはすらすら書いていきますが、私は畏れ多くて書けなかったのです。Tさんに書けないというと、Tさんが、みんなのハガキが一度に届くより、少し遅れて届いた方が、先生も嬉しいでしょう、と励ましてくれたのです。あとで、先生がとても喜んでいたと聞き、うれしかったですね。

たくさんの知人や友人がいらっしゃるなかで、私たちにまであんなふうにお付き合いいただいたことが、とても感激ですね。先生には思いやりとか、いろいろ学ばされました」

島の手が震えていた、という話になった。

「あるとき、先生、検査しませんかというと、無視されました。でも、他の人に何かあると、だめだよ、ちゃんと検査しなさいよというんです（笑）。先生のカルテを見たことがありますが、酔っぱらったような切れ切れの字で書かれている」

「軽度のアルコール依存症を患っていたきらいがあるね。診察室で患者に、こうなったら大変だからお酒は止めなさいねと言って、震える自分の手を見せている。震えたように見せているんだというけど、じつは本当に震えている（笑）」

島は筆まめだったようで、美女の会のメンバーにはたくさんのハガキが届いていた。

本部時代の、退院の後に出された島のハガキを一つだけ紹介しよう。

「冠省　／一月十日に大吐血をして意識不明のまま病院にかつぎこまれるというハップニングで今年は明けましたが、その休養中、バレンタインデイの心のこもったプレゼント、大変嬉しく、ゆっくり楽しく味っています。――特にこの一ヶ月以上、お酒をのんでいないのでチョコレート大歓迎……ぜひぜひまた近いうちに‼」

日付は平成九年二月一五日。享年が平成一二年だから、亡くなる三年前の便りになる。

昭道もまた、島から届いたハガキを大切に保管しているという。

「ぼくも何枚かハガキをもらっていますが、玉木病院の危機のときの、励ましのハガキがあります。あの大事件の後、ぼくが苦労をしていたのを知っているから、ここは一つ踏ん張って、病院が生き残れるように、道が開けるようにみんなで力を合わせて頑張りなさい、というハガキを貰いました。これはありがたかった」

「雑然とした整合性」——島成郎はなぜ沖縄に惹かれたか

島は、玉木病院のいいところは雑然としているところだ、と次のように述べている。

「僕はずっと前から思っていたんですけれど、玉木病院の一番良いところはですね、なにか雑然としているところだと。（笑）いや、ホントにこれ程雑然とした精神病院というのは初めて。もちろん悪い所もあるでしょうけれども、僕の目、精神科の医者の目からみるととても良い、僕の気持ちと非常に合致しているところがあったんですね」

通常の病院であれば、閉鎖、開放、自主病棟というようにきっちりと分類されている。入院するとまずは閉鎖病棟で、そこで落ち着いてきたら開放病棟に移り、それから自主病棟へ。そして退院、外来へという一連の流れで運営される。

「ここ〔玉木病院〕でも似た感じはありますけれど、開放にも自主病棟にも直接入院していますね。いや半分以上がそうです。そこで駄目だったら閉鎖に行く。閉鎖でも割合すぐに準開放になって、行ったり来たりする。自主病棟のルームには大勢別の病棟の人々が出入りする」

そして次のように述べる。

「雑然としているということは、一見だらしないように見え、また自由すぎてしまりがないように見えるけれど、そうじゃなく、極めて自然な形で雑然としている。そしてその自然さの中で、各個人が各々、個性を十分発揮してやってゆけるようにするということだと思うんですね。これは患者さんについても言えるし、職員についても言える。規律正しい整然とした体制のなかで、キチンと集団生活をやっていると、一見うまくいっているようだけど、自主的な個性は殺されてしまい、本当の社会の荒波に向かう自立性はできない。職員にしてもそうで、夫々に個性が発揮できないと力はでない。うまくゆかないですね」(『玉木病院十周年記念誌』)

島は、このことを玉木病院のもつ美質あるいは魅力として述べているが、これは玉木病院の特質であると同時に、沖縄全体に通じていく美質であると語っているようにも思われる。

玉木病院は現在、大きな変動のなかにあるという。以前、取材で訪ねたとき、帰りしなに振り返ると、窓際に立った男性の患者さんが小さく手を振ってくれた。そのときの光景を目に焼き付けておきたいと私は思った。

第 二 部 ：

一九六〇年日米安保闘争とその後

1960年6月18日国会周辺をうめた抗議のデモ隊（共同通信社提供）

第四章　喘息と戦争と敗戦の光景

島成郎、出生前後のこと

満州事変が勃発した一九三一（昭和六）年の三月三日、島成郎は東京都目黒区下目黒で生を享けた。兄弟は六人。五番目の四男だった（長男は三歳で他界している）。

父方の祖父は佐賀鍋島藩の士族の出で、名を島順武といい、明治になって大阪の堂島に出てきた人だった。武士ながら商才があり、米相場を動かす実業家で、中国に骨董品の買い付けに行ったりしていたという。

父は名を五郎といい、大阪生まれで、京都帝国大の理学部化学学科を一九二二（大正一一）年に卒業。大学院に進み、理学部講師となった。その後、一九三一（昭和六）年に通産省の工業技術院に所属する東京工業試験所に移った。このときから、五歳と四歳の兄、二歳だった姉を伴って東京住まいとなる。島が生まれたのは転居の後であった。

父には姉と妹がおり、島の姉の美喜子は、この二人の伯母と叔母から、島家の話をよく聞いたという（美喜子は後年、東京女子大の教授で高分子化学を学ぶ学者になる）。

母親も大阪生まれで、大阪の問屋街で金融街の、いわゆる船場の大きな開業医の娘だった。旧姓は高安。高安家は「明治時代の名門」だったといい、母親は、若いころから与謝野晶子・寛に短歌を習っていた。朱の入った短冊が残っていて、その評価もなかなかのものだったという。

母方の祖母は高安やす子。歌人で斎藤茂吉に師事し、歌集を二冊持ち、「船場通信」に与謝野晶子と一緒に写真に収まるような人だった。この祖母について美喜子は、次のように語っている。「才能豊かな人で、作歌もし、油絵も書くという風でした。社交界の名花として、何よりもその美貌で有名だったようで、当時、京都では九条武子、大阪では高安やす子夫人といわれたとかいう話もありました」。そして島もこの祖母のことは誇らしく思っていたようで、美喜子は「博子が私に『彼もお祖母さまのことは結構、自慢しているわよ』といっていたことがありました」とも語っている。

母方の末弟、高安国世は歌人でドイツ文学者、リルケの翻訳者であった。二番目の叔父・高安正夫は内科・循環器科の医師であり、次の叔父・高安彰は外科医だった。島は中学・高校時代は哲学書や、世界文学全集や明治大正文学全集などを読む文学青年だったというから、医師への道も、文学への道も、どちらも用意されていたことになる。

姉の美喜子は、弟が政治活動に関わったことだけはよく分からないといい、都立高校時代の先生や先輩の影響だろうと述べている。

さらに美喜子は、父親は、子どもたちに勉強をしろとか、学校はどうしろとか、ほとんど口にしない人だったが、一度だけ、島が日本共産党に入ったとき、そういうことをされては困る、とかなり激しい調子で迫ったという。父は役人で、レッドパージをする側であり、島は断固としてそれに抵抗する側である。「成郎はもちろん聞かなくって、変えられないと。そのときだけ、父としてはかなり激しい調子でいったけど、それ以後は一度も言わなかった」

しかしその父は、島の大学入学後、持病だった結核を悪化させ、自宅での静養を余儀なくされることになる。島の共産党への入党や政治運動が、心労を大きくさせたのだろうか。五六歳（一九五五、六年頃か）の若さで他界している。

人生を彩る二つの特徴

島の「未完の自伝1　小学生時代」（『ブント書記長島成郎を読む』所収）を読んでいると、ある二つの事柄が、島の人生に色濃く影響を与えていることが感じられる。

一つは太平洋戦争という時代背景であり、もう一つは幼児期からの喘息発作という島個人の体質がもたらす体験である。

「これから15年に及ぶ太平洋戦争が始まるわけだから、私の少年期は、文字通り戦争の中で過ごしたといってよいだろう。

それは私の名前にも表れている。成郎の『成』の字は、当時陸軍大臣であった『宇垣一成』の一字をとったそうだから、まさに軍国主義の申し子ともいえる」

そして小学校に上がる一九三七（昭和一二）年には日中戦争が始まり、いよいよ日用品が国家統制の下に置かれるなど、「非常時」の色が濃くなっていく。子どもにとっての一大事は配給制度による食糧事情だった。

しかしもう一つの事実が、戦争になだれ込んでいく時代にたいし、島にある距離をとらせた。

それが幼少期からの喘息発作であった。美喜子によれば、夜眠られなくて、布団の上に起き上がって喘いでいる姿をよく目にしたという。

島も「未完の自伝1」を、「ただただ空気を吸うためだけに精魂をかたむけているといった有様は、まわりのものも辛くてたまらなくなる。

殊に母は、私が発作で休むたびに付きっきりで背中をさすってくれた。また、方々からいろいろな特別療法や特効薬と称するものを聞いてきて試してくれた。いちばん参ったのは、生きたナメクジに砂糖をまぶして食べさせられたことだった」とその冒頭を始めている。

とくに季節の変わり目の梅雨時、秋の運動会、この二つの時期は要注意だった。大人になってからも、アジサイの花を見ると喘息発作が体の記憶として思い起こされ、恐怖感が抜けないというほどだったという。結婚してすぐのころ、博子がその事実を知らないまま家にアジサイの花を飾っていたら、帰宅した島がそれを見て、烈火のごとく怒ったことがあった。

島を苦しめた喘息は、「虚弱児童」というレッテルを貼り付け、クラスのなかで特別な位置に置くようになった。「しかしまたこのために、私は身体的苦痛に耐えることに強くなった。一種の自虐性ともいえるが、この身体的条件との闘いで、知らず知らずのうちに身についた精神的耐性は、その後、成人してからも、私の生き方を根底のところで大きく決めていったように思えるのである。（中略）私が軍人にならないと最初から決めていたのは、この持病のためであった」

長距離走などはとくにだめだったようで、兄たちが海軍の学校に入り、休暇で帰ってきたときに訊ねてみると、訓練は毎日朝のマラソンから始まるという。それを聞いただけで、これはだめだと早々に決めてしまった。

この時代、軍人は子どもたちの憧れだったろう。頑健な身体を持たない虚弱児童は、弥《いや》が上にも屈折した感情を味わわなくてはならなかった。『ブント私史』にも「虚弱児童として育った私は、戦争期でも軍人を志した二人の兄をよそ目に、自分は普通の人のようには生きられないのだ、というややヒネくれた性格になっていた」と、ひそかに劣等感を抱いていたことを告白している。

島成郎にとっての家族

しかし一方、この〝ヒネくれ〟は根の深い、島の性格を歪めるほど深刻なものとはならなかった。少なくとも「未完の自伝1」を読む限り、〝暗さ〟や〝鬱屈〟は、ほとんど前景には出ていない。晩年になって書かれた文章だからかもしれないが、それにも負けない向日性や人に打ち解けていく力を島は備えていた。

何が救ったか。一つは両親の性格であり、子どもたちへの向きあい方ではなかったろうか。島も「幸いなことに私の家庭は当時としては珍しいくらい『自由な』雰囲気だった。父はもともと学究肌で、理想主義的なところがあった。実利的なことを嫌い、世事に疎く、戦前の学士様で、ある意味では中流以上の地位だったにもかかわらず、戦後、死ぬときまで借家住まいで通した人だった」と、書いている。

また母は、医者の娘でお嬢さん育ちであったためか、生来の楽天的な性格のためか、「経済の分からぬことは父に輪をかけ天下一品で、家計の計画性はゼロで、貯蓄など考えたこともなく、もちろん実行したことはいっぺんもない」。島が小学校に上がる頃は、育ち盛りの子どもが多かったので暮らしも楽ではなく、何よりも食物の確保が大変な時代だった。それでも「母が愚痴をいうのを聞いたことがないほど、のんびりと明るく、そして温かだった」という。

こうした家庭環境が、島には大きな力となった。兄二人に弟が一人。家のなかに男が四人もいれば、喧嘩は絶えない。島の勉強机は「りんご箱」で、場所の確保が一苦労だった。日によっては箱をもって移動しなくてはならなかった。「そんな毎日だったが、今、振り返ってみて、あの幼少年時代、私の家庭に関しては『暗い』心象はほとんど残っていない。やはり両親、とりわけ母の、楽天的というか、のんきというか、のんびりとした温かさのためだったかと、つくづく感謝している」

美喜子は、島を豪放磊落《らいらく》なんて人は言うが、まったくそういう性質ではない、文学趣味で、感性は繊細だったと語っている。繊細な性格だったからこそ、母親の楽天性やのんびりとした明るさが島を救った。

もう一つの推測を許してもらえば、男兄弟のなかにあって、姉、美喜子の存在も大きかったのではないだろうか。兄弟や両親には通じにくい〝文学的〟な話題も、美喜子はよく理解し受け止めてくれた。「感性は繊細だった」と美喜子は述べているが、そのことを裏返せば、島が自分の繊細な一面を、姉だけには心を開いて見せていたということだろう。美喜子もまた愛情をもってそれを受けとめていたのではないだろうか。そしてそう感じさせる独特の愛情が、美喜子のインタビューには流れている。

島は久米島の空と海を殊更好んでいたが、後年、姉と母を伴って久米島の夏を満喫することがあったというし、「五人の男の兄弟のなかで、この姉が一番愛した弟が島です」と、博子も証言している。

喘息という持病によって持たされた、戦争という時代への早期からの冷静な自覚、距離感。苦痛に耐えるという日常的習慣。しかしその一方で、明るく伸び伸びと自分を解放させてくれる家族たちと彼らへの信頼。この二つの特性は、この後の人生に対し、さまざまな彩りをもたらしていったように思われる。

母の名と享年について

ところで、母親に関して次のことを、補足しておきたい。

母の名前についてである。島の幼少期から少年期までの本章（第四章）を、島自身による『ブント私史』と「未完の自伝1、2」と、姉・美喜子へのインタビュー「弟・島成郎　少年時代の思い出」（聞き手・古賀康正・大下敦史）（いずれも『ブント書記長島成郎を読む』所収）を元に書いている。ところがどうしたことか、これら三つともに、母親の名前と生年が記載されていないのである。母親以外、父、兄弟姉、祖父母や叔父・叔母、友人、教師の名は書かれている。しかし、成郎と美喜子という二人の姉弟によって語られる母だけが、「母は……」と書かれた（語られた）まま、名を現さない。

これはとても興味深い現象だと思えた。

存在感がなく、二人が粗略に考えていたから名を記さなかったのではないと思う。むしろ逆で、わざわざ名を記す必要を感じないほど、母という存在と「母」という言葉に安心し、一心に信頼と愛情と一体感を感じていた証ではないか（ここまでを書き終えたところで、さすがに博子夫人に訊ねてみた。母の名は「綾子」であるという)。

小学校時代の「島成郎」

島は、芝区白金町にある白金小学校に一九三七年四月に入学する(芝区は、一九四七年三月に麻布区、赤坂区と合併し港区に変更される)。白金小学校は当時、エリート小学校だった。島は七年間在籍しているが、その点は後述しよう。二人の兄、姉も同じ学校に通っていた。

島家の住所は目黒区だったから、越境入学であった。大阪から東京に引っ越したばかりのときに、右も左も学校事情が分からなくて、相談に行った相手が母親の同級生だった。その人に勧められたのが白金小学校で、白金小学校の教諭の家に〝寄留〟(一時的に身を預けること)というかたちにしてもらい、島は目黒からバスを使って通うようになった。

島の長兄(戸籍上は次兄)・十四郎は極めて優秀で、小学五年のときに一つ飛び級をして府立一中に合格するなど、島が入学した時には学校で伝説的な存在となっていた。例によって成郎は、〝あの島の弟〟という眼を否応なく注がれながら、小学校時代を過ごさなくてはならなかった。成績がさほどではなく、クラスで目立つ存在でもなかったから、なおさら強い劣等感を抱かされた。喘息の持病があって学校を休みがちだったこともあり、成績は次第に低迷していった。

しかしそれでも学校嫌いにならず、ひねくれもせず、みんなと一緒に過ごすことができたのは、一年のときからの担任だった星野庄吉のおかげだった。星野は「河馬」というあだ名で、「河馬先生、河馬先生」と子どもたちに慕われていた。一人一人にしっかりと目を向け、その長所を伸ばそうとする教師で、島もほかのみんなもなついていた。「この先生の下で安心して過ごせたようだ」と、島も述べている。

ところが六年になってピンチが訪れる。星野が転勤になり、代わりにやってきたのが「とても嫌な先生」で、島はとたんに学校嫌いになり、登校拒否に近い状態になった。喘息を理由に仮病を使って休むようになったし、勉強もますますできなくなる。島は「えこひいきの強かった新しい先生の目から完全に落ちこぼれてしまった」のである。

そんな島に、さらに二つのアクシデントが襲いかかる。

一つ目は交通事故だった。島は毎日バスで通学していたが、ある帰宅時、友だちと連れ立って目黒駅まできたところで、「発車しようとしていた満員のバスに飛び乗ろうとして失敗、仰向けに倒れてしまい、その上をバスの後輪が私をひいたのだ」と書かれるような事故に遭う。どんな転び方をしてそんなことになったのかはよく分からないが、満員のバスの後輪が、島の体（脚）の上を通ったことは間違いない。

周囲は大騒ぎになる。そばにあった外科病院にすぐに搬送されたが、骨が砕かれることもなく、後遺症もなく、医者から「奇跡的」といわれる程度の怪我で済んだ。それでも大腿部に亀裂骨折があり、歩行ができず、自宅療養のまま長期欠席となった。

さらに成績が下がっていくから、ますます学校に行くのが嫌になる。このままでは中学校の進学にも大きな影響が出るということで、母親は学校に呼び出された。そして担任から「Cランクの中学でも難しい」と宣告されてしまった。

ここにもう一つの出来事が重なる。六年最後の冬休みの年明け早々、母親が腸チフスにかかり、それが島に伝染した。チフスは法定伝染病である。直ちに二人とも隔離。目黒にあった海軍病院に収容されてしまった。二ヶ月入院し、退院した時には髪の毛は抜け、骨と皮ばかりに痩せこけていた。このことで重大な問題が生じることになった。

交通事故と腸チフスで、出席日数不足が決定的になり、卒業が難しくなったのだ。島の父は留年を望んだ。学校側は体面が悪いから何とか卒業させようとした。話は紛糾に紛糾を重ね、なかなか収まらなかった。ここで、かつて島を苦しめた「あの島の弟」が彼を救うことになる。

たまたま一つ下の学年に、長兄・十四郎の担任だった徳田次郎がいた。この話を聞きつけた徳田は「あの島の弟」ならば自分が引き受けましょうと、島の現担任や校長を説得し、四月から再六年生として、徳田のクラスでスタートすることになったのである。

病後で、骨と皮だけ。髪の毛も生えそろわない。気味の悪いやつが落第してきたと、最初は嫌われ、いじめられた。しかし小学生で一歳の差は大きい。担任の徳田が島を引き立ててくれ、少しずつ余裕が出てくる。級友たちとも打ち解けられるようになった。自信も大きくなっていく。「未完の自伝1」の次の文章を読むと、学校嫌いはすっかり解消され、欠席も減っていったことが推測される。

「この落第のおかげで、私は小学校最後の1年を、実に楽しく、生き生きと送ることができた。またそれまでの、劣等感にとらわれたオドオドした少年から、一転して余裕をもった『自分も万更捨てたもんでもない』と思う、どちらかといえば傲岸な人間に変身した」

昭和史と戦後史のターニングポイントを担った二人

島は白金小学校を無事に卒業し、一九四四年、東京都立高等学校尋常科に入学する。四三年までは府立高等学校だったが、都制の実施に伴って都立に改称された。府立（都立）高等学校尋常科は、四八年の新学制によって東京都立大学附属高等学校となるが、「尋常科」をめぐる沿革は次の通りである（東京都立大学附属高等学校ホームページを参照している）。

旧制高等学校の一部に、「七年制高校」と呼ばれる学校があった。高校の付属中学として、通常よりも一年短い四年制の旧制中学校を併設し、七年間の一貫教育を施すことを目的とするものだった。その付属中学校を尋常科と称していた。尋常科をもつ七年制の旧制高校は全国で八校。東京では東京都立高等学校と東京高校の二校があった。

東京都立高等学校尋常科は、東京都が初めて作った旧制高等学校で、校風は自由。戦時中にあっても、校長の佐々木順三は軍におもねることなく、「毅然として自分の教育方針を貫いた」教育者だったという。

島の中学時代を描いたテキストは「未完の自伝2」であるが、そこでのテーマは二つ。

一つは戦争と敗戦が、強く前景に出てくること。もう一つは自分の内面や思索の問題。それは「農耕班」という独特のサークル活動として表出された。敗戦を挟んだこの時代、島の関心は、すでに家族兄弟や、学校の授業、他愛のない遊びに興ずる級友たち、といった自身の生活圏から飛び出していき、文学や哲学の世界に向けられていった。そこはまた政治への入り口でもあった。

ここで少し、時代背景について触れておこう。すでに書いたが、島は満州事変（一九三一年）の年に生まれ、名前の一字が「宇垣一成」から取られたという。

事変の謀略を現地で押し進めたのは関東軍作戦参謀の石原莞爾であり、陸軍の中央でそれを強く支持し、陸軍内の支配権を獲得しようとしていたのが、永田鉄山ら一夕《いっせき》会系の中堅幕僚だった。それまで陸軍首脳（陸軍大臣・陸相）は宇垣派で占められていたが、満州事変以後、主導権を巡る両者の抗争は激しくなる。結果、反宇垣派の荒木貞夫が陸相に就き、陸軍の主要ポストから宇垣派が追放されていく。この事態を、陸軍内部での権力転換がおこなわれた、と書くのは政治思想史学者の川田稔である。川田の著書『昭和陸軍全史1――満州事変』では、次のように指摘されている。

一般にはあまり知られていないが、この権力転換は、昭和期の陸軍にとって重要な歴史的意味をもつものであり、この時点から陸軍の性格が大きく変わることになる。／荒木陸相以下刷新された陸軍中央は、ただちに関東軍の全満州占領や満州国建国の方針を承認し、満州への増援部隊の派遣を決定する。／そして、彼らの圧力によって、五・一五事件（犬養首相暗殺）後、政党政治は終焉を迎える。／この新しい陸軍すなわち「昭和陸軍」主導のもと、日本は、国際連盟脱退、日中戦争、そして太平洋戦争へと進んでいくこととなる。

満州事変と、陸軍内部における宇垣一成の権力抗争の敗北は、その後の日本の歴史にとって大きなターニングポイントだった。島は言わば、昭和史の転換点となる年に生まれ、ターニングポイントの位置に立つ軍人の名前から取られた、ということになる。

島がその三〇年後に体験する日米安保闘争は、間違いなく戦後の転換点であり、その全権はほぼ島に委ねられた。その後、時代は経済成長の方へ大きく加速する。島もまた歴史のターニングポイントに立った一人だった。もちろん、島の父親がそんな時代の先まで予見していたわけはないから、偶然の符合にすぎない。

しかし川田が指摘するように、その後の結果は、国際連盟脱退（一九三三年）の後にはワシントン海軍軍縮条約廃棄（三四年）、ロンドン海軍軍縮会議脱退（三六年）、日独伊三国防共協定（三七年）、日中戦争（三七年）、国家総動員法公布（三八年）、と対中、対米戦争へとまっしぐらに突き進んでいく。

島が高校に進んだ四四年には、学徒出陣、神風特別攻撃隊の編成、サイパン島の日本軍全滅と、周囲は緊迫した雰囲気に包まれていた。

沖縄戦についても少しだけ触れておこう。

沖縄でも日中戦争以降、戦時体制が急速に整備されていった。一九四四年、「皇土の防衛」という戦略思想が打ち出され、守備軍として第三二軍が創設された。当初は、南西諸島全般に多くの航空基地をつくることと、その防衛を目的とする軍だった。守備軍の首脳が変更され、七月には長《ちょう》勇《いさむ》少将が参謀長に、八月には司令官として牛島満中将が着任する。沖縄における飛行場建設は、四四年一〇月初めまでに相当数が出来上がっていたが、その直後、「十・十空襲」と呼ばれる大規模な空襲に襲われた。那覇市の中心部が破壊され、本島の各飛行場や島嶼部も被害を受けた。船舶、武器弾薬、食糧などの被害も甚大だった。物資の供出のみならず、住民は女子や少年を含め現地兵として動員されるようになった。

第三二軍司令部は、米軍の沖縄上陸が必須の状況になると、首里城の地下三〇メートルに建設したばかりの洞窟に司令部を置き、迎撃態勢に入った。しかし大本営は、守備軍から第九師団を引き抜いて台湾に転出させ、その補充もしなかったため、三分の一の兵力を失うことになる。これがいかに大きなダメージだったか。三二軍司令部は作戦変更を余儀なくされた。

「こうして新しく決定された戦略案は、当初企図された上陸地点で敵軍に決戦を挑むことを止め、極力兵員を温存して、米軍の日本本土への上陸を一日でも遅らせるよう、一日も長く沖縄で釘付けにしておくことが最大の狙い」となった（以上は『大田昌秀が説く沖縄戦の深層』を参照）。

四五年三月二六日、米軍は慶良間諸島に上陸。四月一日、沖縄本島の読谷《よみたん》と北谷《ちゃたん》の海岸に上陸し、本格的な地上戦に突入していく。このとき、読谷の海は、戦艦ほか上陸用の水陸両用車など米軍の船で、真っ黒になったという。

農耕班と政治的生活の萌芽

島家では、二人の兄は舞鶴の海軍兵学校に入校し、小五の弟は山梨へ学童疎開していた。すでに東京にも敵の飛行機が飛んでくるようになり、空襲警報が鳴るたびに父は会社に出かけていった。家の中の男手は島一人。「一家の大黒柱になったような気分」と書いているが、このことが島の自立心を涵養した。

高校生活における島の心境は大きく変わっていた。「そんな時代の、そんな学校に入ったからだろうか、あるいは思春期のものぐるおしい時期だったためか、中学生になった私は、生きるためになにかを求めようとする、内面の激しい衝動にかられていた」（『未完の自伝2』以下同）と、島はいう。授業には身が入らなかった。父親の蔵書からあれこれと引っ張り出しては、本を読み耽るようになった。

心のよりどころとなったのは、生物教師の石川茂雄が率いる「農耕班」だった。石川は中国戦線からの兵隊帰りで、「どこかで中国共産党（当時八路軍といって抗日運動の主力）のことを聞いてきたらしく、それと戦前の農本主義の共同体運動をごっちゃにしたような考えがあって、それを実現する『塾』に農耕班をしようとしていた」と島は書く。

農本主義は、農作業と農村共同体を国の基本とする思想で、昭和の農業恐慌の後、その考え方と活動を急進化させた。富国強兵の資本主義にたいしては強く反発するが、反体制運動とはならず、橘孝三郎や権藤成卿という右翼思想と結びついていった。農耕班の指導者の石川は、「国際共産党の手先」とか「赤色革命陰謀の張本人」などと陰口を叩かれていたというから、農本主義をベースに、毛沢東思想（マオイズム）も幾分かはまぎれこんでいたのかもしれない。

毛沢東思想については、「地主が独占していた農地を没収し、農民に分配する（土地革命）」「農民に依拠し、農村を革命根拠地とする」「自給自足でゲリラ戦を戦う」といった言葉が見える。たしかに両者が「ごっちゃにされている」ようではあるが、いずれにしても農耕班は、級友たちの中にあって異端視されていた。

とても興味深く感じられることは、農耕班への加入は、級友や友人から孤立しかねない行動でありながら、島が自身で決断していることである。

石川に、農耕班への加入を誘われたとき、島は返事を留保して帰宅する。「その後の1週間は、恐らく私が自分一人で考え、苦悩し、そして自分の意志だけで決断をした初めての経験だった。もちろん親にも相談しないし、親しい友人にも話さず、石川先生にただ一言『入ります、よろし

く お願いします』といって農耕班に入った」と書く。

そうとう悩み抜いたことが分かる。そして悩んだ分、この決断は、島にとってかなり重要なものとなった。石川や農耕班の、どんなところに惹かれたのか島は書いていないが、級友たちからの孤立を恐れることなく自身で参加を決断していく姿勢は、共産党への入党やその後のブントの創設、そして沖縄へ移住しての医療活動など、島が後年見せて行った決断の、まさに原体験とでもいうべきものだったろう。

東京大空襲と敗戦後の光景

「未完の自伝2」はこの後、東京大空襲と敗戦前後のことに筆が向けられていく。

一九四五年三月九日、一〇日、東京は初めて大きな空襲に襲われた。B29の大編隊が焼夷弾をまき散らし、下町の四〇パーセントが壊滅状態になった。死者一〇万人以上。

さらに五月二三日と二六日。島たちは農耕班で寝泊まりしていて農場にいたのだが、そこで火の手が尋常ではないことを見て急いで学校に戻った。天文台に上って眼前の光景を見ると「学校の東、数キロのところまで激しい焰が燃え盛り、もうもうとした黒煙が空に広がり、至るところ火の海だ。はるか彼方の地平線までそれが続いており、全体は真昼のような明るさ」だった。その光景は「いまだにはっきりと目に焼き付いている」と島は書く。島の家は焼尽を逃れた。

また六月の記述では、「四月以来死闘の続いていた沖縄本島はほぼ完全に米軍に制圧された。その沖縄が本土上陸への最大基地になるだろうとの想定から、九州鹿児島の特攻基地から連日『神風特攻隊』が飛び立っていく」と、沖縄への言及も見られる。

八月六日には、広島に「新型爆弾」が投下される。八日、ソ連軍が対日宣戦布告。九日、長崎にも新型爆弾が投下された。

そして敗戦へと至るのだが、沖縄では、部分的に戦闘が続行されていた。『沖縄県史』によれば、六月二三日に牛島満司令官と長勇参謀長の自決によって組織的戦闘の終結とされるが、一九日に下した命令は「残存部隊に対して戦闘を継続することを意味した」と書かれる。米軍は七月二日には沖縄作戦終了を宣言した。「ここに三ヶ月余にわたる沖縄戦は終ったが、兵士や住民のなかではこの後一～二年間も『戦争』が続いていた」。

県史ではいくつかの事例が拾われているが、久米島で鹿山正兵曹長が武装解除して降伏したのは、「九月二日」だった。

八月一五日の天皇による「重大発表」を、島は受け入れられなかった。本土決戦にすべてを投げ捨てて参加しようと考えていた島に、「無条件降伏」など認められるものではなかった。「先輩の中の何人かは、石川先生がいっていたように、これからが本当の戦いが始まると、興奮した調子で叫んでいた。あるものは東京にいれば危ないから、田舎にこもって戦うといって実際に出てしまった」。

しかし徹底抗戦を訴える動きはどこからも起こらない。島はその事実に耐えられなかった。農耕班の農場にはその後も足を運んでいたのだが、一〇月の末になると「すでにその中身は変質してしまい、専ら食糧確保の場になっているのに愛想をつかし、2学期の終わりにはやめてしまった」。農耕班の拠点が、ただ食糧置き場になっただけではなかった。「固い紐帯で結ばれていた私たち農耕班の、不様としかいいようのない自然崩壊」だった、とも島は書く。結束はもはや跡形もない。何があったのだろうか。指導教師の石川茂雄はどこにいったのだろうか。その名前は出てこない。食糧置き場にしてしまったのは、当の石川だったのだろうか。『ブント私史』には次のような記載がある。

> 現在に至るまで私の奥深い所の思考のいわば原体験となっているものに、敗戦直後見た光景がある。それは敗戦を境に私たちの教師が示した言動の豹変ぶりである。軍国主義の謳歌から一転して民主主義礼賛へ、天皇制万才から一挙に共産主義の同調へ。
> それが一般人でなく教育に携わる先生によるものだけに私にはショックであり、生理的嫌悪感を伴ってずっと心に残った。この思いは後になってもいわゆる言論人、就中進歩的文化人、大学人への不信にまでつながって存在し続ける。

教育者たちの無残な姿は、敗戦直後の光景の定番といってよいものだが、ここでも石川茂雄の個人名は出てこない。変節ぶりに呆れ、非難されている「教育に携わる先生」には、石川も含まれているのだろうか。島にとっての石川は、自分の内的世界に影響を及ぼした特別な存在だったのではないだろうか。

しかし、『ブント私史』の敗戦後の学校に登場するのは、先に「毅然として自分の教育方針を貫いた」教育者として紹介された校長の佐々木である。佐々木は「諄々と日本敗戦の事実を説かれ、どんな事態になっても学問を続けなければならない、そのためには全員が学校に戻って、授業を再開するよう静かな口調で、しかし涙を流しながら切々と訴えた」。そしてこの記述の後に、農耕班の「不様な自然崩壊」云々の件《くだり》が続く。私には、二人の教育者が対比され、石川に無言の批判が送られているように読める。こうした敗戦直後の体験は、少年・島に、呑みこもうとしても呑みこめないほどの大きな謎を残した。

島が珍しく、国家や戦争について真正面から語っている件がある。

「国家」にしろ「戦争」にしろ、自分の外に圧倒的な力をもって存在し、あるときには狂気の暴力をもって私たちを制し、心身を死にまで至らしめる化物だが、その根拠を突き詰めて考えると、私たちの心に内在し、それを外在化したものに他ならないと思う。

（「未完の自伝2」『ブント書記長島成郎を読む』所収）

トマス・ホッブズの『リヴァイアサン』に、吉本隆明の『共同幻想論』を接ぎ木したような国家観ともいえるが、しかし借り物にはなっていない。六〇年安保闘争の数十万ものデモを率いて、国家（あるいは国家権力）という「化物」に、全身全力で挑んでいった島ならではのリアリティが込められている。

島は、「この夏の『戦争体験』が私の中で自覚的に反芻され、私自身のうちから溢れる生の意志として現れるには、まだ数年を要したのだ」という一文で、「未完の自伝2」を締めくくっている。「うちから溢れる生の意志」は、日本共産党への入党とともに政治運動に奔走し、ブントを作り、六〇年安保を闘う過程で示されていくだろう。

沖縄、一九四五年六月以後

最後に、もう一つの敗戦と占領について触れ、この章を閉じたい。

本土と沖縄との間に、また沖縄の内部にあっても、占領の始まりには時差が生じている、という鮮烈な指摘をしたのは、明田川融の『占領期年表 1945－1952年――沖縄・憲法・日米安保』であった。


さらに言えば、日本軍の占領地域、「満州」、「北方領土」などで、それぞれの占領の歴史が刻まれたはずです。日本占領のはじまりを8月15日の「玉音放送」以後や9月2日の降伏文書調印以後とするのは、本土を〝標準時〟とすることにほかなりません。そのことによって、本土以外で行われた占領の歴史は忘却されやすくなるのです。


沖縄の諸問題に足を踏みこんで真っ先に痛感したことが、ここで述べられているように、いかに私がそれまで〝本土標準時史観〟でしか戦後史を見てこなかったか、ということであった。沖縄の占領の歴史を手短に語ってしまうことは、かえって本質を誤るのではないかと恐れるが、沖縄への無用な差別やら、米海兵隊の広報かと目を疑うばかりのデマめいた言説の根底には、私のような無知・無理解と無関心があることを、沖縄に足を運ぶほど思い知らされた。

ここでは二点を取り上げておきたいと思う。

米軍による沖縄占領は、沖縄県民にとっては決して戦争からの解放ではなかった。

占領開始の直後から、県民は本島内の収容所で過酷な生活を強いられることになった。北部の収容所には四五年七月末までに二一万人、南部の収容所には九万人の住民が送られていた。目的は、米軍の日本本土侵攻への備えであり、本島中南部での基地建設を推進するためであった。

収容所の住民たちは安堵する暇もなく、米軍監視の作業に駆り出されていく。逃げ出す者は容赦なく射殺された。また食糧事情も最悪だった。栄養失調は蔓延し、マラリア感染などによって命を落とす人間も大量の数に上った。

北村毅『沖縄の精神保健福祉のあゆみ』によれば、精神科をもつ野戦病院として、羽地村《はねじそん》(現・名護市)の真喜屋《きやん》にあったG―6―54病院(真喜屋海軍病院)と金武村《きんそん》(現・金武町)宜野座にあったG―6―59病院(宜野座海軍病院)が確認されているという。この二つの病院が戦後、一般住民を対象とする医療施設となった。ただし第二章で述べたように、精神科の医師も医療施設も圧倒的に不足していた。病者をめぐる歴史にも、すでに触れている。

明田川によれば、沖縄の「八月一五日」は、各収容所から一二八人の代表者が軍政府によって石川に招集され、沖縄統治のトップ、軍政府副長官に、住民の政治機構に関する計画の提出などを任務とする、「沖縄諮詢会」の設立に向けた協議がなされた日だったという。

沖縄諮詢会は、このときにはまだ飾りものでしかなかったが、沖縄県民にとっては、人間としての最低の権利を勝ち取っていくための出発点となる。

ちなみに〝不屈〟の政治家・瀬長亀次郎は、天皇の玉音放送を米軍の野戦病院のベッドの上で聞いている。ひどい栄養失調と悪質な歯槽膿漏のための入院で、ラジオを聴いた後、「『終わったか』というのがその時の実感だった」と、一言だけ書いている(『瀬長亀次郎回想録』)。

沖縄諮詢会の設置とともに米軍が行ったもう一つのことが、キャンプごとの市長と議員の選出選挙だった。もちろん自由選挙にはほど遠いものだった。瀬長は田井等《たいら》〔地方行政緊急措置要綱に基づく暫定的な都市で、現在の名護市にあたる〕市長選挙に立候補した平良辰雄を応援し、「はじめて県民大衆の前で演説した。沖縄での私の政治活動の第一歩であった」。これ以後、一九四七年の沖縄人民党の創設に向けて政治活動に邁進していく。

もう一つの問題は、沖縄はいつから軍事要塞化されていったかということである。

米軍は、住民を収容所に移した後、その土地を、基地として造成するために次々と接収していった。櫻澤誠『沖縄現代史』によれば、四五年一〇月、米国統合参謀本部は、大戦後における米軍の海外展開構想として、「琉球諸島を最も重要度の高い『最重要基地群』の一つと位置付けた」。さらに、米ソ冷戦が進むにつれ沖縄統治にも変化が生じていく。

「本土決戦準備のための基地として確保された沖縄は、冷戦によって『太平洋の要石』へと使用目的が明確に」なっていくことが、それこそ明らかになった。そして、四九年から早くも、沖縄の恒久基地化に着手していくのである。

一九五〇年、朝鮮戦争が勃発すると、無数のB29が嘉手納基地から飛び立っていった。ここで改めて沖縄のもつ軍事的重要性が、アメリカ軍によって再確認されることになる。

敗戦と六〇年安保闘争を体験した島成郎は、この「半永久的に軍事要塞化される沖縄基地」という問題を、どう考えていたのだろうか。党活動と学生運動で島が闘っていたものが何であったのか、沖縄に足を運びながら、私は考え続けてきた。

それが次章の主題となる。

第五章　ブント（共産主義者同盟）創設まで

島成郎、日本共産党に入党す

一九五〇年四月、一年間の浪人生活を経て東京大学教養学部に入学した島成郎は、五月末には自治会副委員長となり、日本共産党に入党の申請をした。認められるには六月まで待たなくてはならなかった。何よりも共産党自体が内部の分派抗争に終止符を打てずにいた。後に詳述するが、党の反主流派に属した島は、派閥抗争のあおりを受けて除名処分を受ける。「自己批判」し、復党を認められるのは五二年。これは島にとってはかなり屈辱的な体験となった。

それにしても、なぜ共産党への入党を希望するようになったのだろうか。

親元から離れて生活してみたかった島は、高校最後の一年間、寮生活をすることになった。そこで先輩・小林勝と出会う。小林は共産党員であり、小林によって党と党員へのイメージが一新され、その存在が身近なものとなった。

小林は作家を志す青年だったが、生活は貧しかった。党員でありながら党を厳しく批判する冷静さを持ち、いっぽうで瑞々しい感性と、明るい人間性が島を惹きつけた。それまで島の知る共産党員は、空論と空語に明け暮れ、硬直した思考に終始し、その多くに辟易していた。小林は全く異なるタイプだった。特攻隊の生き残りであり、復員後の四八年に共産党に入党、という異色の経歴も、他の党員との違いを際立たせていた。寮生活を終えて浪人生活に入ったころの島にとっては、入党が最も優先すべき選択肢になっていた。

また島は「この時代にあっては、共産党はいくつかの政治諸派の最左翼という位置にとどまらず、『革命の唯一の前衛党』という象徴を未だ担っていた」と書く。さらには「当時の私にとって共産党入党という行為はただ左翼学生運動に参加するというだけではない『身も心もあずけます』といった入信儀式に近いものであった」とまで記している（『ブント私史』）。それほど島の〝共産党信仰〟は根強かった。

さらにもう一つ、戦後の世界情勢が大きく移り変わっていたことも、島を政治に近付けた理由だった。中国と東欧諸国の共産主義化が進むとともに、米ソの対立が激しくなる。アメリカは占領政策を変化させ、日本を防共の最前線基地と考えるようになった。

それは、日本国内における労働運動の弾圧、共産党の排除（レッドパージ）という形であらわれていた。徳田球一、志賀義雄など戦前から獄中にあった共産党員を解放したのは米軍であり、敗戦直後の共産党は米軍を「解放軍」と呼んでいた。その米軍が、弾圧を始めたのだった。

一九五〇年前後、国民は占領政策への批判など一切できなかった。多くの若い知識人は、アメリカは自由と平和を危機にさらす帝国主義の国であり、アメリカに対抗するのはソ連や中国などの社会主義陣営である、従ってソ連や中国の下にある共産党への入党は疑いもなく明快なことである――そう確信していた。それは島の心情でもあった。

しかし共産党はこの時期、「一九五〇年分裂」と呼ばれる事態のなかで混迷をきわめていた。一月、コミンフォルム（ソビエト連邦をはじめとする欧州九ヶ国の共産党間の情報局）の機関誌が「日本の情勢について」という論文を掲載し、共産党の主流派だった野坂参三の〝平和革命論〟を「アメリカ帝国主義の讃美である」と批判した。

徳田球一は「〝日本の情勢について〟の所感」を書いて反論（そのことで所感派と呼ばれるようになる）。しかし中国が追い討ちをかけるように人民日報で日本共産党批判を行うと、反主流派の志賀義雄や宮本顕治はそれに追随し、野坂、徳田を批判。志賀・宮本は国際派と呼ばれ、所感派と国際派に分裂して激しい内部抗争が繰り広げられていた。

六月には朝鮮戦争が勃発。日本は米軍の後方基地となり、沖縄を始め、東京近郊の米軍基地から次々と米軍機が飛び立っていく。佐世保や呉だけではなく、横須賀、横浜からも、兵站や兵力が運ばれていく。日本の軍事力の保持を禁じていた米軍は、日本本土の防衛が手薄になることを防ぐために「警察予備隊」を設置した。多くの国民が第三次世界大戦の危機が近付いたことに危惧を抱いた。

この時期の共産党について、森田実は『戦後左翼の秘密』で次のように書いている。「朝鮮戦争勃発の直前の六月六日、マッカーサー司令部は、共産党中央幹部の公職からの追放命令を出します。共産党はこれを大弾圧の前ぶれと錯覚して、地下活動に転換します。（中略）徳田・野坂らの主流派は、反対派の志賀や宮本を地上に置きざりにしてしまいます。残された宮本らは、国際派分派を組織して対抗します」。そして徳田らは、北京へ密航し中国共産党の指導下に入った。

このとき、宮本ら反主流派を支持したのが全学連の学生党員だった。一九四八年に結成された全学連（全日本学生自治会総連合、以下全学連）は、全国の主要大学を組織し、東大・早大・京大では共産党が指導部を確立していた。五月末に東大教養学部（以下、「駒場」あるいは「東大C」などと略称）学生自治会副委員長に選出された島は、全学ストライキの遂行に活躍した。

北京に渡って地下に潜行した共産党主流派は、全学連に対して誹謗中傷を繰り返し、運動の分断をはかった。「私たちの東大C細胞の大部分は主流派への服従を拒んだため党機関によって解散を命ぜられ、どういうわけか入党ホヤホヤの私まで除名処分を受けることになってしまった」（『ブント私史』）（ちなみにここでの〝細胞〟とは共産党用語の一つで、大学や工場、地域に作られる共産党の末端組織のことである）。

しかし闘争は継続され、大学でのレッドパージ・全学連解散の危機に対する闘いとして、後に「十月闘争として記録される大闘争」に発展していった。この闘いは「政府をも動かし、大学レッドパージは行わないとする文相言明によって一応の勝利は獲たが、警察による大量検挙、学校当局による学生処分の大弾圧により収束させられた」（『ブント私史』）。大弾圧の結果、島も停学処分を受けることになった。

これが東大に入学した一九五〇年の出来事であり、除名と停学処分が、島にとっての党活動と学生運動の始まりだった。

復党、医学部入学、そして同志たちとの出会い

以降、『ブント私史』を参照しながら、急ぎ足で進めていこう。

五一年八月、モスクワ放送が、日本共産党の国際派（反主流派）を批判する、というニュース

が流れた。これによって反主流派は〝ショック状態〟となり、ソ連共産党絶対主義であることが明らかとなった。島は、敗戦の日に天皇放送を聞いた大人たちを思い起こし、あの時と同じように呆然となっている姿を見て、「悪い冗談だと思った」と記している。

もはや分派（国際派）は認められない。国際派の解散は前提となっている。党内の分裂はさらに惨状を呈していく。議論をすれば「誹謗と中傷、恫喝と屈従、不信と懐疑など醜さの開花となって私をとりまいた」から、迂闊なことは言えなかった。

しかも主流派は、それまでの平和路線から方針を一転させる。「中核自衛隊」を設置し、街頭での火炎瓶闘争（交番の襲撃など）、山村工作隊（中国共産党に倣った、山村地主からの武力的土地解放。多摩地方に多くの左翼青年が送りこまれた）の組織など、軍事路線へと転換させていく（先の小林勝は所感派に属し、火炎瓶闘争に駆り出され、逮捕された）。これが日本国内での支持を大きく失わせ、五二年の総選挙では、国会内での議席をすべて失った。

党の内部では、粛清と監視が絶えることなく続いていた。島は「この中で右往左往する一人の優柔不断な党員でしかなかった」といい、妻・博子によれば、大学の中を隠れるようにして歩いていたという。しかしまた、共産党員であり続けることには疑問を持たなかった。

そして「長い長い自問自答の末、私が選んだ道は若干の自己批判書とともに除名処分を認め『復党願』を提出することであった」。しかし簡単には認められない。細胞会議への出席を許されたのは、やっと一九五二年も半ば過ぎのことだった。さらに、五三年四月には停学処分を解かれ、再び大学に戻ることになる。そして五四年四月には医学部試験に合格し、東大の本郷細胞に移った。

学生運動も衰退の一路をたどっていたこの時期の島にあって、特筆すべきは生涯の同志・友人となる人々との出会いである。

まずは生田浩二と佐伯秀光の名前を、島は『ブント私史』で挙げている。ともに五二年東大入学。他にも森田実、中村光男など、いずれも全学連やブントについての著作では必ず登場する島の朋友たちである。

とくに生田。島の古くからの同志の一人である古賀康正（後述）から、「彼は誰からも親しみをもたれ、後にブント創設に参加し、島が無条件に信頼する唯一の人間になりました」と言われるほどだった。生田は五一年に共産党に入党。東大でも中核自衛隊に入り、駒場細胞のキャップを務めた。「当時の殺伐とした雰囲気の細胞にいながら、分派上がりの私の意見を取り入れるにも柔軟であり、何よりも党不信に陥っていた私の心を和ませるような人格の持ち主であった」と島も書く。

五四年に入学した古賀康正。入学早々、「生田に口説かれて、共産党に入った」と述べる。「彼〔生田〕は目を付けた新入生を片端から口説いて党に引き込んでいたのです」とも言い、古賀が島と出会うのは五六年。授業料値上げ反対運動のときに、本郷に進学していた島がやってきた。目的は、「所感派が腑抜けになっているいま、雌伏していた元・国際派の学生党員を糾合して学生運動の再建に動き始めたわけです」と古賀は言う。島は、当時、教養学部細胞のキャップだった古賀をオルグに来たのだった（ちなみに古賀は、島の死後、東京青山での葬儀の裏方に回って取り仕切ったり、追悼文集の取りまとめ役に奔走したりと、文字通り死後も島を支え続けた。現在は、島のブント関係の資料を博子夫人より引き受け、その整理と保存にあたっている）。

「会った当初から、島成郎は魅力的な人間だった」と語るのは森山公夫である。森山は五三年の入学で、後年精神科の医師となる。ブントには加わっていないが、六〇年代から七〇年代にかけての精神医療改革の同志の一人だった。

五三年には、浅間山の米軍基地化反対闘争が始まる。浅間山には東大の地震研究所があった。「大きな闘いではなかったのですが、教養学部内では大問題になり、ぼくらは浅間山に入りこんで村々をオルグして歩くという、そんなことをしたのです」と森山は言う。

森山が島と会ったのは浅間山の基地反対闘争のときだった。

「島さんがすごく印象的だったのは、普通の活動家とは一味違うところがあったのです。とにかく落ち着き払っていて、なかなかいい男ですし、明るくて演説もうまいのです」

その後、交友を深めていった森山は、医学部進学に際して島に相談している。「ぜひいらっしゃい」というのが、島の答えだったという。

森田実は、島とは古くからの付き合いなのだが、最初の出会いについての回顧を双方ともに残していない。森田の『戦後左翼の秘密』に、わずかに次のような記述がみられる。「この時〔森田が東大細胞のキャップに選ばれた時。年度の記載はないが、前後から判断して五四年頃か〕の島の勢いは大変なものでした。彼は活動歴が長く、私より年長で、大変な激情家でした。絶えず興奮しつづけ、次々と行動計画を提案しなければ気がすまないような男でした。頭がよく敗けずぎらいで典型的な東大型エリートでした」。

観念や理論が先行して実践の伴わない〝東大型エリート〟は、森田の好まないところだった。

「私は島のやり方に抵抗したところ、孤立し、五五年末にはとたんにキャップを解任されてしまいましたが、三ヶ月後の五六年三月に再びキャップに復帰します」とある。後述する砂川基地反対闘争では、どうしても森田の力を必要とした。

森田と島の関係はなかなか一筋縄ではいかないところがある。森田は、学生や労働者の大量動員を要する闘争の指導では、間違いなく圧倒的実力者だった。しかし〝東大型エリート〟や理論派とはウマが合わず、さまざまな軋轢を生みだすことにもなった。孤立した森田をとるか、他の仲間と行動を共にするか、という岐路に島は何度か立たされることになる。

「俺は医師になる前に革命家になる」

五五年七月末、共産党と党員に大事件が起きた。いわゆる「六全協」、第六回全国協議会における共産党の、突然の方向転換である。森田の著作を引用するならば、それまでの「極左冒険主義と五〇年分裂を自己批判し、党の統一と団結の回復を決議します。また書記長徳田球一の死亡を公表し、野坂参三、志田重男、宮本顕治、紺野与次郎らの指導部を選出しました」(前掲書)。

島によれば、大衆的支持を回復させようと主流派と反主流派の幹部がひそかに話し合いを続け、「妥協と手打ちがなった」のを機に、「若干の自己批判を発表したのがこの『六全協』であった」(『ブント私史』)。その後の党会議で、下部党員からの追及に、主流派幹部の罪状が白日の下に曝されていく。島は、怒りが爆発するのを抑えられなくなった。さらに、九月に開かれた東大細胞総会には、一〇〇名を超える出席者があったが、地区指導者の姿は見るも無残だったと書く。

「それまで中央の指令だと大威張りで号令していた彼らが一変して自己批判するだけでなく、

『私たちも被害者だ』と愚痴ったり、大の学生党員が恥も外聞もなく『党は私の青春を奪った』など泣き叫ぶのを見て、これが党の姿なのかと心底驚くとともに、あの五二年以来『党の統一』の名目の下に屈伏し、『良き共産党員』たらんとして内部の感性をもおしつぶしてきた自分自身に対しても激しい怒りを覚えずにはいられなかった。／多くの疑問を抱きながら『自己批判』と引き換えに復党し、真面目な党員として過ごしてきた三年半の偽りの生活を悔いた」

島は並々ならぬ決意を固める。それは「この日以後、医学生としての生活を放擲して党改革のために専心する」ことだった。

ところで、島の「未完の自伝4」は、「一九五五年のノート」と題され、二月二八日から七月四日までの思索が、日録風に綴られている。

医師になることと、政治運動を続けることの葛藤が書き留められ、二四歳の島の心情を窺うことができる。行動、コムニスト、プチブル性、といったいかにもこの時代のマルクスボーイらしい語彙が目に付き、悩みが真剣に書き連ねられ、島の真面目さがよく現われている。

「2月19日

初めて医学を学ぶものとしての自覚というものが生まれてこようとしている。この1年、医学部へくるまでは、頭の中で理解していた『医学部』＝医学を学ぶ所ということに、常に私は頭を悩まされつづけてきた。頭を悩ますことはやさしい。／しかし、私の主要な任務が医学を学ぶということと、医学を学ぶ人たちを国民の側に立たすことにあるにも拘わらず、私はこの問題を体では避けつづけてきたような気がする。

しかも決して、このことと私のコムニズムとは無関係ではなかった。マルクス・レーニンの文献の一人よがりの机上での理解と、『大衆動員』的な学生運動の経験にのみ、よりすがっていた私の思想が試されるときであった」

やや意味の取りにくいところはあるが、これまでの学生運動の体験において、実践にのみ寄りすがってきた自分（島）には、学ぶことと実践することとがしっかりと統一されたものとはなっていなかった。医学においても同様で、医学を学ぶこと（理論）と、その学ぶ人たちを国民に側に立たせること（前衛として啓発する実践）という問題を、これまで自分（島）は避けつづけてきた。……というほどの解釈になるだろうか。

もっといえば、学生運動をしながら、なぜプチブルそのものである医師などになろうとするのか。ほんとうに人民の側に立っているのか（ヴ・ナロード）。そういう自問になる。

そして三月二六日の記載。

「人間、自信がなくてはやっていけない。それなのに、その自信が皆目出てこない。医学部学生という呪わしいもの。これを相手にするのにあと2年が費やされねばならぬとは！　それでも俺はこれ以上、もたもたしてはいられない！　2週間で沢山。祖国はそれほど、のんびりしてはいない。／**俺はやはり医師になる前に革命家になる**」（強調は佐藤）

その言葉通り、六全協の後、島は学生運動に没入していく。日共系の反主流派学生は、「歌ってマルクス、踊ってレーニン」というような、いままでは質の悪い冗談としか思えないスローガンとともに「歌声運動」を提唱し、社会変革の旗印を失っていた。

このように島は、五五年から五六年、森田、中村、生田らとともに、東大教養部の細胞の立て直し、衰退していた全学連の再興などのために駆け回っていた。

砂川基地反対闘争――「土地に杭は打たれても、心に杭は打たせない」

五六年秋には、砂川基地反対闘争が起った。

基地拡張のため、周辺農民の土地が米軍によって強制的に接収されようとしている。全学連も農民の反対闘争に加わり共に闘うことになった。砂川の農民たちは、戦前は帝国陸軍に、戦後になってからは米軍に土地を奪われてきた。さらにそれが広く収奪される。農民たちはすぐに反対闘争を起こした。行動隊長は青木市五郎。

砂川基地反対闘争は、六〇年代の学生運動の発端ともいうべき闘争となった。学生側でこれを指揮したのは森田実。正史的記述は伴野準一の『全学連と全共闘』に詳しい。また主導した当事者である森田も『戦後左翼の秘密』で詳述している。ここでは博子の証言を拾うことにしたい。

「砂川には、私も何回か行きました。すごかったですよ。この話をすると長くなるんだけど、砂川というところは現地で人が生活をしているわけですね。ここではジャガイモを植えているし、この土間ではなにをやっている、こっちではなにをやっている。生活の実態が全部見える。そういう人たちの手助けをしながら、畑に杭を打ちに来る人たちと対立するわけです。目の前に対立する敵がはっきりと見える。

学生なんて生活実態がないでしょう。それがこの人たちは、こうやってジャガイモを洗い、野菜を洗って生活をしているという実感がある。それを手伝いながらその家に泊めてもらう。この人たちの畑を守るために杭を打たせないというのは、ものすごくリアリティがあるわけです。森田さんは内灘〔石川県、金沢に隣接する日本海の海岸の町。砂丘地帯を米軍試射場として接収されるが、反対闘争が展開され、五七年に返還される〕の米軍基地反対闘争とか知っていたから、あれだけの闘争を組織できたんですね」

そしてさらに、砂川闘争の裏面史ともいうべき次の件。もはや時効だろう。

「砂川闘争の前、デートをしたときに中野駅前のコーヒー屋さんで、島が『ちょっと森田と打ち合わせがあるから』と言って、森田さんと同席したことがあるんです。森田さんは東京地評の幹部から『デモに全学連は一日に何人動員する』『そんなに大勢か？　それなら地評ももう少しがんばるか』となり、動員数を増やしたと島に話している。

他にもいろいろ話していたけど、私にも分かったことは、お茶の水から立川まで交通費がいくらかかる。立川からバスでいくらかかる。往復でいくら。これは学生でも払える金額だ。動員できる、これは闘える。森田さんの、そういうセンス？　読み？　その通りになりましたね。本当にバスを連ねて向かい、すごいことになった。森田さんが『これはいい闘いになる、一度行ったら学生は何度でも行く』って言っていたけど、本当にそうなりました。

言葉は悪いけど、一度行ったら病みつきになるほど、理想と現実が一致していた。頭で考えることと現実の強さが一致して、その通りになった。だから、〝土地に杭は打たれても、心に杭は打たせない〟という名言が出たり、あれはとても感動的な闘争でしたね」

「土地に杭は打たれても……」の名文句は、石野昇〔元砂川基地拡張反対同盟宣伝部長〕の「砂川基地闘争の記録」(http://www.jca.apc.org/˜tkopeace/mg26-3.html) にも記録されている。行動隊長・

青木が、自分たち反対派に二〇名以上もの逮捕者が出た夜、集会所で語った言葉である。

ちなみに、森田も伴野も触れているように、この時期の学生たちはヘルメットもかぶらず、武器も持たず、文字通り身体一つで、武装した機動隊に向かっていった。学生や農民、労働者は、蹴られ、殴られ、引き抜かれては流血したまま隊列に戻り、スクラムを組んで座り込んだ。

砂川闘争ははじめて共産党系の指揮を離れ、全学連が主導して勝ち得た闘いだった。ブント結集の流れはここに胚胎されていた。

砂川闘争の翌一九五七年には岸信介が、病に倒れた石橋湛山の後を受けて内閣の首班となった。

砂川基地反対闘争と「六・一事件」

砂川基地反対闘争のその後について、二つだけ補足しておきたい。

闘争の際、デモ隊の一部が米軍基地に立ち入ったとして、七名が逮捕後に起訴された（砂川事件と呼ばれる）。砂川事件を巡る一審判決は一九五七年七月に出された。内容の詳細は省くが、伊達秋雄裁判長は全員を無罪とした。これが「伊達判決」といわれるもので、検察は高裁をとびこし最高裁に跳躍上告した。

最高裁、田中耕太郎裁判長は、原判決を破棄し、地裁に差し戻した。差し戻し審では罰金二千円の有罪判決がくだる。再度上告するが、最高裁がこれを棄却し、一九六三年一二月七日、有罪判決が確定した。ところがアメリカ側の資料公開により、この裁判は、事前に駐日大使による外務大臣への外交圧力、田中耕太郎裁判長との密談などの事実が明らかになった。

『日本はなぜ、「基地」と「原発」を止められないのか』の著者、矢部宏治が「その判決の影響で、在日米軍の治外法権状態が確定してしまった」と書くように、それほど重要な判決だった。日本本土での基地反対闘争、六〇年の反安保闘争が拡大・激化していく大きな契機となったのが砂川闘争であり、米軍はこれを境に本土での軋轢を避けるため、沖縄に基地と海兵隊を集中させていく。

もう一つはこの闘いの後、全学連内部に、闘争を中心になって進めた森田と、全学連書記長で早大の高野秀夫との間で分裂が生じたことである。高野と島は高校が同期であり、それ以来の盟友であった。高野が森田の組織運営を批判し、排除工作を策したことが対立の発端だった。さらに森田、島、香山の東大勢への反発も加わって対立は激しさを増し、「争いは闘いの戦術から政治路線、さらには革命理論にまで及び大衆的規模の対立になった」と島は苦慮し、調停を試みたが、失敗。

「五七年の全学連大会で高野派は敗退、高野は書記長を辞めるが、その後も早大にあって全学連反主流派を大衆的に糾合、後の六・一事件の契機をつくる」(『ブント私史』)。島は森田につき、彼らが主流派を形成した。

六・一事件はブント創設のきっかけをつくる重要な出来事となった。砂川闘争から六・一事件までの内部抗争には激しいものがあって、『ブント私史』に詳しく描かれているが、ここでは古賀康正の談話を引きたい。

砂川闘争以後、共産党中央は「学生細胞は学生運動を極左化させ大衆から浮き上がらせる反党的行為・左翼冒険主義である」と批判し、学生運動に対する締め付けを厳しくさせていた。

「農民・学生の砂川闘争も『左翼冒険主義』『跳ね上がり』『民衆を離反させるもの』とし、参加した労働者が〔共産党によって〕批判されます。／これに対し、労働者のあいだにも『共産党は、学生たちにすぐ「反革命的」というレッテルを貼るが、じつは共産党こそが大衆運動の足を引っ張って階級的裏切りをしているのではないか』という疑念が段々生まれるようになってきます」

とはいえ、共産党に対する幻想は根強く残っていた。しかし不満が表面化する。それが五八年の「六・一事件」であった。古賀はこのとき学生ではなかったので、出席はしていなかった。「後で聞いた話だが」と断って、次のように語った。

「一九五八年夏〔五月二八日から三一日まで〕の全学連第一一回大会では、砂川闘争などでの共産党のあまりにひどい裏切りに業を煮やして、来賓として来ていた共産党の幹部連中を吊るしあげて、彼らを『罷免する！』なんてやったんです（笑）。しかし『罷免する！』といったって、全学連は大衆団体であり共産党は別の政党なのだから、ナンセンスな話なのだけれど、共産党に対する大衆的反感が堂に満ち満ちていて『おまえら自己批判せよ』と吊るし上げたのでしょうね」

翌、六月一日、共産党本部に全学連の主流・反主流の両派が招集され、全国グループ会議が行われた。ところが全国の学生党員と高野派、党の幹部をかばう党員（反主流派）が激しく対立した。学生党員が叛乱を起こし、殴り合いの事態になった。そして中央委員会に罷免要求を叩きつけたのだった。

共産党幹部は、すぐ翌日に、全学連数名の除名発表をした。島はそのときに現場にいなかったので除名は免れたが、森田、香山、星宮煥生が除名処分となった。このとき現場にいた東大細胞のキャップは冨岡倍雄《ますお》だった〔『ブント私史』では冨岡、『60年安保とブントを読む』では冨岡と記載されている。こちらに従った」。

ブント創立大会まで

島たちは、新しい〝前衛党〟を立ち上げるしかない、というところに追い込まれていた。このとき以降、島は全国の大学を回り、オルグして歩くことになった。博子は言う。

「五八年一二月に、お茶の水でブントの創立大会をやるのですが、その直前、森田派と東大細胞の理論派が対立します。理論派の最たる人が青木昌彦さんです。私はこの年の三月には島と結婚していたのですが、日誌を見ると、島は創立大会の前日、青木さんの自宅を訪ねて行っている。青木さんの自宅に行くときは、必ず私を呼び出すのです。私は勤務していたから、七時頃東京駅で落ち合って、それから青木さんの自宅に行く。最終電車で帰ってくるのですが、泊めてもらったりすることもありました。

島は青木さんとは頻繁に連絡を取り合っていて、結婚した後でしたが、私は青木さんへの郵便配達人のようなことをさせられていたことがあります。青木さんは島からの手紙を受け取ると、ろくに話もしないで去ってしまう。話し好きの私でさえ、取りつくしまがないくらいでした。こんなことは嫌だと島に言って、止めさせてもらいましたけどね。

創立大会のころ、島がよく言っていたのですが『新しい組織を作るときには理論が優先される。大衆運動を組織する実力があるやつより、共産党のここは間違っている、新しい方針はこうすべきだ、という理論家が優先される』。その理論派である青木さんの方に島が付いたのです。島が亡くなる前の年だったか、『大きな分かれ目のとき、俺がどっちに付くかで、大勢がそっちになった』と話していました。私もそのとき、そう言えばそうだなと思った。でも本人がそのことに気づくのに何十年もかかっている。死ぬ前ですよ（笑）」

主導権争いと分派抗争を繰り広げる一方、真の〝前衛党〟をつくる、という意思は全学連学生の間で広がり始めていた。共産党と別の組織を作ろうとするのであれば、漏らしてはならない。漏れたとたん潰されるだろう。

古賀康正は「島たちは、極秘のうちに全国の学生細胞をオルグして歩いたようです。全学連組織下の学生自治会は、ほとんど共産党がおさえていましたから、主だった大学の党員で信頼できる左翼分子に、新しい組織の意義を説き、同調者を獲得していったのです」という。

博子も当時の記憶は鮮明だった。まるで昨日のことのように語ってくれた。

「私は明治維新の話が大好きなんだけど、維新のときに若い人たちが日本のあちこちを回ってオルグして歩いたという話を聴くと、ブントを作るときに各大学を回ったという話と重なりますね。どこの大学は誰が中心になっている、と訪ねて歩く。電話もまだないときです。オルグに行って、相手が下宿にいないから外で待っていると、雨が降ってきてずぶ濡れになり、デパートに行って下着も全部買って取り替えたなんていう、そんな島の葉書もあります。

いまからじゃ考えられないけれど、片道切符のオルグです。オルグして、成功したら向うの大学から交通費をせしめてくる。全学連もお金がないから、行きの交通費だけしか持たせない。だいたい、当時はキセルなんて当たり前でしたから（笑）。島はキセルができるほど敏捷じゃないけど、六〇年安保のとき（これは京都大学の人が書いていることだけど）、夜行列車に乗っていると検札が来た、物売りのおばさんが豆の入った布を広げていたので、その中に隠してもらったとか、どこそこの駅は改札から道に出られるとか、駅に停まるときには列車の端にいて、降りたら脱兎のごとくホームを駆けて逃げていくとか、そんな話ばかりです。職員も途中までは追いかけるけど、面倒だから止めちゃう。捕まっちゃうと、足が遅いということで、反革命分子になっちゃう（笑）」

さらに古賀によれば、組織が発足する直前の最終打ち合わせは五八年秋。佐伯秀光の自宅である寺がその場所となった。

「島、生田、佐伯、青木、冨岡、小泉〔修吉〕、片山〔迪夫〕、私など、七、八人が集まって、名称は『共産主義者同盟』、略称『ブント』にしようということになりました。これは青木の発案ですね。書記長を島にするのは衆議一決だったが、島は『しばらく考えさせてくれ』と言ってから引き受けました」

このときの島の発言は、『ブント私史』では次のようになっている。

「革命の前衛党を名乗って闘いを始める以上、そのなかで死ぬ者も出るかもしれない、そんな重みを考えると私が果たして任に堪えきれるかどうか……少し考えさせてくれ」

自分は本音を口にしたのだ、と書いている。そして一日の猶予をもらって引き受けた。

冨岡倍雄はこのころの島を称して、次のように書いた。

「全学連では島が確実に信頼のおける存在であった。かれは理論的な議論はあまりしないが、不思議な洞察力をそなえた頭脳によって理論上の諸問題をことごとく的確に把握し、当時の急テンポの変化にほとんどおくれることがなかった。そしてそれがかれに対するわたしたちの信頼のおおきな源泉になっていた」（「ブント結成まで」『戦後史の証言・ブント――ブントの思想別巻』）。信頼は他のメンバーにも共有されていた。それが「衆議一決」の理由だった。

「ブント＝共産主義者同盟」というネーミングについて、立花隆は『中核VS革マル』で次のように書いている。

共産主義者同盟というのは、マルクスが一八四七年に組織した共産主義者の組織の名称としてはじめて使われた。例の有名な『共産党宣言』は、この組織の綱領としてマルクスがその翌年起草したものである。共産主義者同盟のドイツ語名は、コミュニスティン・ブントといった。それまでの共産党（コミュニスティン・パルタイ）の方針にあきたらず、〝マルクスの共産主義に還れ〟のスローガンのもとに、新しい革命運動を起こそうとした青年たちは、日本共産党（パルタイ）と自己を区別するために、この組織名を取り、自らをブントと略称して呼んだわけである。

（上巻「抗争前史」）

同年の一二月一〇日、文京区の医歯薬ビルで創立大会は開催された。全国から四五名のメンバーが参加。森田、香山、生田は出席していなかった。「出席者の関心は人事と指導権確保に集中され、最後までもめた」。立ち上げには至ったが、決して一枚岩ではなかった。「前途多難を思わせる出立であった」（『ブント私史』）。

森田によれば、このときブントは「島・青木・片山らを中心とする『東大・早大連合』、第四インター系トロツキスト、香山・森田らの旧全学連主流派の三グループからなって」いたといい、第三のグループは早い時期にブントから抜けている。第四インター系トロツキストとは、黒田寛一を指導者とする革共同（革命的共産主義者同盟）に近いグループだった。三派を説得し、そのまん中でつないでいたのが島だった。「島がブントを作った」と言われるゆえんである。

吉本隆明は後に島への追悼文「『将たる器』の人」で、「島さんの主導する全学連主流派の人たちは、孤立と孤独のうちに、世界に先駆けて独立左翼（ソ連派でも中共派でもない）の闘争を推し進めた。それが60年安保闘争の全学連主流派の世界史的意味だと、わたしは思っている」と書いた。

ともあれ内紛の要因をはらみながらも、こうしてブントは動き出すことになった。島はこのとき二七歳。他のメンバーも二〇代前半から半ばの若い青年たちだった。『日本大百科全書』「島成郎（しましげお）」からの引用で、やや教科書的記述であるが、蔵田計成は「ブントが目指したものは日本共産党に代わる『真に闘う前衛党』であり、新しい前衛党という意味では歴史的な意味をもった。主なスローガンは、マルクス・レーニン主義の復権、世界革命、プロレタリア独裁の実現」とまとめている。

もちろんその時の島に、「世界史的意味」も「歴史的な意味」も実感している暇などなく、「公衆電話や喫茶店を占拠して電話をかけまくり、電車やバスを乗り継いで都内をかけめぐる。人と会いオルグをし、会議や集会に出て喋りまくり、また次の会合へ……終って家にたどりついた時にはただ倒れるように眠るだけ、目が醒めた時は彼女〔博子〕はすでに飯を作って出勤した後……」という日々だった。

島は五八年三月に、高橋博子と結婚していた。その経緯について触れておこう。

島成郎と高橋博子の結婚

　時間を遡る。砂川闘争から一ヶ月ほどたったとき、参議院会館で社会運動史の勉強会があるというので、博子は出かけて行った。到着が遅れ、集会室に入ろうとしたところで、講演を終った島が出てきた。それまで集会などで顔を見たことはあったが、二人で会うのは初めてだった。

「ああ島さんだなとは思ったのですが、それくらいの記憶でした。でも、向こうは私を覚えていました。妙なのですが、島が私に向って『いやあ、砂川には、ちっとも参加できなくて』と、言い訳みたいなことを言い出したのです。『じつは親父が九月に危篤になって、それから亡くなったりして、それで参加できなかったんです』なんて話している。私は、不思議な事を言う人だな、お父さんが亡くなったという悲しいことを喋っているのに、なんでこんなに楽しそうに喋ってるんだろう、変な人だなって思った。私のほうは『はあそうですか、はい』と言って、それで別れ、部屋に入って次の講師の話を聴いたのです。

　しばらくたってハタと思いました。あ、そうか、あの人は、私のことが好きなんだってひらめいて。島は五つか六つ歳上だから、大人ですよね。私から見れば、大人のおじさんです。私のほうは安定感がなくて、猪突猛進型でおてんば娘だとか、さんざん言われていたのです。島は安定感があるというか重量感のある人で、私は『ああいう人と付き合ってみたい』と、すごく思うようになったのです」

　どんな方法でアタックしたのかは覚えていないが、その後いくらもしないうちに、会いましょうということになった。

1961年ころの島夫妻（島博子氏提供）

「島は時間と場所を指定し、『三〇分以上待っても来なかった場合は、緊急事態が起こったと思ってください』、と伝えられていたのですが、それでも時間どおりに現われました。

ところが、来たのは島一人じゃないんです。香山健一さんと一緒だった。香山さんという人はすごく紳士で、お金持ちそうで、どんな相手にも対応する話術がある。戦闘的な人には戦闘的なように、反対の人にもそれなりに話す。そういう話術があるんです。それが板についている。その香山さんと二人で来たのです。そしたら私は香山さんと話が弾んでしまい、島が横にいて、それをにこにこしながら聞いているのです」

また、次に会う約束をした。今度は島だけだろうと思っていたら、また香山が一緒だったと博子は笑う。

「私は混乱してきちゃって、私から言わせれば、島よりも香山さんの方が偉い人です。全学連の委員長〔五六年六月に就任〕ですし、島のほうは全学連の中央執行委員です。偉い上に、スマートです。ずっと人気があるし、ファンも多い。何を言っても、どんなふうにでも受け答えをしてくれる。これはちょっと考えるでしょう、香山さんの方がいいかな、とか（笑）。で、なんだかよく分からなくなってきた。そしたら次くらいに、ようやく島が一人で来た。それで何となく、ぽつぽつと付き合いが始まったのです」

なぜ島は香山といっしょだったのだろうか。博子は考えた。島には何だか聞きそびれた。

「もし私と二人で会って変なことになったら困るだろうし、予防措置として香山さんに頼んで、一緒に来てもらったんじゃないか。変な噂が立っても困るし、自分が本当にこの人と付き合ってみたいのかどうか、テスト期間というか、どういう人間か見ていたんでしょうね。それから付き合い始めるのですが、とても紆余曲折があり、すぐに別れ話になったり、やって行けそうもないなんていう話が出たりしましたし。三月に付き合いだしてから、しょっちゅう私のうちに来るようになったんです。

私のところは母子家庭でした。父親は離婚をして別居していましたからね。家は戦後すぐ建てたベニヤ板一枚のアパートで、隣の部屋には母が寝ている。島はよく帰りに寄っていましたが、夜中に来ても本を読んで、朝帰っていくんです。私に手を出したことがない（笑）。たしかに隣の部屋に母はいますよ。でも、私の机で本を読んで夜を明かし、私のベッドでうとうとし、朝になって帰っていくって、それは……（苦笑）。でも、それが当たり前だと思っていたのですが」

第二次砂川闘争も終わったころだった。

「九月ごろ、朝の五時ごろだったと思うけれど、急にうちにやって来たんです。それで、二次の砂川闘争〔五六年秋〕で逮捕者が出ることを、新聞記者から聞いたというんです。ラジオをつけて二人でニュースを聴いていると、逮捕者の名前が、誰、誰と呼ばれていく。それを聴いているうちに、この人も逮捕されちゃうのかって思うと、急に気持ちが高ぶってきて、抱きついていったんです。こっちは切羽詰まって抱きついたんだけど、そのまま、そういう関係になっちゃった。

頭の中は、島が逮捕されることと、何だか知らないけれど隣には母親がいるし、私としては何が起こったのか分からんというか（笑）。キスしても子どもが生まれるんじゃないか、というくらいの知識しかなかったから……。すぐに母に報告しました。島さんとこういうことになったって。それを島に伝えると、島は怒りましたね。自分より母への信頼の強さにたいしてなのか、具合が悪いからなのか。私のほうは、『なぜ怒るの？』っていう感じだったですね」

五七年一二月、島は森田と京都に打ち合わせに行った。帰ってから話を聞くと、京都で活動家と同棲していた大学生の恋人が自殺したという事件があったという。

「亡くなったのは女性。誰かは分かりません。それが島にはすごくショックだったみたいで、それからすごく暗くなっていった。そしたらその後、森田さんと二人でやってきたのです。私もその女性のように自殺するんじゃないかと、はっきりとは分からないけど、京都の自殺と、結婚の申し込みには関係があると思っています。

その後、森田さんと二人でうちに来て、母も隣に座っていました。二人を前に、森田さんは国際情勢を語り始め、それから国内情勢に移って、こうこうこういう国内情勢のなかで、全学連のやるべきことはこういうことである。そのなかで島君は、こういうことを切り開いていかねばならない。そのためには博子さんと結婚をし、博子さんは島君を支える必要がある。……ずっと、そういう話。島の代理のプロポーズです。

母も私も唖然としていて、森田さんの言うがまま。全部、森田さんの手のひらの上です。そして森田さんが『これでいいか、島』って島に訊く。『はい』って島が応えて終わりです(笑)。それで、私が承諾したということになったんですが、承諾もへったくれもないというか、怒濤のような森田さんの演説の中で、母も私も、国際情勢について『拍手』、国内情勢について『拍手』、全学連について『拍手』。ついでに結婚の話が出て、『異議なし!』(笑)。

承諾というより『異議なし!』ですよ。森田さんはすごいですよ。硬軟両方、どっちからでも攻められる人ですから。そういう役割を担わせれば、もう押しが強いし、香山さんのような紳士とは逆のタイプだから、島は森田さんを選んだのでしょうね」

結婚後、島は博子の家に同居することになった(島自身は「転がり込んだ」と書いている)。そこが少しの間、そのままブントの会議室や、全国への連絡アジトとなった。新婚家庭に男たちがひっきりなしに出入りしている。勝手に上がりこんで、勝手に帰って行った。地方からやってきた学生の、寝泊まりの場所にもなった。煮物などの食事を大量に作り置きしておいても、あっという間に底をついた。

博子は昼、自ら立ち上げた生協で働き、夜は生協労組として杉並で活動し、帰宅して食事を作ったり、それからブントの通信の発送準備などを担っていた。

ブント援軍たちの登場

ブント結成の直後、「アカハタ」紙上での批判は激しかった。「極左反党分子」として除名処分が大きく発表され、非難と攻撃は何日にもわたってつづいた。島は書く。

「しかしこのあわただしい日々が一段落したとき、台風の目にも似た一時の静けさが訪れたのだった。／いつも誰かしら屯《たむろ》し、深夜に及ぶ会議が行われ、人の出入りの絶えなかったわが家であったが、暮になって何故かピッタリと人影が消え、この年の初め結婚した高橋博子と二人だけで大晦日を迎えたとき、私のなかにさまざまな感慨が湧きおこってきた」。そして「何ともいえない心細さが募ってきた」。金は全くない。事務所（島の家）には電話もない。何よりも人がいなかった。さらに『ブント私史』より。

「六全協以来、最も信頼し常に闘いを共にしてきた生田浩二は十月以来手術とその後の療養のため故郷静岡に籠《こも》り半年間は期待できない。

彼とともにフラク結成の中心にあり理論的支柱でもあった佐伯秀光はすでに国外に出ている。最も馬力のある僚友森田実はブント結成に至る過程で反森田の潮流が強まった状況を読んで「しばらく島に任せるよ」と洞が峠を決め込んでどこかへ消えてしまった。

ブント結成の急先鋒で全国オルグを担っていた東大細胞の富岡倍雄《（ママ）》も、社学同委員長をながくやっていた中村光男もそれぞれ個人的理由でしばらく運動から離れることを告げ、いなくなっていた。若い青木昌彦や清水丈夫らは新しくついた全学連指導部の仕事で追われている。……

というような次第で、一時のお祭りの興奮の潮が引いたあと、考えてみると私の周囲にはそれまでの顔馴染みが姿を消していたのである」

しかしここに援軍が現れる。

一人は香村正雄。香村は一九五四（昭和二九）年、東大入学とともに新聞部に入り、全学新（全日本学生新聞連盟）や反戦学生同盟（社学同の前身）で活動し、機関誌づくりに秀でた能力を発揮していた。すでに発行されていた「理論戦線」（社学同の機関誌）の際は、島の自宅に泊まりこんで原稿の督促をしたという。「派手な表舞台には一度も登場したことはなかったが、彼の存在なしにはブントはあのようにならなかったことは確かである」とまで島に書かせている。香村自身は、しかし次のように言う。

「私はあくまでも、自発的に決めたんですよ。ブントができたんだから、自分たちの思想を発表する場が必要だろう、自分でそう思ったからね。誰に言われたわけでもないし、ブントのメンバーが決めたわけでもない。だから、大げさな話は何もない。

革共同にしてもどこにしても、印刷所の確保にはものすごく苦労している。印刷所に断られて、あっちに行ったり、こっちに行ったりしながらやっているわけですよ。警察からの妨害も受けやすいし、自由に出版できないんです。夜中に印刷をして、朝になって出来上がったビラをまく。でも朝になって急にガサ入れがあったりすると、全部パーになる。だったら自前でやった方がいい。そう思っただけですよ」

香村は共産党への入党歴はなかった。しかし「六・一事件」のとき、生田が勝手に入党させてしまい、名簿に名前が記載されていた。そのため翌日の「アカハタ」に、除名者として名前があがった。香村は「入党する前に除名されてしまったんだ」と笑いながら言った。

機関誌の準備資金や、文京区の元町に借り受けた事務所の資金提供も香村だった。

「印刷所をつくる前、最初に本郷の事務所を作ったでしょう。『世界労働運動研究所』と名付けましたね。あれは親父から金を借りて、私が勝手に事務所を借りたんです。島に頼まれたことは一度もない。必要だろうと思ってやったことなんです。

ブントは、思想的には疾風怒濤の時代だったから、実務なんかには誰も頭が回らないわけです。そうすると結局空理空論になって、自分たちの思想自体を表現する力をもてない。ブント内で論議をして事務的な組織を作り上げるなんていう、そういう状態ではなかった。それなら私が勝手にやるしかないだろう。それで、印刷所を作って雑誌を出す、ということをやったわけです」

古賀によれば「親をだまして金を調達し」たということになるが、香村はこの時二三歳。ここまで冷静な状況判断ができたことは驚きである。

「共産主義者同盟（ブント）のこういう機関誌が必要だ、ということになれば私が提案して、編集会議をやってくれと言って、島とか青木とか佐伯とか、ライターを決めて、編集者は私だから『こういう題目について何枚書け』と彼らに言うわけです。書かなければしつこくいって、それでも書かなければ家まで行って、母ちゃんと寝ているところに行って起こして書かせるわけです（笑）。島との関係はそういう関係なんです。書くといったんだから書け。それが必要なかったのは青木くらいですね。青木は書くのが商売みたいだったからね」

雑誌は残念ながら、ブントが終った時に終了していた。

次に島があげたのは古賀康正だった。古賀を「職業的革命家（職革）」という言葉で紹介しているが、ブントの結成時にはすでに職員組合の書記として勤め、給料も得ていた。古賀はその職業を捨ててブントの書記局常任となった。「職業的革命家」というのは、いまでこそ訳の分らぬ言葉になっているが、当時の運動家にあっては、最も尊敬をこめた称号だったと島は言う。わざわざ「ブント初めての職業的革命家」と紹介したのは、職を投げ打ってまで事務局に加わってくれた古賀への、島の感謝がこめられているだろう。「言葉少なく行動で実を示す彼の参画で辛うじて事務所開きの見通しが立ったのだった」とも書いている。

さらにもう一人は樺美智子の名を、島はあげている。樺が事務局の仕事を手伝いに来てくれたことは、多くの人が証言している（私が直接聞いたのは、司波寛、古賀康正）。島もそのことに触れてはいるが、ここでは、いま自分には想いを寄せる人がいるのだという告白をし、逃げるように事務所へ入った、というエピソードを『ブント私史』のなかで紹介している。

樺は二二歳にして生を終えているゆえの牽強付会なのかもしれないが、しかし島にとって「あの六・一五での死を聞いた時、私のなかに強く浮かび、その後もずっと離れることのなかったのはあの時の彼女の胸の内であった」ように、『ブント私史』のなかでも、樺美智子のこのエピソードは異色な印象を残す。樺については後の章でもう一度取り上げたい。

年が明けて五九年になると、ブント書記長として、島は全国をオルグして回るようになる。唐牛健太郎に会うために北海道に行くのは五月。新しい安全保障条約に向けた動きも、少しずつ表面化してくる。まさに〝風雲急を告げる〟事態が目の前に訪れようとしていた。

第六章　六〇年安保闘争の始まりと終わり

唐牛健太郎、全学連委員長に

あたり前のことだが、「政党」とは、自分たちが是とする政策を実現するために結集した集団であり、それぞれの綱領をもつ。綱領とは、集団の最も基本となる理念や思想の体現であり、綱領に基づいて政策や運動方針が決められていく（例えば『共産党宣言』は、マルクスとエンゲルスが共産主義者のブント・同盟を設立したときに書いた政治綱領であった）。ブント（共産主義者同盟）はまだ小規模な集団であるから、党ではなく同盟としたというが、それでも立派な政党である。ところがブントには綱領がなかった。

『ブント私史』によれば、島成郎は共産党時代、大衆から離脱した空々しい遊戯のような「綱領論争」に、およそうんざりしていたと力説している。「先人たちの教養を組合わせたり、学者ならざる似非文化人の御意見をうかがったり、最初から決っている結論に導くための論理遊びのような干涸びたお喋り」ばかりだ、と考えていた。

ブント設立直後に立ち上げた機関紙「共産主義」の第一号には、まさに新左翼的アジテーションスタイルに満ちた文章が掲載されている。ここまで理論原文は引用しないできたが、「全世界を獲得のために　プロレタリアートの焦眉の課題」（新左翼理論全史編集委員会＝編『新左翼理論全史』掲載）から引く。こんな具合だ。

　われわれはプロレタリアートの階級的意識の覚醒を阻んでいるあらゆる既成の社会主義者に対する批判者として立ちあらわれるであろう。／それと同時に批判を自己目的として満足している小ブル的な革命的空文句のお喋りたちとも無縁である。／（マルクスが引用されている―略）／思想と、理論と綱領との単なる論争によってのみ、創造しようとする、ブルジョア的なお喋りのグループが呟く組織の前に綱領を、行動の前に綱領を、という言葉に反対してわれわれは、日々生起する階級闘争の課題にこたえつつ、**その実践の火の試練のなかでのみ**、プロレタリアート解放の綱領が生まれ出よう。われわれは階級の保証を「戦略規定」ではなく、**諸階級の相互関係のうち**に求める、と答える。（強調原文）

　ブントが全学連のなかの〝反スターリン派〟集団として主流になっていく中で、結成から九ヶ月を過ぎた頃、より明確な形でブントの主張を示す必要に迫られた。生田浩二が綱領第一次草案を書き、全国代表が参加した三日間の会議で議論され、難航を極めながらも生田、片山迪夫、青木昌彦らによって第三次草案まで書きかえられた。

　さらに議論を進めるよう島は「共産主義」誌を開放したが、やがて始まった安保闘争の巨大な渦に呑みこまれたため議論自体が吹っ飛んでしまった。結局、ブント綱領は草案のままで終わった。島はいう。「『綱領』が政党としての人格を表現するものだとすれば、ブントは未だ自らの人格と言葉を有する以前の揺籃期に死んでしまったといえるのかも知れぬ」。これは的確な自己評価である。

そして本章は、揺籃期にあったブントが六〇年安保という巨大な政治の渦の最前線に立ちながら、力尽きてうち斃れていくまでの様子を描きたいと思う。

ブントは、実質は学生主導となっているが、基本的には労働者政党をうたっている。したがって労働者のなかにブントを浸透させていくことは急務の課題であり、労働者対策(労対)を担っていたのが古賀康正であった。古賀や鈴木啓一は、労働者対策をめぐって森田実と対立する。主導権争いに敗れた森田は撤退していく(とはいえ森田と島とのかかわりは絶えなかった)。

一方で労働運動が学生運動を過小評価することに、島は危惧をもっていた。なぜ学生運動が重要か。この問いに対する答えは、ブントの特質をよく現わしている。島は言う。

「私たちのめざしたものは既存の政治的規範を根底から覆す闘いである、そのためには社会の新しい事態を見抜きこの本質に肉薄しなければならぬ。この点で学生たちは敏感である、いつの時代でも最も早く社会の変化を感覚的に察知し行動する。(中略)内蔵するマグマは豊かである。／私はまだまだ学生運動の先駆性に依拠することが絶対に必要だと確信していた」(『ブント私史』)。

その象徴が全学連であった。全学連を掌握することは、ブントにとって必須の課題だった。それが反主流派・共産党系学生の排除、革共同派との対決である。理論面をめぐり、あるいは運動の方針をめぐり対立は表面化する。とくに革共同派との闘いは、ソ連やトロツキーを絶対視する国際権威主義や、他の組織に加わってその中で自分たちの組織拡大をはかる「加入戦術」などが大きな対立点となった。結局、革共同派はブント結成から二ヶ月ほどで、自ら組織を離れていく。

このときの全学連執行部は、革共同系の塩川喜信、土屋源太郎などであり、全学連を掌握するためにはブント系が多数派をとって執行部の交代を図らなくてはならない。そのために誰を委員長候補として立てるかが、決定的に重要だった。

島が白羽の矢を立てたのが、北海道大学の唐牛健太郎であった。唐牛ならば、全学連をまとめられる。島は、単身北海道まで出かけて行く。北海道ブントの指導部では「島が来たら酒を飲ませて追い返せ」と言われていたというから、説得は難航する。最後に唐牛とサシで話し合って口説き落とすシーンは、『ブント私史』における白眉中の白眉だろう(「私のなかの唐牛健太郎」)。五九年五月のことだった。

唐牛は「東京には偉え人がウジャウジャいるじゃねえか、なんで俺みてえな田舎者が委員長にならなければいけねえんだ」とゴネ、首を縦に振らなかった。全学連の委員長はこれまで東大や京大、早大から選ばれるのが通例だったから、たしかに異例の抜擢だった。一ヶ月後の六月、全学連一四回大会で革共同、共産党との主導権争いを制し、ブントは執行部の多数を獲得する。唐牛は中央執行委員長に選出された。

唐牛健太郎は一九三七年生まれ。三一年生まれの島とは六歳の差がある。唐牛は島を兄のように慕っていたといい、島もまた「最も頼りになる友であった」と記している。「ブントには数多く優れた同志たちがいたが、私が心情的にも依拠できたものはそう多くはない。その一人が亡き生田浩二〔生田は七一年に早世した〕であったが、彼とは全く違った意味あいで、いわばいつもピッタリと波長があったのが唐牛であった。／順風にのっている時は余り必要でないのだが、方向定まらぬまま大波にもまれている時にこそ彼の存在は私には欠かせないものだった」とまで島に書かせた。

六〇年安保の全学連を称して「怒れる若者たち」の叛乱、と表現してその著書『六〇年安保』を書き始めているのは、毎日新聞の記者・大井浩一だが、他にも「赤いカミナリ族」といった呼称もマスコミによって付された。ここには唐牛の自由奔放なイメージも加わっているだろう。以降、唐牛はマスコミの寵児になっていく。

日米安保闘争まで

一方、五九年九月、日米交渉は急速に進展し、一〇月に妥結して年明けには調印というスケジュールが決まろうとしていた。全学連も、四月以降全国的な闘争を展開し、九月一〇月には、大規模なストライキをぶつけていく準備を始めていた。

島は、この条約改定は戦後政治の新しい結節点になると確信していたが、そもそもこの条約改定によって岸信介自民党政府は、何を、どうしようとしていたのか。

毎日新聞社から出た『シリーズ20世紀の記憶　60年安保・三池闘争　1957－1960』に、石川真澄（朝日新聞記者）、黒羽純久（都自連議長）、島成郎、多田実（読売新聞記者）、松野頼三（衆議院議員）らによる座談会が収録されている（収録は二〇〇〇年。「生まれたてのブントが主導した全学連は何を目標にやったのか」とタイトルされている。肩書は六〇年のもの）。多田実の発言から。

五七年に岸内閣が発足した際、岸首相が内閣記者会の記者を呼び、オフレコ会見をする機会が設けられた。一月三〇日に群馬県相馬が原の米軍演習場で、弾拾いをしていた日本人農婦が米軍兵士に射殺されるという事件〔ジラード事件と呼ばれている〕が起きた直後であり、「米軍基地、駐留米軍の問題をこのままにしておくと、〔反対運動が強まり〕日本は赤化する。これを防ぐためにも安保条約の改定を何としても実現したい」と岸は言った。多田もフィリピンに視察に行き、当時のフィリピンがいかに「属国」的状況で基地闘争が激しいか、見てきたばかりだった。多田は、安保問題が今後の大きな争点になると思ったが、野党の社会・共産両党も、学者や文化人も、中立支持が多く、それが、この後の安保論争や騒動に大きな影響を与えることになった。

五八年九月、藤山愛一郎外相と米側で改定について合意があり、一〇月には外相とマッカーサー大使とで条約の適用区域をめぐって、激しい攻防がくり広げられていた。米側が出してきた案は「太平洋」。それでは憲法違反になると外相は拒んだ。次に米側が非公式に出してきたのが「西太平洋」だったが、やはりこれも憲法に抵触すると、事務方レベルで〝なかったこと〟にした。

ここでのテーマは、「日本に米軍基地があり、そこから米軍が極東の安全を守るという自国の判断に基づいて外国へ出動するのだから、〔新〕安保条約では日本は自国の安全に関係ない戦争に巻き込まれる」という問題だった。これを防ぐために日本側が条約に盛り込んだのが、在日基地から出動する際の「事前協議制」だったが、しかしこれは、日本側にとっては全く実効性のないインチキだということが、後にばれてしまう。――多田はそのようなことを述べた。

そして「いまも問題はそっくり残っているんですよ。日本の領海を離れた後で戦闘出動命令が出たら、事前協議もやる必要がない」と、日米安保条約の運用いかんによっては、非武装中立をうたう日本国憲法が空洞化しかねないという危惧にも、多田は言及している。

それに続く「編集部」と石川真澄とのやり取りは、次のようだった。

編集部　当時、沖縄から出撃するのなら、事前協議の問題にならないといったのは、沖縄は日本じゃないということですか。

石川　それはそうです。僕はね、その後ですけど、社会党の非武装中立は大丈夫なのかという話を問い詰めたら、沖縄があると。つまり沖縄に米軍基地があるから、日本の本土は核抑止力で守られるから、非武装中立は成り立つというんですね。社会党の本音がそうなんです。国際局の本音ですよ。

非武装中立と平和憲法は、沖縄の米軍基地によって守られている。米軍によって武装した（させられた）沖縄には、非武装中立も平和憲法もない。「沖縄は日本じゃない」ということを、社会党も（ということは他のすべての党も）、マスメディアも、口にこそしないが、六〇年の時点で（もっと早く五二年の時点で）、すでに認識されていたことを、石川の発言は示している。

一方の島は、次のような趣旨の発言をした。

安保闘争は、戦後日本の政治と社会の大きな変わり目になる。日本は朝鮮戦争を利用して経済的に立ち直り、政治的にも自・民合同が成立し、世界に向けて出発する時期だった。そのようなときに、岸が「片務条約」としての日米安保を対等なかたちにもっていこうとしているが、本格的な日米の軍事同盟に積極的に加担していくことになり、それは認められない、一方、反米闘争は親ソ親中を意味していたから、単に反米闘争という捉え方ではなく、一番の狙いは日本社会の変わり目にどれだけ大きなインパクトを与えられるか。ブントはそう考えていた。

したがって反米闘争を軸とした共産党、総評のスケジュール闘争〔何日に、第何次闘争があり、どれくらい動員するかその割り当てに沿ってデモをする、という闘争スタイル〕には与しなかった。共産党は安保闘争を利用して勢力拡大をはかっていたし、総評・社会党は、「大体これくらいやったら次は選挙ぐらいに考えていた」し、さらには両者ともに、ブント・全学連の闘争を妨害し始めた。「だから一貫して、社会党、共産党とは対立しながらやってこざるをえなかった」。

しかし、やみくもに無茶苦茶なことをやったわけではない。大衆運動というものが、何かをきっかけに不満やエネルギーが爆発したり、しぼんだりする。そういうものだくらいは分かっていた。今後、最後の日米交渉、国会での批准と進むにつれて、政治的に緊迫していくだろう、「そういう時には相当大胆なことをやっても、決して大衆の支持は得られなくはない、と考えていた」。

安保闘争デモとブント全学連——最初の国会突入

立花隆は『中核VS革マル』のなかで、「六〇年安保闘争」ではいくつかの重要な節目があり、次のデモを指標としてあげている。

「ブントが指導し、安保闘争の主要なメルクマールとなった闘争は、次の四つの闘争である。

59・11・27　国会突入闘争

60・1・16　岸首相渡米阻止羽田空港闘争

60・4・26　国会前装甲車突破闘争
60・6・15　国会突入闘争」〔ネーミングは立花隆〕

大井浩一も、「六〇年安保」はいつから始まったのか、と自らに問いを立て、「社会総体の問題として顕在化した時期」と考えれば、それは一九五九年一一月二七日に起きた国会「乱入」デモによって幕を開いた、「この事件こそ、政治家や安保改定阻止国民会議（以下、国民会議と略記）に参加した労組員、学生といった運動の当事者以外の、社会の広い層の人々に安保反対闘争が初めて強く印象付けられたメルクマールだったからである」と書く。

一一・二七は『ブント私史』では次のように書かれる。

先頭に立った全学連の学生たちが、正門前を固める警官隊の厚い壁を突き破って初めて国会内に入った。「全学連清水〔丈夫〕書記長は装甲車に飛び乗って、マイクを切られひきずりおろされながらも断乎座りこみを続けるように訴える。（中略）／約五時間にわたってあの国会前広場が民衆によって占拠されたのだった」。

この日以降、安保闘争はそれまでとは異なる民衆闘争に転換する。「私たちのブントはこの日を境にして現実の渦のなかにおかれ、予期されざる主役の一人として登場する。／私もまたこれから一九六〇年六月のあの日まで大衆運動の真っただなかに身をおき文字通り不眠不休の活動を続けることになる」。

島はこの一一月二七日の夕刻、一斉検挙が始まることを予想し、全学連の主要幹部に一時潜行せよと指示を出し、自身も友人宅に身を寄せながら指令を発していた。しかしほとんどの学生が無防備のまま逮捕された。清水と葉山岳夫はそれぞれ東大駒場寮と本郷に立てこもったが、間もなく拘束された。

一・一六羽田闘争について

年が明けた一九六〇年、日米安保闘争もいよいよ本格的になっていく。

一月一六日、羽田空港で、日米安保条約の調印に向かうための、岸信介を首席とする全権団の出発を阻止しようとして闘われた安保反対闘争が、一・一六闘争である。これは全学連だけの闘いだった。先の『シリーズ20世紀の記憶　60年安保・三池闘争』の「年表　60年安保闘争　戦後民主主義の敗北」に、次のような記載がある。

「1／14（中略）安保条約改定阻止国民会議（以下国民会議）主催の渡米調印反対抗議団結成大会で、全学連代表、地方代表の労働者とともに羽田動員を要求、幹事会は動員を拒否。⬇1／15政府、首相を首席とする調印全権団出発時間（予定では夜10時半）を突如秘密裡に早朝8時に早め、前夜8時から羽田空港を封鎖決定。この情報は、午後4時毎日新聞記者・吉野正弘からブント書記長・島成郎へ耳打ちされた。全学連先発隊は封鎖の1時間前の7時に空港突入、食堂に立てこもる。完全排除は翌朝5時。⬇1／16　15日の成人の日を挟んだ土曜日のこの日、岸首相の渡米阻止に全学連羽田闘争、空港内では、食堂の椅子、机で、出発ロビーへの階段にバリケード築く。唐牛健太郎委員長ら全学連執行部、ブント指導部ら計77人検挙（この中に樺美智子もいた）。また、弁天橋付近で氷雨降りしきる中、数千の学生・労働者が警官隊・右翼と対峙。岸ら全権一行は、渋谷南平台の首相公邸から遠回りして、多摩川べりを空港入り。この闘争後、当日、日比谷で抗議集会を開いて、『闘う者と日和見主義者を真っ二つに分裂させた』。日共・社会党・総評は国民会議から全学連（主流派）排除を正式決定へ。（後略）」

この三日間ほどの出来事を示すメモのなかには、多くのことが盛り込まれているが、島博子が語ったのは、激しい〝恐怖〟だった。博子は空港内には入れなかったが、弁天橋付近で、学生や労働者と封鎖をつづけていた。

「デモ隊の前には警官隊が並んで壁をつくっていて、裸電球があるのが今も記憶に残っています。警官隊と私たちの間には、ずらーっとトラックが並んでいる。トラックに乗っているのは右翼の男たちで、釘のようなものがついた長い棒をもっているんです。あんなもので頭を殴られたらひとたまりもありません。それが怖かったから私は裸電球を記憶しているんだけど、男たちはそれから襲いかかってきました。道路はまだ舗装されていなくて、小雨が降っていて泥泥でぬかるんですべるなか、みんな必死で逃げ惑いました。それが、右翼がデモを潰すために登場した最初だそうです。たまたまその現場に私がいたわけですが、ものすごい恐怖でした。夜だし、真っ暗だし。私なんかはまだ幻想があって、目の前で暴力をふるう人がいたら、それを止めるのが警察官だろうという甘い思い込みがあった。でも警察官はただ整列して眺めているだけでした」

このとき、第一陣の現場で演説をし、先頭になってロビーを占拠していったのが唐牛健太郎だった。アジトから指令を発していた島も居たたまれなくなって、夜九時には秘かに空港ロビー内に入り（毎日新聞の記者の手引きによるという）、指揮し、唐牛が逮捕されるまでの闘いを見守っていた。

早大の学生だった廣瀬昭は次のようなエピソードを残している（「われらの書記長・島成郎」『ブント書記長　島成郎を読む』所収）。

廣瀬と陶山健一は、「林学長渡米の見送りです」と詭弁を使い、空港周辺の厳戒態勢をくぐり抜け、辛うじて空港ロビーの集会場にたどり着いた。事前に東京地評青年部長に極秘のうちに了解をとりつけ、地評の動員拒否を「知らなかったこと」にし、東京地評青年部の名で廣瀬はテレビのライトを浴びながらアジった。その後、唐牛たちは食堂へ立て籠っていった。機動隊のごぼう抜きが始まったのは、それから間もなくだった。廣瀬は言う。

「陶山氏と食堂の厨房室のわずかな、窓口に隙間を発見し、身を横にして滑り込み、その一角に細い階段のあるのを利用して降りたとき、そこに島氏がいて電話で、階上の激しい攻防の闘いを指揮していた姿には、お互いに顔を見合わせて苦笑した」

島が現場のどこで、どんなふうに指揮していたかが具体的に語られる貴重なエピソードである。このとき唐牛始め、青木昌彦など全学連執行役員八名、ブントの古賀康正や生田浩二、片山迪夫など、主要な活動家合わせて七八名が逮捕された。狭い場所に幹部級までがそろっていたのだから、警察にとっては一網打尽にするいい機会だった。大量の逮捕者を出したこの戦略をめぐって、島たちは批判された。確かに、迂闊といえば迂闊だった。

ところで、『ブント私史』では羽田闘争の記述の後、金策をめぐる話題が出てくる。大衆運動が盛り上がりを見せれば見せるほど、膨大な資金が必要とされる。全国へオルグに回るための旅費、「戦旗」などの印刷費、大量検挙者の救援活動費、事務所の維持費、宣伝カーの調達費。島たちはとにかく金の調達に追われていた。闘いが〝血湧き肉躍る〟面白い日々の連続となり、金が帰趨を決めるような土壇場になってくると、普段では考えられない知恵が湧き、金集めの才覚のあるものが出てきたという。

島自身もあらゆる方法で金策に走った。「後に大袈裟に面白おかしく報道された田中清玄氏からのカンパもこのなかでの一つのエピソードにしか過ぎない」。そして自身がブントに果たした最大の貢献は、この非公式の金作りにあったと書き、次のように続ける。

「黙々として労多く報われることのないこの仕事を援けてくれた生田、香村、東原吉伸（早大・現会社経営）、神保誠（教育大・現出版社経営）らの存在がなかったらブントも安保闘争もあのようにはならなかったろうことも記しておこう」。「ブントはいつも大らかであり下卑たスキャンダラスな雰囲気とは無縁であった」とも書きつけているが、その後もジャーナリズムの好餌となって取り沙汰されるのだった。

「虎は死んで皮を残す、ブントは死んで名を残す」

二月末には、羽田闘争で逮捕された幹部党員も戻ってきて、神田の事務所もにぎわいを見せるようになった。

島は、安保をめぐる攻防の最大の山場は四月から六月のあいだにくる、という見通しをもっていた。前年の一一月から一月にかけて盛り上がりを見せていった闘争と、下部労働者のあいだに起こりかけているブントへの雪崩現象に、さらにもう一段階上の転換をもたらすためには、ブントはいまこそ攻勢をかけるべきだ、と強く主張していた。

四月二日、ブント第四回大会の冒頭、「安保を潰すか、ブントが潰れるか」「虎は死んで皮を残す、ブントは死んで名を残す」というセリフとして後世に喧伝される演説を、島は行っている。それは次のようなものだった。

「安保闘争を生半可な『反対闘争』に終らせてはならない。保守政権を根底から揺るがす政治危機をつくりだすことなくして『安保条約破棄』などといっても画餅にしか過ぎぬ。／ブントはたとえ全員検挙されても、一時的に組織が崩壊するようなことがあってもこの闘争をやり抜く。もし敵の心臓を脅かす闘いを行いうるならば、ブントは死なず、新しい革命の党がそのなかから生まれるだろう」

演説は苦手だと自称していた島が、「大会出席者の間にさらにホットな雰囲気をもたらしたのは確かであった」と書くほどの手ごたえを感じていた。

通常国会の期限は、五月二六日。政府はその一ヶ月前に、衆議院の通過をはかりたいと考えていた。四月に入ると自民党は強行採決の機会を虎視眈々と狙い、国会は異常な緊迫感が漲ってくる。社会党議員にも体を張って阻止しようとする動きが出てきた。安保共闘会議も、四月二六日に大規模な統一行動を設定する。組合員、ジャーナリスト、文化人に加え、国会へ請願に行く一般市民の数も日増しに増えてきた。

デモの目標を国会突入に置くことに反対するものは、誰もいなかった。島は迷うことなく「国会再包囲デモ・国会構内集会」の方針を出し、全学連はこの方針をもって共闘会議に臨む。しかしやはり待ち受けていたのは、社会党・共産党による全学連排除の一斉攻撃だった。

さらに思わぬところから水は漏れてくる。全学連指導部の中心にいる東大〔本郷〕・東大C〔駒場〕細胞が、国会突入戦術に二の足を踏みだしたのだ。四月は新入生入学の時期で、大部分は無党派層である、彼らにいきなり過激な活動方針を示しても、付いてくることのできる新入生は少ない、それでは、大学自治会の運営をめぐる代々木系学生との主導権争いに勝てない、というのが反対理由だった。しかし島は反対を押し切った。

ブントの、東大本郷の細胞で現場指揮者の一人だった長崎浩は、このときの島への違和感について次のように語っている。長崎は、島が「共産主義」誌の七号に書いた「六〇日の教訓」というレポートを取り上げ、次のように言った。一一月二七日から一月一六日の羽田闘争までの「六〇日間」が、結成されたばかりのブントの上り坂だった、まさに既成左翼指導部をのりこえた大衆行動が国会の場で現われた、と激しく高揚した文章を島は書いた。そう指摘した上で、次のように言う。

「島さんに言わせれば、四・二六は、先ほどの『六〇日の教訓』の続きなわけで、国会正門前の装甲車を乗り越えて進むという戦術を、彼一人が発案し、全学連幹部と拠点大学とを説得して回ったのです。〔それに同調したのが〕唐牛であり、後で革共同にいく陶山（健一）であり、篠原浩一郎であり、これらの第一級のアジテーターをそろえて、車の上から学生に対する猛烈なアジテーションを続けたのです。

その結果として、我々の制止を振り切って学生が国会前に殺到する〔先頭を切って警官隊の前にダイビングしていったのは唐牛だった〕。その代償に、出所してきたばかりの唐牛健太郎、九州出身の篠原、そういう幹部が警察に持っていかれてしまうわけです。

私の安保闘争を通じてのショックは、制止したにもかかわらず、学生に乗り越えられたことです。しかもそれがブント指導部の、方針の分裂として衆目にさらされる。これが安保闘争での私の最初のトラウマになります。私にとっての島さんとの関係は、そこが始まりになっているのです。島さんからすれば『主力の東大細胞がいつもガンになる』ということになるわけです」

しかしこの四・二六の全学連のデモは、国会の回りをぐるぐる回るだけの平和デモ（揶揄して〝お焼香デモ〟などといわれた）に飽き足らなさを感じていた多くの労働者たちを鼓舞した。もはや、「国会へ、国会へ」という声は、押しとどめられなくなっていた。

島は国会会期のタイムリミットである五月一九日を最大の山場として、組織を賭けた闘いを行うつもりでいたのに、ここでもブントの意思は一致しなかった。島は怒りとともにこう書いた。「直接会議を招集して方針を確認しておきながら、数日の後にはこれを引っくり返し変更してしまう。闘いが土壇場になったこの時期の指導部の動揺に下部や地方ブント員の不信がおこってくる。決定的闘いについての不一致のため中核部隊がつくれない」

外からは、運動が高揚期に見えていたそのとき、ブント内部では修復が難しい亀裂が表面化しつつあった。ところが、五月一九日に強行された岸自民党政府の〝詐術まがい〟の採決が、ブントの思惑とは別にその後の流れを大きく変えていく。

五・一九強行採決から、六・一五国会突入闘争まで

以下、『60年安保・三池闘争』の「年表　60年安保闘争　戦後民主主義の敗北」を中心に、六月一五日までの動きを、適宜省略しながら拾い出してみる。

村上謙三久

深夜のラジオっ子

——リスナー・ハガキ職人・構成作家

「深夜の馬鹿力」「ウンナンのＡＮＮ」「コサキン」「オードリーのＡＮＮ」……。ラジオの構成作家の証言をもとに、その裏側を語り尽くす！ ラジオがもっと好きになる。 81542-2 四六判（3月中旬刊） **予価１７００円**

内田貴

法学の誕生

——近代日本にとって「法」とは何であったか

日本の近代化の鍵は「法」にあった。西洋の法や法学という、きわめて異質な思考様式の受容に成功し、自前の法理論を作り上げた、明治の先人たちの知的苦闘を描く。 86726-1 四六判（3月下旬刊） **予価２９００円**

長谷川櫂

俳句の誕生

言葉によって失われた永遠の世界を探る

なぜ日本に俳句という短い詩が発生したのか。言葉以前の心の思いをどう言葉にのせてきたのか。芭蕉、一茶、谷川俊太郎、大岡信、そして楸邨。俳句論の決定版

82379-3　四六判（3月3日刊）**2300円**

6桁の数字はISBNコードです。頭に978-4-480をつけてご利用下さい。

3月の新刊 ●8日発売 ちくま文庫

断髪女中

獅子文六 山崎まどか 編

●獅子文六短篇集 モダンガール篇

再発見されたニュー・クラシック

新たに注目を集める獅子文六作品で、表題作「断髪女中」を筆頭に女性が活躍する作品にスポットを当てた文庫初収録作を多数含むオリジナル短篇集。

43506-4 760円

ロボッチイヌ

獅子文六 千野帽子 編

●獅子文六短篇集 モダンボーイ篇

やっと読める幻の短篇小説

長篇作品にも勝る魅力を持ちながら近年は読むことができなくなっていた貴重な傑作短篇小説の中から、男性が活躍する作品を集めたオリジナル短篇集。

43507-1 760円

ファッションフード、あります。

畑中三応子

●はやりの食べ物クロニクル

ティラミス、もつ鍋、B級グルメ……激しくはやりすたりを繰り返す食べ物から日本社会の一断面を切り取った痛快な文化史。年表付。 **（平松洋子）**

43503-3 1000円

山口瞳ベスト・エッセイ

小玉武 編

サラリーマン処世術から飲食、幸福と死まで。——幅広い話題の中に普遍的な人間観察眼が光る山口瞳の豊饒なエッセイ世界を一冊に凝縮した決定版。

43500-2 950円

無限の本棚 増殖版

とみさわ昭仁

●手放す時代の蒐集論

幼少より蒐集にとりつかれ、物欲を超えた〝エアコレクション〟の境地にまで辿りついた男が開陳する驚愕の蒐集論。伊集院光との対談を増補。

43505-7 860円

6桁の数字はISBNコードです。頭に978-4-480をつけてご利用下さい。
内容紹介の末尾のカッコ内は解説者です。

3月の新刊　●8日発売　ちくま学芸文庫

政治の約束

ハンナ・アレント　ジェローム・コーン 編　高橋勇夫 訳

われわれにとって「自由」とは何であるのか――。政治思想の起源から到達点までを追い、政治的経験の意味に根底から迫った、アレント思想の精髄。

09849-8
1400円

増補 ハーバーマス

中岡成文　■コミュニケーション的行為

非理性的な力を脱する一方、人間疎外も強まった近代社会。その中で人間のコミュニケーションへの信頼を保とうとしたハーバーマスの思想に迫る。

09853-5
1300円

人間とはなにか 上

■脳が明かす「人間らしさ」の起源

マイケル・S・ガザニガ　柴田裕之 訳

人間を人間たらしめているものとは何か？　脳科学界を長年牽引してきた著者が、最新の科学的成果を織り交ぜつつその核心に迫るスリリングな試み。

09851-1
1300円

人間とはなにか 下

■脳が明かす「人間らしさ」の起源

マイケル・S・ガザニガ　柴田裕之 訳

人間の脳はほかの動物の脳といったい何が違うのか？　社会性、道徳、情動、芸術など多方面から「人間らしさ」の根源を問う。ガザニガ渾身の大著！

09852-8
1300円

現代語訳 三河物語

大久保彦左衛門　小林賢章 訳

三河国松平郷の一豪族が徳川を名乗って天下を治めるまで、主君を裏切ることなく忠勤にはげんだ大久保家。その活躍と武士の生き方を誇らかに語る。

09844-3
1200円

ホームズと推理小説の時代

中尾真理

ホームズとともに誕生した推理小説。その歴史を黎明期から黄金期まで跡付け、隆盛の背景とその展開を豊富な基礎知識を交えながら展望する。

09847-4
1200円

6桁の数字はISBNコードです。頭に978-4-480をつけてご利用下さい。

5／19　全学連〝非常事態宣言〟を発し、国民会議の緊急動員に呼応し、国会に5000人を動員、包囲デモ。
自民党執行部、慎重審議を理由に会期50日延期発表するが、野党が強く反対し、話し合いがつかず。総評・国民会議は急遽、夕方の1万人請願デモを指令。全学連も20日に予定していたデモを切り上げる。午後4時過ぎ、荒船清十郎委員長が野党委員欠席のまま、「会期延長が可決された」として清瀬一郎衆議院議長に提出。この頃から一見暴力団風の男たちと社会党秘書団が、議長室前の廊下で場所の占拠争いを始める。午後9時31分、清瀬議長は警官隊500名を導入し、社会党代議士らを排除して、本会議開会を強行。野党議員全員と三木・松村派の一部が欠席するなか、会期50日延長を3分で議決。一方衆議院安保委員会では、会議録には「議場騒然、聴取不能午後10時27分」としか記録されていないにもかかわらず、新安保条約と安保関連整理法案までが委員会採決され、可決された。
5／20　清瀬議長が午前0時05分、自民党議員しかいない衆議院本会議で新安保条約と関連案件をわずか13分で単独強行可決。慎重審議のための会期延長の強行採決をしながら、条約批准も強行採決する。この矛盾した政府・自民党の行為は詐術的と言われても当然で、この暴挙に政局は混乱、国会は空白状態に。自民党反主流派と中間派議員らは、岸退陣の意見でまとまる。新聞各紙一面社説でも岸退陣を要求。
全学連、全国ストライキ闘争。全学連主流派約7000人が国会包囲デモ、国会構内へ強行突破を図り、双方にケガ人。この後反転して首相官邸に向かい、学生約300人が邸内に入る。警視庁は学生8人を逮捕。

岸首相「デモは首相官邸付近では騒がしいが、神宮球場（後楽園の説もあり）は満員だし、映画館や銀座などは普段と人出は変わらない。国民の不安が増大しているとは思わない」と発言。（中略）国民会議の請願デモ隊は10万人。


この頃からデモの質が変わり始めていた。長崎は次のようなエピソードを述べた。

「たとえば五月二〇日のことですが、全学連書記長の清水丈夫が国会の前で、宣伝カーの上から『これから全学連は新橋デモに移る』と提起した。けれどもヤジり倒された。統制がきかないわけです。国会前に連日人は集まりますが、それから何をすればいいかという展望が全く出されないわけですから、〔デモに参加している〕この人たちに、焦りと欲求不満が蓄積していくわけです」。

長崎は、現場の指導者なら誰もがそのことを感じていたはずだという。

5／21　安保反対の国会請願行動隊が全国から上京。関西、東北地区の代表300人がアメリカ大使館にデモで押し掛ける。東京都立大学竹内好教授、安保採決に「破壊された議会主義」「公務員の務め果たせず」と抗議し、辞表を提出。
5／23　全学連主流派、首相官邸前で警官隊ともみ合い、16人検挙。双方に多数のけが人。
5／25　東京・渋谷区の松濤公園近くで、ピストルと飛び出しナイフを持ち、岸首相を刺す機会を狙っていた大阪市内の高校生をパトロール中の警官が補導。
5／26　ブント東大細胞は「安保は国会を通ってしまったからもう終わりだ、組織を固めよう」

との方針を出すが、後日撤回。吉本隆明らは「六月行動委員会」を組織、ブント・全学連と行動を共にする。

ブント東大細胞にたいし、島は「なんという感覚。『大衆運動主義』をもって自らを任じるブントが、日本政治史上初めてといってよい大規模の大衆がそれまでの左翼の枠をはるかに破って怪物のように動き出したその瞬間に『闘いは終わった、組織を固めよう』というのだから開いた口がふさがらない」と、怒りとともに書いた。さらには「この闘いのいわば極限状況でのあまりに大きな落差に、私は絶望に近い異和を感じないわけにはいかなかった」とも記した。

労働者や市民のブントに対する期待が高まっている。社会党と総評もブントを無視できなくなっている。共産党員にもブントと共同行動をとるものが続出する。香村正雄が主宰となっていた神田のリベラシオン社には、各勢力が接近してきた。人々の注目が集まる。しかしブント内部はまとまらない。

6／3　全学連、首相官邸突入闘争。9000人が決起集会の後、突入。13人が検挙される。

6／4　国民会議第17次統一行動、〝6・4ゼネスト〟に突入。国鉄労組が早朝初の政治スト。

6／10　ハガチー事件が引き起こされる。ハガチー米大統領秘書が、アイゼンハワー大統領訪日の打ち合わせのために来日するが、羽田空港出口で労働者・全学連反主流派学生らのデモ隊に包囲され、海兵隊ヘリコプターで脱出。この事件をブントは「日帝に対する闘いを反米民族闘争に歪曲するもの」と批判し、日共中央は「反米独立闘争の枢要」と評価、全学連反主流派は「日米

両帝国主義に対する同時的闘争」と位置付けた。（翌日、警備陣も知らぬ間にハガチーは宿舎の裏口から離日した）

ブント全都細胞代表者会議で4月以来初めて意思が一致。6・15国民会議統一行動日にあらゆる手段を用いて国会構内に入り、無期限座り込みの方針。北小路敏全学連委員長代理をデモ総指揮に充て、ブント主力で特別行動組織結成。これとも別に生田〔浩二〕をキャップとし、国会突入を可能にする技術準備。

6／11 〝第二メーデー〟に国民会議など全国で200万人が整然と参加。東京では国会、アメリカ大使館、首相官邸に23万5000人がデモ。婦人や子供も参加し、〝抗議デモ〟が厚みを増す。3500人の大学教授団、文化人がデモ行進。

6／14 「民主主義を守る会」が東京体育館で開催。参加1万人。

この日の深夜、全学連の戦術会議が開かれたが、拘留中の唐牛に変わる現場のリーダーとして北小路敏が京都から呼ばれていた。北小路について長崎は次のように言った。

「彼は会議の間、ずっと眠っているのです。こいつ現場で大丈夫かと懸念しました。ところが、当日の国会正門前では我々の会議での主張をそのまま見事なアジテーションにして、学生に向けてアジったのです。大衆政治家として天性の男の一人ですね。当時の全学連にはこういう才能の持ち主が何人もいたのです」

いよいよ六月一五日を迎えることになるのだが、その前に、五月一九日未明から二〇日にかけての政府自民党による〝強行採決〟が、その後の進展にどのような意味をもたらすことになったか。たとえば西部邁は『六〇年安保――センチメンタル・ジャーニー』で次のように指摘した。「安保闘争の規模拡大にたいして決定的に作用したのは『民主主義』という魔語である。五月一九日、安保特別委員会で質疑・討論の過程を省いたまま、新条約の承認が強行された。（中略）このとき安保闘争の争点は民主主義の問題にはっきりと移行した。／それから一ヵ月、安保反対の闘争ではなく、民主主義擁護の闘争が燎原のようにひろがったのである」

また長崎も、強行採決以降に「安保改定反対」から「平和と民主」「岸内閣打倒」と、スローガンがすり替っていったと指摘し、ブントにとってこの事態が何を意味するか、次のように述べた。

「この〔スローガンのすり替えという〕点でも、日米関係における日本資本主義にダメージを与えるというブントの安保改定阻止の方針も、はぐらかされてしまいました。この意味でも〔島が唱えた〕『六〇日の教訓』のブントモデルは失効します。これが『国民革命』だったといっても、ブントの思い描く革命とは似て非なるものだったことは言うまでもないことです。現場で翻弄される私たちにとっても島さんにとっても、ブントという『党』のこのジレンマが、安保闘争の一番の肝になるというのが私の見方なのです」

ブントは内部にこうした軋みとジレンマとを抱えたまま、六月一五日の国民会議第一八次統一行動の日を迎えることになる。

六月一五日、機動隊との衝突と樺美智子の死

一九六〇年六月一五日の早朝、まだ薄暮に覆われているなかを、東京神田のブントの事務所に、島成郎、生田浩二、古賀康正、片山迪夫、常木守、香村正雄らが集まっていた。この日行われる大衆デモ行動の作戦会議を行っていたのだった。

打ち合わせを終え、食事に行こうと外に出たところで、バイクに乗っていた古賀が後ろから来たタクシーにはねられた。頭を強打し、意識が朦朧としている。すぐに入院させ、他のメンバーはそれぞれの場所に戻っていった。

未明から総評・中立系労組などのゼネストに、これまで最大規模の五八〇万人もの人びとが参加していた。警備の直接指揮にあたっていたのは警視庁公安課長の三井脩課長。三井は、自ら全学連の事務所を訪れて島に事前の警告を発し、極秘裏に会見を求めてきた。島は、狐と狸の化かし合いみたいなものだったが、政府首脳がどれほど緊張しているか、その態度から窺うことができた、とまでは書いているが具体的内容は明かしていない。

岸の悲願は、一八日の国会で新安保条約を自然承認させ、一九日にアイゼンハワー大統領を平和裏に迎え、日米新時代の幕開けとすることだった。しかし国民的規模にまで膨れ上がった大衆デモが暴発しかねず、政府と警察首脳は、その起爆剤となりかねない全学連とブントの動きに最大限の注意を払っていた。

午後、島が国会に到着する。すでに労組だけではなく婦人団体・市民団体によるデモが道路を埋め尽くしていた。国会の門はすべて閉ざされ、装甲車が並べられている。国会を一周しながら、

突破口をどこにするか島は考えていた。正門はもっとも固く守られている。議員面会所に近い南通用門から入ることに決め、全学連指導部に伝えた。

午後二時、全学連のデモ隊が国会前に到着する。労組員や市民から激励と歓声、拍手が湧き起った。デモに加わる学生の数も時間を追うごとに増えていく。

四時半、島から指令を受け、北小路に指揮されながらデモ隊が動き始めた。国会周囲を二周した後、五時に南通用門に集結する。ところがこのとき、参議院第二通用門付近で、右翼の集団が車二台で押しかけ、新劇人や全学連反主流派のデモ隊に殴り込みをかけた。重軽傷者六〇人。この情報が伝わると、これまで整然と行動していたデモ隊に変化が起き始めた。警官へのヤジ、罵倒、挑発が激しくなる。

隊列を組みかえ、明大・中大・東大の最強部隊を先頭に立て、約七千人の全学連主流派の学生が南通用門から国会に突入を試み始めた。針金が切られ、固く縛られていたカンヌキが外され、門扉が押し倒された。学生が突入しようとすると、警官が前進してきてそれを阻止する。学生たちは舗石をはがし、投石をして応戦する。警官隊は放水車で応酬し、学生たちが吹き飛ばされていく。学生たちは一気に興奮し、警官達に「おまえら字が読めるのか」「番犬、イヌ」といった罵詈雑言を浴びせ、双方ともに怒りと興奮を激しくさせていった。

女子学生を後方にして隊列を組みかえ、次々に突入しようと警官隊のなかになだれ込んでいった。ロープをかけられた一台目のトラックが引っぱり出され、石の門柱も倒された。さらにもう一台のトラックも引き出され、門が開かれ、スクラムを組んだ学生たちが国会内になだれ込んでいく。構内に突入した学生たちは座り込みを開始し、集会を開こうとした。

七時過ぎ、機動隊に排除命令が出される。後方で指示を待っていた警視庁第四機動隊（「鬼の四機」と呼ばれる警視庁最強の部隊だった）が、学生たちに棍棒を振り上げて襲いかかっていく。

当時、〝過激派〟と称された全学連でも、武器も持たず、ヘルメットも被っていなかった。学生たちの頭が次々と割られ、血が飛び散る。倒れた学生は逮捕され、血まみれのまま引きずられていく。あちこちで学生たちが頭を抱えてうずくまり、泥まみれになって倒れているが、そこにさえ容赦なく棍棒が振り下ろされる。

学生たちは逃げ惑うが、外にひきずり出したトラックが退路を狭くしている。反対方向からは、逃げる学生を押し戻すように、外にいた大量の学生たちが中に入ろうと押し寄せてくる。

この、機動隊と学生の激しいぶつかり合いのなかで樺美智子は斃れ、命を落とした。「圧死」という説もあるが、島は怒りを込めて「樺美智子さんは殺されたのだ」と書いた。

「警官も人間なら鉄かぶとを脱げ！」

「女子学生が死んだ」という情報が、間もなく学生たちの間を走り抜けた。警官に殺された！死者は複数に上る、という知らせも流れた。学生たちは警官隊に向かって激しい怒りの声をぶつける。女学生死亡の報道を聞きつけた市民も一気に膨れ上がっていく。

全学連の学生を中心としたデモ隊は、再び隊伍を整え行進を始める。八時、国会構内に入り、再び集会が始まった。そして十時、再度、機動隊が襲い掛かった。間に入ろうとした議員たちまで殴られ、前回以上の負傷者がうずくまっている。救急車のサイレンが止むことなく続き、鮮血をべっとりと付けた頭を抱え、大量の学生たちが運ばれていく。

『ブント私史』には書かれていないが、じつはデモ行進の前、構内に宣伝カーで入った北小路敏が樺の死に対し、警官隊に弾劾の一言を投げつけている。まず、多田靖の「多田靖版『ブント盛衰記』」から引用する。

女子学生の死の報(その時点でまだ名前は明らかでなかった)に、一刻の緊張をはらんだ静寂のときが経過する。はじめは死者の数さえ明らかでなく、情報の確認と方針の決定には暫時のときを要した。

その静寂は北小路〔敏〕の警官弾劾の大演説によって破られる。「女子学生の死に警官は恥を知れ。脱帽せよ」の糾弾は、文字通り弾となって闇を引き裂く。その声は透明であり、充分な迫力をもって構内全域を圧する。学生大衆がこれに唱和する。切り札・北小路は警官の隊列を見据えながら見事にやりとげた。闘い抜いた(この場面が島の文章にはまったくない)。樺さんを襲った警棒の乱打を怒りの糾弾として打ち返したのである。樺さんの死に対する反撃は、この北小路演説に始まったことを明確にしておきたい。

(『六〇年安保とブントを読む』所収。〔 〕内は原文)

もう一つは作家の埴谷雄高。「六月の《革命なき革命》」(埴谷雄高作品集3『政治論文集』)から、「私はまず一つの挿話を想いだしてみよう」と始まる印象的な文章を引く。

数時間前にここで学生達と警官達の衝突が起って多くの負傷者ばかりか死者も出たという場

所で抗議の大きな集会が行われているときに、偶然、私はゆきあわせたことがある。数千人の学生が集っていたが、集会は極めて見事に運営され、そして、死者に対して一分間の黙禱が捧げられることになった。そのとき得られた情報はまだ流動的で確実な死者として女子学生一人のほかに一人の男子学生もまた死んだのではないかという不確認な報道が告げられた。四人死んでるぞ、と隊列のなかからさけんだものもあった。国会の窓やトラックの上から時折照らされる光のほかは、空の仄明かりが建物に囲まれた空間の輪郭をぼんやり浮きあがらせている薄闇のなかであった。その薄闇のなかで、さて、感銘的なことが起ったのである。一分間の黙禱を前にして死者への礼儀として脱帽をもとめた指導者は、その場にいる警官にも人間として脱帽をもとめたのであった。私のいる場所からは何処に警官がおり、どれほどの人数が配備されているのか見えなかった。鉄兜をかむった警官に脱帽をもとめるシプレッヒ・コールは薄闇のなかで何回も大きな合唱となって繰り返された。しかし、その要望は果たされなかった。ただ、何処に位置しているか確然とは解らぬ自動車の高い指揮所から、学友諸君、学友諸君、新聞記者達は帽子をとってくれたという共感に充ちた報告がなされただけであった。その状況のなかでは新聞記者もまた一見警官と似ている鉄兜をかむっていたのである。

なぜ島がこのことを書かなかったのかは分からない。夫人の博子も語っていない。それぞれの、深く傷ついた思いがあるのだろう。

この六月一五日の出来事については特派員が各国から訪れ、「東京暴動」として世界中に報道された。「ゼンガクレン」という言葉も広く世界に知れ渡った。そしておそらくは「シマシゲオ」の名も、沖縄を統治する米軍の上層部で記憶されたはずである。

翌六月一六日には国会内に祭壇がつくられ、数えきれない花が手向けられた。全国から国会に人が押し寄せてくる。一七日、「現在の状態では米大統領の訪日には警備の責任を負えない」と警視庁首脳が述べ、急きょ訪問中止が決定された。すでにアメリカを出発していたアイゼンハワー大統領は沖縄に立ち寄り、そこでも激しいデモに見舞われ、なすすべもなく帰国した。

六月一八日には、最後となるブント会議が招集された。これから最大規模となるデモが予定されているというのに、出席者はまばらだった。島は、ブントと自分自身のどうしようもない限界を感じていた。

午後一二時半より、東大本郷で「樺美智子さんの死を悼む合同慰霊祭」が執り行われた。本郷で最も大きな教室を会場としたが、八〇〇人が参列し、会場に入れない学生と職員五〇〇〇人が、時計台から銀杏並木にかけて溢れ返った。

この日、〝日本政治史上最大〟と言われる五〇万人が国会を包囲していた。学生だけでも五万人。「整然とした平和的デモ」が続き、群衆は怒りを激しく昂らせながらも、政党や共闘会議のガードに抑えられている。時折ジグザグが始まる。首相官邸に押し入ろうと進んでいくが、すぐに警官隊に押し返される。

夜、新安保条約自然承認の時刻が近づいてくる。島は官邸の回りをジグザグ行進するデモを前にし、また動かずに立っている学生のなかにいて、どうすることもできないまま時を過した。時おりうずくまり、胃液を絞り出すような嘔吐を繰り返している。島の傍らでは、生田浩二が共産主義者同盟の旗の脇に立ち、形相を変え、腕を振り回しながら「畜生！　このエネルギーが！

このエネルギーが、どうにもできない！　ブントも駄目だ！」と吐き出すように叫んでいた。

午後一二時、安保改訂条約は自然承認された。

夜明けが近づくにつれて、デモから人は消えて行った。「そこでなによりも私たちの『共産主義者同盟』がその組織を賭けて闘った安保闘争は、この夜の闘いとともに敗北して終熄する」「それは安保条約を阻止しえなかった政治的敗北だけではなく、私のブントそのものの敗北でもあった」と島は『ブント私史』に書かなくてはならなかった。

六〇年安保闘争と沖縄

章の最後に、沖縄と安保闘争について触れよう。沖縄出身で東大法学部の学生だった仲宗根勇（後に裁判官となり、定年退官後、沖縄に戻る。現在は辺野古基地移転反対運動に尽力している）は、六〇年安保闘争について次のように語った。

「ぼくは一九六〇年に大学に入りましたので、安保闘争のときには本土で参加しました。安保闘争は、人生のターニングポイントになったというか、そんな感じでした。その決定的な経験が、アイゼンハワー訪日の日、学生大衆に向かって『我々は勝利しました！』と、いうのですね。アイゼンハワーが沖縄に逃げ帰ったことがなぜ『勝利』なのか。私は気も動転せんばかりに驚きました。六〇年の安保闘争では、『沖縄』はまったく蚊帳の外というか、視野の外というか、そういう経験があるものですから、あの頃の復帰闘争にたいして、思想的にはすごく違和感をもっていたわけです」

そして次のような自身の文章を示した。

「沖縄にアイゼンハウアーが上陸したことはとりもなおさず、日本＝沖縄に足を踏み込んだことなのではないのか！　沖縄は異質の外国だとでもいうのか！　安保反対のどのような政治的党派のアジテーターも必ず言及する沖縄の状況とは何なのか。真実は何も知らずに、いや偏見と先入観をもって前提された知識と意識の形でしか、沖縄は本土日本人、とりわけここに集まったいわゆる革新的な人々の中でさえ存在しているにすぎないのか」（『沖縄少数派』）

私は長崎浩にも、六〇年安保闘争と沖縄について尋ねた。長崎は言った。

「『叛乱の六〇年代』という私の本の中に、『アメリカ、アメリカ——安保闘争と日米同盟』（『情況』二〇一〇年六月号）という一文がありますが、端的に言って、六〇年安保なかんずくブントにあって、『沖縄』は影も形もないのです。なんでだったんでしょうね。その前に内灘という反基地闘争があって、清水幾太郎なんかを通じてその系譜を引きずっているはずなのに、どうしてなんだろうと思いますね。

一つは、反米をやると共産党と区別がつかなくなっていく。それが幾分かはあったと思うのですが、基本は眼中にないですね。島さんにも『沖縄』があったとは思えません。だから、政治的発言と政治闘争を一切断った後に、医療運動を始めたときに浮上してきたテーマではなかったかと思います」

さらに次のように質問を重ねてみた。米軍基地は、砂川闘争の後に沖縄に集中していく。反基地闘争は、砂川闘争の後は、本土ではほとんど見られなくなっていくが、なぜだと思われるか。

「たしかに飛んじゃっていますね。全学連は砂川から始まったと言っていいくらいなのですが。

あれは五六年ですが、私は大学一年で、学生運動の洗礼ですよ。いやあ怖かった、という感じでしたから。全学連が、そこから政治運動に取り組む方向に転換していくわけですが、どうしてなんでしょうね。

砂川闘争がある種の終焉をむかえる。激突の局面はいったん終わるのです。内灘もそうだと思うのですが、反基地闘争が一段落した、次は安保だというつなぎ目があったんじゃないでしょうか。発祥地点ではあったんだけれども、安保闘争のときには、みんな忘れていたんでしょうね。私だけかもしれませんが」

一九五〇年代の、共産党時代の島が、瀬長亀次郎に強い畏敬の念を抱いていたことはすでに見た。「沖縄」が、島から抜けていたというのはやはり正確ではないだろう。しかし、六〇年安保闘争のなかで、長崎をしてさえそう感じさせる〝欠落〟が、島にもそしてブントにもあったことは、やはり否めない。いずれにしてもブントは深く敗北し、崩壊する。次章はここから始まる。

第七章　漂流、復学、そして医師になる

ブントの解体と再編

安保闘争終了後も、東京神田のリベラシオン社にはブントへの加入を希望する学生や労働者が続々と訪れていた。島成郎は自分の意思一つで、ブントを拡大する路線を選ぶこともできたのだが、決断できずにいた。安保以後のブントをどうまとめていくかということ以上に、自身が政治活動を続けることに意味を失いかけていた。

七月の終わりには、第五回ブント大会が控えている。最初の演説で何をどう打ち出せばいいのか、島は今後の方針を見出せなかった。書けることがあるとすればブント中央批判、つまりは自分自身への批判を示し、それをそのまま提出する以外ない。しかし地方からも多くのブント同盟員が今後の飛躍を期待して駆けつけてくるだろう。そのような同志の期待を裏切ることになる。しかし、ともかく島は総括報告文を書きあげた。

大会当日、冒頭で樺美智子へ黙禱が捧げられた。次が島による総括報告なのだが、始めるとすぐに心臓発作が起き、喘息の症状があらわれてきた。しばらく息んで収まるのを待ったが、続行

不可能と診断され、議長席わきの椅子に横たわった。代わって生田浩二が総括報告の代読を始める。しかし歯切れの良さがまるでない。

終わると、東大細胞から批判が遠慮なく投げられた。壇上にいる幹部は島と生田の二人だけ。島は話すことができない。会場は荒れ始めた。六・一八のクライマックスのときに、ブントが有効な手を打つことができなかったのは、指導部が情勢分析を誤ったために、革命的な情勢をつくり出すことができなかったからだという。

「馬鹿も休み休みいえ！ いつも肝腎の山場で大衆から浮いてしまうといって日和見、情勢を一歩一歩きりひらいていくブントの方針に反対し、最後の土壇場まで行動の一致を妨げていた奴が何をいうか」。島の怒りは頭のてっぺんまでのぼった（『ブント私史』以下、同）。

一方、批判の急先鋒にいた東大本郷の細胞、長崎浩は次のように語った。

「〔この大会では〕政治局とブント指導部は解体したという一点に絞って、あなたたち『党』は我われに何をやってくれたのか、というないものねだりの追及が一気に始まります。私たち現場の活動家が始めたわけです。島さんと全学連の総括提案が終ったあと、一番先に発言し、全面的に批判演説をしたのは、じつは私なんです。変な話です。自分の言っていることが、反面では信じられない。島さんが怒っていたことの一つが、『六月一五日に続いて、最終日の六月一八日に再度国会構内に突入すべきだったのに、ブント中央の解体故にできなかった』と、中央指導部を責めたことです」

六月一五日の国会突入が限界だということを一番知っている現場の活動家が、指導部を責めるために、まだ闘えたと逆のことを言う。「これは非常に自己欺瞞的で、極左的総括ですね。島さんはそのことを烈火のごとく怒るわけです。私はこれには弁解できません」

ところがこの時、長崎たちにも思いもよらない出来事が起った。長崎たち学生の発言に乗じるように、労働者細胞から「ブント中央は無方針だった、なにも方針を出さなかった」という批判がいっせいに起ってきた。

「学生と違って彼らはしつこいですからね。いつまでたっても追及を止めない。ブントの中央の労働者対策メンバーは（この親分が古賀康正さんですが）、もう坊主懺悔するしかないわけです。六月一五日に学生が何をやるかは、労働者細胞にすらまったく知らされていなかったじゃないか。そう追及するわけで、これにはひとたまりもないわけです。そういうふうに労働者細胞が突っ走ってしまった。島さんもまったく収拾できないまま、第五回大会は終わったのです。本人も書いておられますが、島さんは、喘息で具合が悪そうだったですね」

一方、早大ブントの小泉修吉はつぎのように書いた。

「一つは6・15のあと、安保闘争の敗北とブントの崩壊過程で行われたブント最後の大会での島さんの姿である。運動の敗北の責任を追及し、次への展望を打ち出せず為す術もない指導部に対する激しい批判、糾弾が嵐のように行われ、大会は混乱した。／その中で反論もままならず、じっと耐えていた島さんのイメージは、今でも鮮明によみがえってくる。それは、人間味をもちながら、さわやかで男らしく豪快な魅力あふれる政治指導者としての島さんとはほど遠いものがあった。／彼は頭を垂れるでもなく、昂然とした態度をとるでもなく、暗い顔をして批判の矢面に身をさらし、会場で横たわっていた。その後、ブントは生きのびんとする政治的諸党派の分裂の果てに自壊していったのだが、島さんは党派的な軽挙妄動に一切かかわらず、沈黙を守ったまま、静かに政治の舞台から消えていったのである」（『ブント書記長島成郎を読む』）

以後、八月九月とかけて、ブントは分裂をくり返していく。古賀康正はこんなふうに解説してくれた。

「ブント崩壊後、ブントは学生たちの『プロ通（プロレタリア通信）』派と『革通（革命の通達）』派の二派と、労対などの『戦旗』派の三派に分かれました。いずれも一年以内にその一部が革共同（革命的共産主義者同盟）に流れ込み、その他はそれぞれの道を歩みはじめました」

古賀は続けた。「島は、どの政治流派もバカバカしい、そのうちにブントを再建するんだ、といっていたそうですが、私たちの目の前から消えました。その後、一九七〇年の東大闘争までは、島も運動の再建に色気があったようだけれども、実際にはどの組織とも距離をおいていたようです。島は七〇年までには大学に戻って卒業していますね〔六四年卒業、六五年東大医学部医局に入局〕」

古賀、小泉、長崎が述べているように、島は、三派のいずれにも加わらなかった。

ブント以後の政治活動

では、ほんとうに政治活動からきれいさっぱりと足を洗ったのだろうか。本人も周囲もそのように言っているのだが、長崎自身はどう考えているか。また、島の復学後、そのクラスを中心にインターン制度反対闘争が始まり、東大闘争のきっかけになったともいわれているが、この点についてはどう考えるか、長崎に訊ねてみた。

「今のお話、私はちょっと違うと思っているのです。島さんの『未完の自伝7　1961年夏のノート』の九月一日に〈社学同再建要綱〉と書かれています。一九六一年四月下旬に、『約半年の政治的な不活動状態からようやく脱し』とも書かれています。ここでの社学同（社会主義学生同盟）とは、ブントなき後の反革共同派の学生組織です。島さんはこの時期、社学同の若い世代をオルグしようとしていたのです。社学同の初代委員長だったけど、安保闘争には関わらなかった中村光男なども誘い入れたようです。安保ブントは六〇年に崩壊しますが、共産党を経由しないで、いきなりブントで安保を闘った若手がたくさんいます。訳が分からないうちに、安保闘争もブントも終わってしまう。この世代が六〇年の安保闘争だけでは燃焼不足だった」

長崎は、後に東大全共闘の議長を務める山本義隆、『情況』誌を創刊した古賀暹《のぼる》、評論家の柄谷行人などの名前を挙げた。

「みんな安保の時の新入生か二年生です。安保闘争は私の世代のように『これで終わり』とはいかないわけですね。この人たちがとりあえずブントではなく社学同を再建して、都学連、全学連で革共同と対抗するのです。それが六一年です。そこに島さんが目を付けたのですね。紆余曲折はありますが、この再建社学同から第二次ブントと、六八年のブント系の流れが継承されていくわけです。インターン反対運動というより、全共闘運動につながるのはこちらがメインだと思います」

そして東大医学部で第一次ブントのメンバーだった石井暎禧、黒岩卓夫、高橋義彦などの名前をあげ、彼らが第二次ブントへとつなげていったという。ところが、島は社学同との関わりを中途で止めてしまう。

「1960年秋のノート」から

「未完の自伝5　1960年秋のノート」を見てみる。

「8月20日

家を出てから2日目。嵐を告げる朝、トランクをさげてK駅へ。H事件〔羽田事件か〕の逮捕者全員の保釈の日、2月18日の夜に訪れた本郷のS旅館に落ち着く。ようやく一人になれた。／（中略）／29歳。いま、私にとって最大のやま場にいるようだ。一人静かに考える機会でもある。／今日より私は、私の行動と思索（というには余りにとりとめもない）を、ノートに詳細に記そうと思う。／PB（注　政治局）での敗北の日からもう1週間、休養を命ぜられてのこの1週間はどのような日々であったのか」

冒頭の〝家を出てから〟というひと言に注意を促したのは博子だった。この頃、二人の脳裏には離婚の文字がちらついていた。自宅にいては逮捕される危険があるから、という事情も加わっていたにせよ、「このとき島は、しばらく家に戻らなかった」と博子が発した一言は、それまでの政治目的の潜伏というニュアンスとは異なっていた。ともあれこの時期の島は、転々と、知り合いを訪ねて身を寄せている。博子によれば、大阪まで行き、七月の数日間ではあるが、田岡組の世話になったこともあったという。

九月一日の記述には、ブント再建に向けた具体的構想が初めて書かれている。

「9月1日

どん詰まりの感深し。嚢中20円也。／昨夜8時より寝続け、しかし風邪気味癒えず、何遍も睡眠中断。ラジオをつけるとRoma Olympic ４００米決勝の模様。再び山中敗れる。再びまどろみが続く。朝8時半頃、博子に起こされる。金をとりにきたとのこと、逆に１００円をおいていかす。／〔中略〕中野へ出、喫茶店で若干時を過ごし、香村〔正雄〕の行方をさがす。しかし駄目。20円を有効につかうためしばらく考えた末、西荻へ。母一人。昼飯を御馳走になり、１１００円の借金の後、香村宅を襲うがやはり駄目。／練馬駅付近を彷徨す。やがて喫茶店に入り、数時間、現在の脱出口を求めつつ思考する。ようやく20日間にわたるボンクラ生活が終わりを告げようとするのを感ずる。／〔中略〕／森山〔公夫〕に電話し、家にくるようにいうと直ちに応ずる。高円寺宅へ、森山やがて現れ、４人で久しぶりに愉快なお喋り。社医会にも顔を出すこととする。／12時に引きあげ、名簿の整理をしつつ今後の構想をねる。今度こそPartei〔パルタイ・党〕めざすKern〔コア・芯の意〕をorganize〔組織化〕するつもりだ」

そして理論と金と人が大事だと記し、「分派綱領」にも言及している。さらには、「6・18」の挫折の原因に触れ、労働者階級の運動も学生運動も、プチブルの運動にとどまったこと、主体としての労働者階級の革命党が存在しなかったこと、と書いている。

翌九月二日には、片山迪夫に電話を入れ、早大フラク〔fraction の略。細胞〕の話を聞いたり、富永と新宿で落ち合い、アサヒビールの屋上で彼の話を聞いたりしている。

「全学連は完全に清水〔丈夫〕のもとにかたまっているらしい。たしかに学生運動に手を出すのは困難。下手に手を出せば、革共〔革共同〕のようになる。姫岡〔注　青木昌彦〕は、清水と一心同体になっている。さて、いかにすべきか」

〝分派抗争たけなわ〟といったところだが、島の情報収集はさらに続いていく。九月五日。全学連の林紘義と会い、全学連の様子を聞き、「末期症状――清水の全一的な支配の感。だが必ずこれも崩壊するだろう。彼の基盤は何もないから、彼の政治的無節操についての意外さ」「灰谷〔慶三〕から、北海道の様子を聞く。地方も群雄割拠の模様。／事務所へ約一ヶ月ぶりに顔を出す。生田、古賀、片山、灰谷の諸氏がボヤっと雑談している。六全協の後の地区委員会事務所の如し。草間〔孝次、後述〕のオヤジとビールを飲む。森田〔実〕、小野寺が途中で入ってくる。ビールを3、4本飲み、酔っ払い、家へ帰って寝る。段々と輪郭がつかめてきつつある」

何の輪郭かといえば、ブント崩壊以後の新左翼諸派の、離合集散の状況と動向だろう。どことなら組めるか。誰となら共闘できるか。島は盛んにアンテナを張り巡らして探っていた。

精神的漂流を続ける島成郎

とはいえ精神状況は、きわめて不安定なものだった。

「9月9日

約4日間のときが、続く。9月に入って、若干の人々と会ってから一層の虚無状態に陥る。政治というものは無慈悲なものだ。俺の出る余地は、現在のところまったくない。俺の危機―10年ぶりの、強いていえば57年以来の、そして今後一生を定めるであろう―そんな時点にいることを感じる。／政治的に葬られるのは、不思議なことに全く苦痛を伴わない。しかし、俺が公然と攻撃され、反撃を出来ない状況にいるのに拘わらず、敗れたという感は全くない」

〝57年以来〟というのは、党を出るか自滅するかというところに追い込まれ、同志たちと命懸けでブントを結成することになった、あのときの危機に匹敵するということだろう。

「信頼すべきものは一人もいない。清水の180度転回。青木の政治的無節操（本来の日和見主義）。片山の政治性（陰性な）。生田の非論理的道学者。どれもこれも気にくわない。ただ一人きりで闘いに立ち上がれない俺の怠惰さも」

最大の信頼のおける友とまで書いた生田さえ、気にくわないと悪態をつくほど深刻な精神状況だった。この時期の島を頻繁に訪ねていた友人に、森山公夫がいる。森山の談話を紹介する。

森山は一九五三年の浅間山米軍基地化反対闘争で島と出会い、それ以来の付き合いだった。島が情熱を燃やして共産党を改革する、学生運動を改革する、左翼運動を改革する、そういう姿をずっと間近で見てきた。

「ぼくは島さんを他人事ではなく見ていたという記憶があります。彼はやさしい兄貴であり、やさしいだけではなく優れているし、政治的にも人生の生き方においても同志でありかつ導いてくれる、そういう兄貴のような存在でした。島さんもぼくとは何かウマが合ったのでしょうね。いろいろ親しくしてくれました」

それから島は、ブントをつくる方向に向かっていく。

「ぼくは共感をもってはいたけれども、ブントには入らなかったのです。でも、自治会活動などの学生運動はやっていたし、一大衆としてやれるだけやっていこうという意識でした。デモにも相変わらず行っていたのです。ブントに入らなかったから、じゃあそれで島さんとの距離が離れてしまったかというと、政治的に多少違いがあっても、島さんはぼくをないがしろにするということはない。ぼくもよく彼の家に泊りに行ったたし、そこが島さんの懐の深さなのではないでしょうか。政治信条だけで人を見たり、関係を切ったりしないのです」

そして安保以後の島の様子を、次のように述べた。

「ぼくは相変わらず泊りに行ったり、一緒に飲みに行ったりしていたのですが、六〇年安保の後、島さんはお酒を飲むと荒れるようになったのですね。ぼくの知っている島さんは、繊細で優しくてロマンチストでした。でも安保闘争のあとは飲みに行っても荒れて、大きな声を出したり、猛々しい面を見せて、ぼくはそれを見ながら何とも残念だなという気持ちと、気の毒だなという気持ちと、嫌だなあという気持ちと、複雑でしたね」

　他にこの時期の島を描いたものとしては、『立花隆のすべて（下）』がある。

「それ〔ブント崩壊〕からほぼ一年間、島は東大中退のまま、職もなく、収入もなく、毎日酒を飲み、煙草をふかしては、ふぬけたようにゴロゴロしていた。家計は、夫人が会社に勤めたり、ホステスになってかせぎだした。しかし、彼女は働きすぎがたたり、結核性るいれきになって寝込んでしまう。／この島一家の苦境を、生田が救った。『高井戸学習教室』という塾を作ってやり、その教授法、宣伝方法を泊まり込みで実地指導し、電柱のビラはりまでやってやった。その後四年間、島は学生を雇って塾の経営者におさまった。／六三年、医学部に復学。翌年卒業。二年のインターンを経て、医者になった。」

　立花の記した「夫人はホステスになってかせぎだした」は、少し補足が必要だろう。

　島は職に就くことができずにいた。生活を支えていた博子も、六月で生協を辞め、デザイン会社「ひろ工房」を立ち上げていたが、体を壊して働けなくなり、どうにも食べられなくなって父親に借金を申し込んだという。それまで幾度か工面してくれていた父は、そのとき「もうこれ以上、金は出せない、幸い子どもがいないんだから、別れたらどうだ」と、そう言った。

「離婚の文字はいつも頭にあったんだけど、でも島も最低最悪の状態で、この人はダメになるんじゃないかと思っていたから、別れることはできなかった。それ以上に、父に別れろと言われたことがショックだった」と博子は言う。

現実は容赦なしに進んでいく。電気もガスも止められそうになっている。父に借金を断られた帰り道、「ホステス募集」と書かれた看板が目に入ってきた。

「引揚者であり、学者の娘という世間知らずだったものですから、よし、こうなったらと思って入ってみたのです。でもこれではどうしようもないと思い、三日で辞めました。島に、じつはこういう訳だと話すと、島が、じゃあ病院経営者の息子で、同期の遠藤幸孝のところに行ってみたらどうだ、と言うので、遠藤さんのところに行ったのです。そしたら遠藤さんが『博子さんにはいくらでも貸します。島には一円も貸しません』って言う。島は何回も借りているんだけど、一度も返していないというんです。個人的な借金ではないし、返せなかったのです」

政治的には同志ではあったのだが、島はついに最後まで一円も返さなかった。

「帰ってから島に、こんなことを言っていたわよと言ったら、怒っていましたね（笑）。それで遠藤さんは、私に一〇万円貸してくれたのです。六ヶ月後くらいしてから返しましたけどね。そんなわけで、とてもではないけれども別れられる状況ではない。でも、ここを乗り越えたから、逆に自信をつけちゃったというか」

吉田富三と復学

「未完の自伝6　1961年冬のノート」にも「未完の自伝7　1961年夏のノート」にも、

政治への関心が書かれている。しかし転機はやってくる。中村光男は安保闘争の後、島の家に転がりこんで島と酒を飲んでいた。新宿の歌舞伎町に通い、どんちゃん騒ぎをして「第一の人生、革命運動との別離の儀式だった」、とも中村は書いている（『ブント書記長島成郎を読む』以下同）。

「この間、島はいろいろな人と会っていた。政界、財界、文壇、論壇の大御所たちが眼をつけた。政治家への道の誘惑もあったに違いない。だが、島は結局、高井戸の都営住宅で博子さんとつましい新婚生活の再開、学習塾で食い繫ぐ道を選んだ。図々しくも私は其処にしばらく居候した。生田が時々現れて、マルクス主義離れを説いた。／島は医者になるための勉強を猛然と始めた。社会復帰の道だ」

もう一つ、多田靖の文章を紹介しよう（『ブント書記長・島成郎と仲間たち』）。生田浩二とある機会に会ったとき、「彼〔島〕はかなりすさんでいる」と、生田が案じていたという。

「このすさんだ時期に終止符を打ったのは、博子さんの発病だと私は思っている。生活の一半を荷っていた彼女が病に倒れたことが、最終的に医者になることを決意させたのではないか。方針が決まれば持ち前の集中力の武器がある」

島は次の人生に向けて歩みはじめていた。博子によれば、このとき島に声をかけてくれたのは、当時の医学部長・吉田富三だったという。

「医学部長は吉田富三という病理学の先生でした。吉田先生は一高のときに尾崎秀実と寮で同室だった人です。尾崎秀実はゾルゲ事件で逮捕され、そのあと処刑された人ですね。吉田先生は政治的にはノンポリだったんでしょうけど、そういう体験があったから、島を応援してくれたのかなと思います。『おれが医学部長を辞めたら、おまえは二度と復学できないだろう、おれは三月で医学部長を辞める。だから、すぐに手続きをするように』ということで、一月くらいに話が来ました。それで入学金を払うようにと言われ、えーと思ったら、一〇〇〇円でした(笑)。大学中退で高卒資格だった島が、それで復学できたのです。吉田先生は、やはり六〇年安保に対するある種の共感をもっていたのではないでしょうか」

尾崎秀実は朝日新聞の記者であり、近衛文麿政権のブレーンだった。一九四一年、ゾルゲ事件が勃発する。ゾルゲ事件とは、ドイツ人で、ソ連の赤軍第四部諜報員リヒャルト・ゾルゲが、日本の機密をソ連に流したとして逮捕され、死刑に処された事件である。尾崎もそこに加わり、首謀者の一人として嫌疑を受けて逮捕、のちに処刑された。

尾崎と吉田については、石井保男『わが青春の国際学連』でも次のようなエピソードが書き留められている。東大医学部の学生で、全学連に属していた石井は、国際学連に参加するためプラハに向かう前、出国の経緯を説明するために吉田のもとを訪れた。すると吉田が、学生を処分することで板挟みになる苦悩を語り、それから実はこんなことが、と尾崎の話を始めた。

「彼は東大の法学部に行ったが、一高時代にずっと寮で同室だった。気持ちのいい男で頭も切れた。事件〔ゾルゲ事件〕が発覚して彼は官憲から追われる身になった。それで或る日、彼が僕の自宅に来た。しばらくここにおいてくれないか、と。要するに『かくまって欲しい』というわけだね。僕は事件と何の関わりもないけど、そうかといって、彼を官憲につき出すなんて到底できない。かなりの期間わが家に居たのだ」

そして吉田は「石井君、やるからには徹底的にやってくれ」といって送り出したという。

ちなみに「国際学連」とは国際学生連盟の略称で、一九四六年にイギリスで結成された世界の学生組織であり、本部はプラハに置かれ、日本の全学連も一九四九年に加盟した。

吉田富三についてはこんな資料も残されている。一九八五年の「沖縄タイムス」(日付不詳)のコラム。執筆者は長嶺由治(肩書は豊見城中央病院診療部長)とある。長嶺は「朝日ジャーナル」に掲載された島成郎の対談記事に触れた後、以下のように書く。

「その頃〔六〇年安保の頃〕東大医学部に故吉田富三教授がいた。人工肝癌をつくり、移植のできるネズミの腹水癌(吉田肉腫)の発見で文化勲章を受けた世界的な病理学者であった。

この話は六〇年安保前後の吉田富三と島成郎の心温まるエピソードである。

島成郎は戦後の左翼運動と戦後民主主義の総決算を決意して吉田富三に相談に行った。

『吉田先生、私は医学を捨て政治の道に進みたいと思います。先生はどうお考えになりますか』

『島君、君ならできる。やりたまえ。昭和の高杉晋作になりたまえ』

かくて、島成郎は意気揚々と退学し、政治活動に専念する」

しかし安保闘争は敗北する。その後、大きなダメージを受けて雌伏し、放浪していた島について吉田は学生に言ったという。

「『島はどうしている、元気か』。『先生、かれはあまりうまくいっていないようですよ』。『よし、それでは私が医学部長でいる間に、早く大学に戻せ。惜しい人物だ』。その一声で島成郎の復学運動が展開され、吉田富三の尽力もあり遂に復学に成功した。その後、宮田道夫(座間味村出身、現自治医大外科教授)ら同級生が、『島成郎を医者にする会』をつくり、数年間医学と疎遠だった島成郎を助け、現在の礎を築いた。」

吉田富三は世界的な病理学者でありながら、若い学生たちの〝叛乱〟を支持し続けた。尾崎秀実をかくまうなど、情に厚く、気骨と覚悟をもつ教授だったようだ。人望もあったという。ところで、吉田とともにもう一人、ここに宮田道夫の名前が出てくる。宮田は自治医科大学教授となり、多くの若手の外科医を育て、その力をふるった。島が晩年、胃がんを患い、沖縄・本部の病院で手術を余儀なくされたときの執刀医である。

「島成郎を医者にする会」という言葉も見えるが、島が卒業するクラスは「39（さんきゅう）卒」（昭和三九年・一九六四年卒）と言われ、六〇年安保の時の二年生。島はよく、このクラスには独特の人材がそろっていた、そう話していたと博子は言う。

「39卒は、全国的に優秀である、社会正義に対するセンスがあって、三、四年上や下の世代とは少し違う、とてもやりやすかった、と島は言ってましたね。島のような有名人で、年の離れた〝おじさん〟がいるということもあったのでしょうが、『島成郎を医者にする会』をやってもらったりして支えてもらったといいます」

インターン制度廃止運動の中心を担うのがこの39卒クラスの人々であり、それをきっかけに、大学闘争の時代に本格的に入っていくことになる。島は吉田富三の援護を得て復学し、宮田たち〝39卒〟の助力を得て卒業を果たした。それが一九六四年。入学から一四年が過ぎていた。

インターン廃止闘争から東大全共闘へ

ふたたび森山の談話を引こう（ちなみに森山は34卒である）。

「島さんはやはり、仲間と一緒になにかをするのが好きなんですね。ぼくが精神科に入ったあと島さんが言ったことは、精神科の仲間を集めようということでした。その通りだと思って、医学部の仲間を集めた。ぼくは自治会活動のほうはずっと続けていて、医学部三年のときには学部委員長をやっていたのですが、あのころは、医学部の自治会には優秀で気のいい仲間がたくさん集まっていたのです。彼らに『精神科に来いよ』と誘うと、『分かった』と即答でした。彼らもまた既存の医師像に違和感をもっていたのです。このメンバーが東大精神科改革闘争の一つの核になっていくのです」

　そして一九六八年には、東大闘争が起こる。

「そもそもインターン廃止闘争を再開した学生層は、島さんと同じ３９卒だったんだけれど、その運動が次から次へと引き継がれ、次の学年は全国闘争をするために『全国青年医師連合』というものを組織しました。一九六五（昭和四〇）年卒ですね。これが青年医師連合の第一期生で、彼らを『４０〔よんゼロ〕青医連』と呼んでいたのです。それで、この青医連の仲間がどんどん拡大していき、精神科の医師になって、青医連の仲間とぼくらの仲間が合体して、大きな運動の核になっていきます」

　島は決して表に出ることはなかったが、会議には決まって顔を出し、裏でいろいろと助言をしたり情報交換をしたりしていたという。

「全国青年医師連合」の話題は、長崎浩からも出てきた。

「先ほど少し説明したように、ブントを第二次ブントにつなげたのが医師の石井暎禧であり、これが青年医師連合のインターン反対運動にも密接に関係するのです。青医連のブント系学生が続いていくわけですね。首都圏では東大と東京医科歯科大ですか。この連中が企んで六八年六月一五日にブントの記念日だということで、東大安田講堂を占拠するわけです。これで東大全共闘運動に火がつきます」

以下、長崎の話は、社学同に対抗したのが革共同の前衛党主義であり、ここに清水丈夫が加わったことで、革共同が革マルと中核に分裂する要因を作った……という内容になっていくが、ここは省略しよう。六〇年代後半の、東大全共闘運動と島の医療活動の接点について、長崎はこんな分析をしてみせた。

「島さんの医療活動については、私は接触も関心ももたないままにきてしまったのですが、でも、こういうことはいえるでしょうか。全世界的に六八年は『新しい社会運動』という個別運動に引き継がれていきました。カウンターカルチャーまで含めてそうですね。たとえば私の友人たちですと、工学部や理学部の航空と空港の専門家が三里塚反対闘争の顧問になっていくとか、土地収用問題の専門家が法律的なアドバイスをする。専門家であることで、地域闘争で専門知識を生かしていくわけです。

医学部も含め、理系の全共闘運動が地域闘争に引き継がれていきました。七〇年代の公害反対闘争がそうですね。公害問題がピークを迎えますが、これも理工系の連中が専門家として関わります。その一環として地域医療を見ることができるとすると、島さんの活動はその先駆となる。そういう見方もできるのではないでしょうか」

全共闘運動とともに地域闘争の重要なテーマの一つが「沖縄」であった。

そして医師になる

先に中村光男と多田靖の文章を紹介したが、島が並外れた集中力の持ち主であることは誰もが認めるところだった。『吉本隆明全集37　書簡Ⅰ　川上春雄宛全書簡』に、川上春雄による「吉本隆明会見記」が採録されており、ここに島成郎の名前が出てくる。安保後の、島と吉本との交流を示す数少ない証言となっているが、そこに、島が国家試験のためにどれほど研鑽を積んだかを示す記述が見られる。走り書きなのでやや意味の取れないところもあるが、引いておく。

「吉本隆明会見記　一九六七年二月十九日夜」の当該箇所は以下のとおり（「　」は吉本、川上、吉本の妻・和子との対話であり、発言者を〔　〕で補った）。

〔吉本〕「島成郎／東大へ復帰して1年間で国家試験にパスした。／流動物だけたべて研究に没頭した。」〔和子か？〕「ガンは先が見えているから、精神病をやるんだとおっしゃって、すごく勉強したんですね。」／〔川上〕「それじゃあ試行の現象論〔「心的現象論」〕を援助するようなことはしたんですか。」／「ええ、まあ資料なんかは持ってきてはくれたんですね。」／〔和子〕「島さんのこと、何をしても気違いじみているなんておとうちゃんが言っているんです。」／吉本答えず――沈黙／〈気違いじみている――と奥さんと茶話に口にするのと、わたしに、島成郎の医学研究は気違いじみているというのとでは開きがある〉／〈言わないことは言うことである〉」

「気違いじみている」は今やご法度の表現だが、およそ並外れたありようを言っていると受け止めておけば、それ以上の詮索は無用だろう。ともあれ川上春雄の感想が分かりにくく、〈言わないことは言うことである〉も意味が取りにくい。吉本の目にも、東大医学部への復学を決めた後の島が、凄まじいまでの集中力をもって勉学にいそしんだことは、半ば驚きとともに捉えられている。なぜ精神科だったか。森山公夫には、おまえは人間が好きだから精神科だ、と答えた。これは島自身にも当てはまるだろう。吉本には、がんは先が見えているから、と島は答えた。

六四年に医学部を卒業した後、精神科の医師となった島が最初に迎えられた「病院」は、東京大学附属病院の精神科病棟だった。「精神病院論（その一）」に、入局当時のことが書かれており、それをもとにしながら書き進めていきたい。

東大附属病院は社会的名声と反比例するかのように、建物は汚く、狭く、雑然としていたという。廊下には実験動物の臭気が充満しており、廊下を患者と同じ数ほどの若い医師たちが、いつも忙しげに走り回っていた。患者はと見れば、権威ある医療を授けられながらも、どこか怯えたように小さくなっていると島は書く。

赤レンガ作りの東大病院のなかで、精神科病棟は半地下にあり、「『精神神経科』とかかれた大きな表札のある玄関から、建物のなかに初めて入った私をとらえた強烈な印象は、いいようのない程の『暗さ』であった」。外来の患者は廊下にまで溢れるほどの数なのだが、その表情は「暗く陰鬱でその雰囲気は一種異様であった。この視線をかいくぐって廊下を通り病室に入るためには、施錠されたドアを開けなければならなかった」。

この病棟で、島は約二ヶ年の精神科医としての研修を受けることになった。初日、教授の面接とテストのあと「入局」を許され、先輩医師のオリエンテーションの後に渡されたのが、病室に通じる「鍵」だった。

「患者と医師である私を区別するものとしての鍵、しかもこれを忘れれば自分の仕事を遂行できないようなこの鍵こそ、『精神病院』とそこで働く『精神科医』を象徴するものであり、しかも、私たちを悩まし続けることになるのである」

多くのことを学んだ二年間ではあったが（第一章で書いたように、二年後、島は武蔵療養所に赴任する）、島は大学病院には最後まで馴染むことができなかった。「それは、この狭く暗い窓室のなかにいることが私の性格と相いれないこともあった」。

先輩医師の背後には、これまで発展してきた日本の精神医学の伝統と、オーソリティがある。しかし島は医師になって早々に、「大学精神医学」を根拠づけている伝統と権威への疑義を直感していた。その疑いは武蔵療養所に異動したときに、島のなかで生涯を賭けて取り組む問題だと確信することになる。

してみると島を沖縄へ導いたのは、瀬長亀次郎の存在や安保闘争といった外的な要因もさることながら、医師としての最初の一歩で、自身のなかにきざしてしまった精神医学への根本的な疑念、とでもいうべきものだった。「大学精神医学」とは異なる地域精神医療を、いってみれば彼自身が理想とする「精神医学」を作り上げなくてはならない。そして「大学精神医学」が浸透していない沖縄こそ、その場にふさわしい。精神医療へのそうした思いが、島の沖縄行きを決断させたことになる。退路を断った第二の闘いだった。

吉本隆明の六〇年安保闘争と島成郎

吉本隆明全集に島が登場することは、すでに取り上げている。六〇年安保闘争を機に島と吉本は交流を深めていくことになるが、この点も触れておかなくてはならないことの一つである。できるだけ簡単に述べておこう。まず森山公夫の談話から引く。

「ぼくが隆明《りゅうめい》さんを知ったのも、島さんを通してでした。ブントをつくるにあたって、島さんはいろいろな方面の新しい主張にも目を配っていた。そこに引っかかってきたのが、隆明さんが武井昭夫と一緒に書いた一九五六年の『文学者の戦争責任』ですね。島さんに、あれはいい本だからと薦められて読んだら、本当によかったのですね。ぼくも、これだ、と思いましたね」

森山も、それまでの左翼活動の暗さや体質のぬるさに飽き足りないものを感じ、新しい思想を強く求めていた。「隆明さんが武井昭夫と一緒に、過去の左翼運動の持っていた暗さ、妙なセンチメンタリズム、ああいうものを払しょくし、それこそ自立的運動の思想をつくっていこうということで、『転向論』や戦争責任論を書いたわけです。ぼくはそれに共鳴し、以後、隆明さんの書くものはできるだけ追って行きました」

これは島も同じだろう。全国の大学をオルグして回るというあの激務の中で、島が新時代を画することになる吉本の登場にいち早く気付いたというのは、驚くべきアンテナの鋭さである。『吉本隆明資料集146』に収められた宿沢あぐりによる「吉本隆明年譜」によれば、一九六〇年二月二一日の欄に「この頃までには、島成郎と出会う」とある。

さらに「五月二六日　この月には、松田政男、岩淵五郎、正木重之、石井恭二、鶴見俊輔、秋山清たちと六月行動委員会を結成」とあるように、以後、六月行動委員会の名でビラを作り、デモへの参加を呼び掛け、講演に参加し、吉本は「ブントと行動をともにする」（宿沢あぐり「吉本隆明年譜」）。そして六月一五日のデモは吉本年譜では次のように書かれる。

「六月一五日
『あいさつ』内容不明。／場所・国会構内／戦後最大の闘争である安保闘争に直接参加。義兄の黒澤充夫も参加。／全学連主流派約四〇〇〇人が国会構内に入り、国会内に突入しようとして警官隊と衝突、このさなか、東大生で一時《ママ》はブントの一員でもあった樺美智子が殺される。国会構内で抗議集会がひらかれるが、逮捕者や負傷者が数多くでる。／国会構内で開かれた集会でのあいさつにたったあと、警官隊の排除攻撃から逃れるために逃走して迷い込んだところが警視庁であった。

一六日

未明、建造物侵入の現行犯として学生たちとともに逮捕された後、杉並の高井戸署に送られ留置される。（以下略）」

吉本のこの逮捕は、のちに吉本―埴谷の「コム・デ・ギャルソン論争」の下地となっていくのだが、ともあれ吉本による六〇年安保闘争の総括は、六〇年一〇月に「擬制の終焉」として発表された。その冒頭の数行。

「安保闘争は、戦後史に転機をえがくものであった。戦後一五年間、戦中のたいはいと転向をいんぺいして、あたかも戦中もたたかい、戦後もたたかいつづけてきたかのようにつじつまをあわせてきた戦前派の指導する擬制前衛たちが、十数万の労働者・学生・市民の眼の前で、ついにみずからたたかいえないこと、みずからたたかいを方向づける能力のないことを、完膚なきまでにあきらかにしたのである。（中略）しかし、かくも無惨にそれが実証されることは、だれも予想していなかったのである。（中略）かれらの盲点は、戦後支配権力の構成的な変化にみあった人民の意識上の変化が、ブルジョア民主主義の徹底的な滲透と対応している事実に眼をおおっている点にある。ここでは、戦後いくたびも繰返されてきたように、あやまってたたかえば自滅し、たたかわなければ後衛に転落し、じっとしていれば独占体制内の擬制的な安定によって腐蝕し、

東京・杉並区高井戸の自宅で1962年10月21日撮影。前列右側吉本夫妻・長女の多子さん。左側東島氏。中列村上一郎氏。後列左から島成郎、屋代絢子氏、博子夫人（島博子氏提供）

変質してしまうことが、まったく理解されがたくなっている」（『吉本隆明全著作集13』）

安保闘争へのこうした洞察にたいし、島は思想家・吉本隆明への信頼と畏敬を深くしていく。吉本もまた、学生運動を率いた島の運動家としての思想と技倆に深い信頼を寄せていった。

二人の交流の様子は、森山によって次のように語られている。

「それで、一番最初は、島さんに、隆明さんの自宅に連れていってもらったのですが、隆明さんは、ばななさんを抱っこしていました。上の多子さんが三、四歳のころで、島さんが二人をお風呂に入れたりとか、そういうことをやっていました。そのころ吉本さんがすごい論争をやっているのを知っていましたから、それを読み、とても怖い人かなと思っていたのです。ところが、実際はそうではなくて、とくに子どもさんたちにはすごく優しい人でした」

多くの人が抱く、生活者吉本と、論争者吉本とのギャップである。

「それで、吉本さんのお宅に行ったというので、緊張したのでしょう。たまたま島さんとぼくとで論争になってしまったのです。ぼくが島さんと論争をするなんていうことはほとんどなかったのですが、そのときは、ぼくも格好を付けたんでしょう。精神医学をめぐって、珍しく論争になりましたね。隆明さんがどうするかと思ったら、まあまあ、それはいいじゃないですか、とか言って、間に入ったのです。これにもびっくりしました。あれだけ論争をしている隆明さんのことだから、どちらかに厳しく立ち入ってくるのではないか、と思ったのですが、そんなことはなかったのです。優しい面をもっている人だなと感心しましたね」

畏敬する表現者を前にすると、気が昂るのはよくあることだ。この後も吉本の闘いは続いていくのだが、省略しよう。吉本の『試行』創刊にまつわる資金繰りのエピソードについて手短に触れておく。

『試行』は、吉本、谷川雁、村上一郎の三人を同人として始められた思想誌である。三人とも六〇年の安保闘争や三池闘争などへのコミットメントの深さによって、闘争終了後、書く場所の多くを失っていた。そこで吉本が、自分の発言を確保する場所が欲しい、一緒にやらないかと声をかけた。二人は同意したが、発行に必要な金がなかった。この時期、吉本の自宅に島や社学同の三上治らが出入りしており、「彼らに『俺たちの雑誌をやりたいんだけれども、どこかに金出すやつはいないかな』と言ったら、島君が早速、『それじゃ探してきましょうか』と言って、連れてきた人がいるんです」。それが草間孝次だった。

提供した資金は十一万だった。この出所が後で問題になった。

草間は、諜報機関を養成する陸軍中野学校の出身者だった。「労働運動からも、共産党からも、全学連からも便利がられているんだけれども、どこかで『この人は胡散臭い人だ』と思われていたようです」（以上は『吉本隆明が語る戦後55年① 60年安保闘争と『試行』創刊前後』）ということで、怪しい出所だという風評が立った。吉本は同人には説明していたといい、一年ほどで返済している。これが風評の顛末だった。

こののちも村上一郎を交え、吉本、島の家族ぐるみの交流は続いていく。

人権弾圧としての「渡航管理制度」

さて、六〇年代から七〇年代の全共闘の時代、沖縄ではなにが闘われていただろうか。

一九六九年には佐藤・ニクソンが共同声明を出し、「七二年返還」を決定。七〇年にはコザ暴動が勃発。一九六八年は世界的に大きな変化をみた年だといわれるが、沖縄も同様だった。仲宗根勇は次のように述べた。

「沖縄と日本は歴史的に矛盾と葛藤の中に置かれていますが、でも学校ではほとんど学ぶことはなかった。だから『母なる祖国』を求める日本復帰運動がアメリカの軍事支配への抵抗になり、沖縄と日本との異質性や矛盾については、意図的に無視するような風土ができていたのです。それが一九六八年ごろから『反戦復帰運動』へと変わっていく。『日の丸＝母なる祖国論』から出発した『祖国復帰』運動が、『憲法をもたない沖縄』の地にあって、平和憲法と反戦・平和を求める『反戦復帰』をめざす運動として動き始めていたのです」

一九五七年、アイゼンハワー大統領は沖縄統治基本法を公布して以来、沖縄にたいする絶対的権限をもつ高等弁務官を置き、高等弁務官は琉球政府の主席を親米派から任命していた。また、琉球政府民立法の拒否権、琉球政府の公務員の罷免権をもち、絶対君主として君臨していた。仲宗根は言う。

「本土に行ったり来たりする際のパスポートの発給権限もそのひとつでした。けれども県民のあいだには、『主席公選要求』の声が強くなります。ついに譲歩して、任命制だった琉球政府主席を公選制にすることを認め、屋良朝苗主席が誕生しました。これが六八年です。『祖国復帰』から『反戦復帰』へ変化し、これまでの国家―祖国幻想から身を引きはがそうとしていたときに現われたのが、『反復帰論』だったのです」

島が初めて沖縄に降り立ったのが一九六八年。那覇空港でビザの発給を拒否され、本土に戻らざるをえなかったことはすでに書いている。島を深く敬愛している沖縄の精神科医師・知念襄二は、六八年八月、沖縄から東京の晴海埠頭へ向かう「ひめゆり丸」で、パスポートをもたずに(あるいはその場で焼き捨て)強行上陸する闘争を試みようとしていた。いうところの「渡航制限撤廃強行上陸闘争」である。当時、沖縄では、渡航管理制度は米軍統治下の人権弾圧の象徴と見られていた。このとき知念は東大全共闘の一員で、沖縄闘争学生委員会(以下、沖闘委)委員長であった。赤レンガ闘争にも積極的にかかわっていた。

那覇港を出発してから晴海までは数日の船旅。到着が迫った時、当時大学2年生だった詩人の高良勉さん(59)は強行上陸の行動隊員に選ばれた。

「パスポートは、海に捨てるか火で焼くかする。逮捕を覚悟するように。いいか」「はい!」。

任務の重さに、返事に力がこもった。

23日昼過ぎ、船はデモ隊を回避するため数時間遅れで入港した。学生たちの決死の覚悟を知った一般乗客が署名やカンパ金を手渡した。乗客の1人が荷札に「渡航制限撤廃」と書き胸に付けようと言うと、多くが賛同した。（中略）

数時間にも及ぶ乗客の荷物検査が終わろうとしていた。船内には隊長の知念さん、高良さんら黒いヘルメットの行動隊約15人が残るだけとなっていた。

高良さんは「タラップの下には、警察官や入国管理官、青いヘルメットの警察機動隊が目を光らせていた」。その向こうに、行動隊員を迎え入れようと学生や労働者ら500人以上が人垣を作っていた。

乗船してきた入国審査官にパスポート提示を求められた学生らは、それを焼き捨てた。タラップ越しの長いにらみ合い。一瞬のすきを突き、支援の学生らが船に殺到した。警察官ともみ合いになり、行動隊員の何人かが人垣に飛び込んだ。高良さんは「タラップの後ろのほうでぐずぐずしていた僕は、気づいたら東京月島署の留置場に連れて来られていた。あたりはもう暗くなっていた」。

（「沖縄タイムス」二〇〇九・五・一八〜一九「27度線のパスポート『沖闘委の闘い』強行突破」上・下）

隣り合わせになった留置場で、知念と高良は、毎日沖縄方言で喋りあった。そのたびに看守に怒鳴りつけられた。高良の黙秘は、一一日間にも及んだという。

当時、沖縄は「見えない監獄」と言われており、知念はそこから脱出したい一念だったという。

島について尋ねると、知念からは次のような答えが返ってきた。

「赤レンガ時代、島成郎という名前は知っていましたが、直接会ったことはありませんね。精神科に入る前から島成郎という名前は伝説的で、六〇年の安保ブントの指導者ということで何かと話題になっていましたし、その後のブント組織の解体過程に島先生はあまりかかわらず、マイペースでやっているというイメージでしたね。

それから突然、どうも精神科医になって沖縄に移るらしいという話や、六〇年代の後半から七〇年代の初めごろには、沖縄で医師をやっているらしいという噂を聞きました。学会でのいろいろな議論で――あの調子ですから――かなりドスの利いた議論をする人だ、そういう話も聞いていました。島先生が演説を一発打つと、みんなシュンとなってしまうとかですね（笑）。すごい人がいるんだなと思っていました。そういう迫力のある演説をする人というイメージがありました。学生の頃から名前は知っていましたが、実際にお会いするのは私が沖縄に帰ってからですね」

知念は、島の人柄を次のように書きとめている。

「私の予想をこえた人柄であった。東京で精神医療をめぐる重苦しい議論に息詰まる思いをしてきた私にとって、地域精神医療の可能性をめぐる島先生の明るく快活な話ぶりは非常な驚きであり、こんな精神科医は出会ったことがないと感じ入ったのを覚えている」（「私の島成郎経験」『別冊精神医療　追悼島成郎』）。知念は、この続きに「私の久米島経験」という文章を添えている。「島成郎の久米島」が、次章のテーマとなる。

第三部：

治療共同体へ

患者に話しかける島。沖縄・本部町の本部記念病院で（共同通信社提供）

精神医療の〝本土なみ〟を、島はどうとらえていたか

復帰の前後、「本土なみ」のスローガンのもと、沖縄では一気に近代化と本土化が推し進められていた。推進の一翼を担ったのが、復帰前から進出し始めた本土資本。沖縄社会は、米軍政下の傷痕を生々しく残しながらも、変貌は大規模かつ急速だった。島成郎は急ぎすぎる沖縄の近代化について次のように指摘している。

「〔復帰〕以後二年の現在、沖縄は、目まぐるしい変動の最中にある。（中略）ここでは『復帰』によって沖縄社会はその矛盾を解決するどころか、より一層の困難の中に投げこまれたということだけいっておこう」（『精神医療のひとつの試み』以下引用は断りのない限り同書）。

強い親族意識とユタに代表される琉球・沖縄の文化と宗教・習俗の古層。沖縄戦が人びとの心に遺した癒しがたい記憶。占領以後、一気に押し寄せた米軍の文化と大量の物資。そして本土の大資本がもたらす観光と経済の巨大消費空間。これらを同時進行させながら、戦後の「沖縄」は作られていった。

では精神医療は、島にあってどのように考えられていたのか。

「しかもこの〔日本化《やまとか》、「戦後化」が、短期間に雪崩のように進んでいる〕過程は、先述した復帰前の状態をそのまま内包したまま進んでいるために、矛盾は、一層深刻かつ先鋭にあらわれている。／このような沖縄の精神障害者の処遇は、極めて悲惨なものといえるが、私は、これを、〝沖縄の精神医療が本土に較べおくれている〟と指摘したり〝本土との格差是正、本土並みの施策〟を要求する施政者や、論者のようには考えない。むしろ、戦前・戦後を通じた日本精神医療の歴史が凝縮してあらわれ、その本質を露呈しているのだと考える」（「沖縄での経験から」『精神医療のひとつの試み』所収、傍点原文、以下同）

本土に復帰し、依存し、同化すれば、現状が今よりも良くなるという認識は幻想にすぎない。むしろ自らの「沖縄」とはなにか。それを掘り下げることで、ヤマトからの精神的・経済的自立をいかにはたすか、それこそが重要な課題である。先の仲宗根勇や、同じ沖縄の思想家で詩人の新川明や川満信一たちはそう反復帰論を主張した。島の、沖縄の精神医療に対する認識も、同質の発想に立つ。

「日本の精神障害者処遇の変遷は、前期資本主義と天皇制国家の下での、警察による直接の監視、家庭内監置と放置による自然淘汰などから、高度の国家独占資本主義と『民主』国家の下での『治療』『社会福祉』の名による病院内大量収容と地域社会管理へと推移変転していったといえるが、沖縄では、現在の時点で、この変遷過程をそのままあらわにしているのではないか？」

島はその指標を四つあげる。

一つは病床数と入院患者数の急激な増加。復帰一〇年前の一九六二年には本土の二分の一だった病床数が、七四年には人口一万対病床数において追いつき、追いこしている。しかも、入院患者の在院期間は長期化している。

二つ目は法の変化。復帰とともに本土法（精神保健及び精神障害者福祉法）に移行し、すべて本土法に拠ることになった。結果、特に二十九条「都道府県知事による入院措置」が適用されることによって措置入院者が一気に増えた。それは治安の強化をもたらしたと受けとられているが、患者にとってはどうか。

三つ目は国民保険が全県で実施されたことにより、医療構造に変化が生じた。受診者の増加による医療者の相対的減少と、そのことがもたらす医療水準の質的低下。そして薬価制度を中心として運営されることによる大量服薬の傾向。

四つ目は人口の急激な都市集中化《ママ》、大家族の分解、共同体意識の変化などにともなう精神病患者、薬物アルコール嗜癖者、精薄、老人などの地域社会からの締め出しと、精神病院への収容期待の増加。

これが、島があげている、沖縄の「精神障害者処遇」の本土化（近代化）を示す指標であった。

私宅監置者を「医療にのせる」こと

さて、〝収容性〟が強化されたという〝病院批判〟であれば、決して珍しいものではない。日本の精神科医療の病院経営や運営の歪んだ構造、隠蔽体質への批判は数多くなされてきた。治療と称しながら劣悪な環境のなかに動物のように閉じ込められているだけで、いかに非人道的な行為がなされてきたか、と告発する本もたくさん書かれてきた。島成郎の批判は、これらの批判や告発とは一線を画している。どこがどう違っているか。

島は、一九七二年一〇月二五日から七四年五月一五日までの、一年半に及ぶ玉木病院での自身の治療を振り返る。開設と同時に大量の患者が押し寄せたことはすでに書いたが、島は皮肉たっぷりに、次のように記す。

「多くの公立病院や〝安定〟した私立病院のように患者のえり好みをすることもせず、また経営上の理由から積極的に入院させる〝狩込み〟のようなことをする動機ももたず」、「家族・地域のすさまじいばかりの入院期待に対して、〝できるだけ入院させず〟〝入院患者は可及的に早く退院させる〟〝強制入院をなるべく避け〟〝閉鎖期間を短く（開放病棟は二分の一）〟……等々、要するに、皆さんがやられているようなことをやってきたのである」

そしてこのような対応の結果、玉木病院では一〇三六名の新患が受診し、約五〇パーセントの五八七名が入院。「しかも満床時に外来で治療せざるを得なかった諸例や、家族らの要求にも頑として入院させずに治療を行なった多くの例を加えると、来院者の五分の三が入院要求（勿論本人ではない）」例であり、それこそが精神病院に期待されるものだ、病院が望まれているのは治療というよりも収容である、と島は憤りを込めて指摘する。

さらに、玉木病院では早期退院を目標に努力した結果、四〇七名が改善退院している。しかし当時の入院者二〇〇名のうち、一年以上の在院者は三五名に達している。理由は、狭義の〝症状〟が改善しないため、という患者は一三名にすぎず、他は医療外の社会的な要因である。「しかも〝症状〟といっても、薬物などによってはこれ以上の改善は期待できず、閉鎖的空間の環境はむしろマイナス要因が大きいと考えられるものが多い」

こう分析した後、島は、次のような結論を導き出していく。

「強調したいのはこの結果が、私の積極的な「医療」行為に由来したということである。すなわち私たちは意図して患者を閉じ込めるという意識を持たず、また外からの圧力で病院内収容しているとは考えず、恰も、医師—患者の一対一の治療行為—医療を行なっているものとして、主体的・積極的に営為した結果、この事態が現出しているのである。

（中略）現行の精神医療の体系が法的、経済的に治安的、反医療的なものであるとしても——少なくとも戦後においては、患者処遇の基本形態である精神病院内収容隔離は、精神科医の承認と積極的関与なしには、法的にもありえなかったのである」

ここでの島は、外からの第三者的な批判や告発ではなく、自身の取り組みを省み、問題を導き出し、実践の改善につなげようとしている。そのための病院批判である。これが島のとった立場であり、ロジックだった。

島は言う。巡回相談の大部分が、家族や地域からの「入院相談」であり、放置患者の問題である。相談の結果、結局は〝医療にのせる〟ことになる。しかし、それは患者のためではない。家族のため、社会防衛のためである。

そして三年経っても、八〇パーセントがまだ入院中であるが、「このような役割を批判し、逆の方向に——すなわち、入院患者を退院させ、家庭内の座を確保させ、地域内孤立を打ち破りながら、自立を促すということを〝地域〟活動の主点におこうとする時、その抵抗は強く、数倍のエネルギーが要求される。このエネルギーの浪費に疲れ、或いは、無力を感じる時、結果として、排除、隔離の役割を容認したことになる」

ここが、島成郎の病院論・治療論の肝であり、出発点となる。

島成郎の治療観と援助観

久米島での巡回診療にあたって、島は二つの取り決めをした。

一つは、いったん始めたら、どんな小さな形でもよいから粘り強く長く続けること。これまで久米島では、診察はするがそれきりで治療はしない、調査はするが具体的対策はなされない、ということがくり返されて来た。しかし、と島は言う。「精神衛生というのは、人と人とのつながり、心と心の触れあい、通いあいが一番大切なことですので、一回きりの診察や投薬などではどうにもならないわけですし、また効果もなかなか目に見えては現われ難いものですから、忍耐強くしっかりと地元に根をおろしていかなければ意味がない」、そのためにも粘り強く続けたいと島は考えた。

二つ目は、精神衛生の仕事は医者だけでできるものではないし、やるべきものでもない、それまでの経験から精神科の治療は、薬を飲ませたり注射をうつだけではとても患者を癒せない、重要なことは「彼の心の悩みを少しでも感じあい、彼がこれに打ち勝つのを手助けすることで、これは狭い医療だけではできない、医者だけでは決してできない」ということだった。

したがって治療とは、彼を取り巻く、いろいろな立場の人が協力しあって初めてできるものだ、と常々思ってきた、治療は病院のなかだけではできない。患者は家庭や社会で、実際に生活上の難しさにぶつかり、それに耐え、打ち克ちながら一人立ちしていくことが大変なので、そのために地域のなかで彼を援ける力が必要である。これがないと社会復帰はできない。そのことをよく理解し、彼を援ける人が地域にどれだけ存在するか。どれだけ理解者や協力者をつくることができるか。

これが島の治療観の基本である。生涯を通じてくり返し述べているのは、これのことに尽きるといっても過言ではない。

五〇年も昔の医療スタイルを持ちだされても、すでに骨董品だ、と感じられるだろうか。脳の画像診断や生物学検査が進み、鑑別診断が精度を増している、新しい薬物も治療技法も開発され、日進月歩で精神科治療は進んでいる、いかにも一昔前の治療ではないか、といわれるだろうか。

沖縄の精神科医師・知念襄二は言う。

「その後いろいろな考え方が外国から入ってきていますが、なんだこれは、四〇年も前に島先生が言っていたことじゃないか、と感じることは何度もありましたね。その頃から、狭い意味での医療ではなく、医療を含んだ地域のあり方や家族のあり方を、いろいろ考えながらやっていたんだと思います」

すでに一九七〇年代にあって、これほどの治療観や病院観を持ち得ていたことは驚きである。

地域活動と病院医療

もう一つ、島の基本的な考えがあった。

簡単にいえば、「地域活動」を「病院医療」に対立するものとは考えない、対立させる考えは誤りであるということである。島は書く。

「久米島での地域医療とは、本島における精神病院が、地域における治療機関としての機能を果たせるような改革をなすことなしにはあり得ないのだということを六年間の活動を通して思い知らされた」

では「地域活動とは対立しない病院論」とは、どのようなものか。

「入院中心主義」に対する「地域主義」は、地域精神医療の根幹をなす考えだが、では、地域精神医療を成り立たせる「地域」とはどんなものか。地域（＝病院外）の基盤をどこに求めるのか。島はそんな問いから始める。

従来の「病院での医学的治療」から「地域での社会的治療」へと発展させていくためには、〝社会的空間が病院よりも優れた環境を持つような治療共同体〟でなければならない。そうでなければ、「地域主義」は成立しないだろう。

しかし「精神病院」を抜きにして「地域医療」を考えることは空想的であり、活動の主力を病院内治療におき、そこから地域活動を考える、すなわち「病院内」の治療を、地域社会における患者の〝休憩所〟の一つとして捉えること。そうなれば、地域活動が活性化すればするほど、休憩所としての病院は、おのずと変革を促されることになる。病院と地域をそのような関係として再構築すること。これが島の一つ目の考えだった。

二つ目。地域活動における患者と家族の関係。

地域主義が奨励されるとき、誰がその担い手となるかといえば、家族である（結果的に、家族に押し付けられる）。しかし家族は、地域で孤立し家庭に閉じこもらざるを得ない患者にとっては、ときに自立を妨げる最大の要因ともなる。言い換えれば、地域社会から彼を排除する直接の執行者となる。医療も時に患者にとっては「敵」である。家族がその医療の「協力者」となるならば、家族も「敵」になる。

実際に、患者の「暴力行為」の九〇パーセント以上が家族に向けられたものである。その意味を真剣に考えることなく、医療者の都合から患者を家族に委ねることで、地域医療が可能になるなどと安易に考えることは、「現実をみないで責を他に委ねる無責任なものといわざるを得ない」と断じる。

島は久米島で「地域家族会」の立ち上げを主導していくのだが、「家族」についてのこうした検討を経ないまま安易に家族に委ね、地域への移行や家族会活動が行われるならば、「病院」を地域や家庭にまで延長させることにほかならない。地域主義とは、地域の医療化ではない、もちろん患者を監視するための地域でもない。

以上が、島が久米島（と南風原）での巡回診療を行いながら、精神医療とはなにか、治療とはなにか、病院医療とはなにかという問いの、ひとまずはたどりついたところだった（これらはかつて島が東大病院や、国立武蔵療養所で抱いた「医の初心」の問いであったことを、思い起こしたい）。以降、久米島での取り組みを具体的に見ていくことになるが、いうまでもなく、久米島での取り組みはこうした治療観や病院観の実践である。

久米島で始まった巡回診療

久米島は那覇の西南約一五〇キロの位置にあり、飛行機で三五分ほど。船では三時間の運航を要する。島の周囲は四八キロ。面積が五万五一〇〇アールで、一万人ほどの人びとが、農業を主として暮らしている。島が巡回診療をしていたときには具志川村と仲里村に分かれていたが、現在は合併されて久米島町となっている。

取材中、強く感じたことだが、久米島もまた神の島であった。御嶽《ウタキ》、ガラサー山（海中に浮かぶ小島）、ミーフーガー（巨大な岩場で子宝に恵まれるとされる拝みの場）、君南風由来《チンベードウンチ》（久米島の最高神職が祀られる祭礼殿）などが、島のなかに点在している。「久米島には祭地・聖地が数多くみられ、住民の信仰心の表れとしてこれらの地を巡るウガンマーイ（御願廻り）がおこなわれてきた」と、手元のパンフレットにあるように、沖縄の他の離島同様、聖地だった。

取材二日目の早朝、港に足を運んでみると、本島に向かう連絡船が停泊していた。制服を着た男性数名が乗船の準備をしている。尋ねると自衛隊員だという。迂闊にも航空自衛隊の分屯基地があることを私は知らなかった。山上に基地があり、日本の南西域の防空を目的とする自衛隊員が駐屯している。現実が一筋縄ではいかないことは当たり前だが、リゾート地として穏やかな時間が流れている久米島も、複雑な現実の中に置かれているのだと改めて知らされたのだった。

島は、久米島もまた「病床が少なく、医療費が高く、また離島ということもあって、私たちが〔巡回診療を〕始める頃、まだ多くの患者が島で医療をうけることなく放置されていた」と書くが、こうした久米島で主導的な役割を果たすのが、駐在保健婦の宮里恵美子であった。

宮里は、琉球政府立那覇看護学校公衆衛生看護学科を一九六七（昭和四二）年に卒業し、北部・国頭村で、公衆衛生看護婦として四年間勤めた。その後、国立公衆衛生院看護管理コースで学び、一九七〇（昭和四五）年、一年間の研修を通して群馬大学の「生活臨床」や、小坂英世の「精神分裂病の家族療法」などを学んできた。

宮里が沖縄に戻ったのが一九七一年。ちょうど島が、那覇保健所の嘱託医となった時だった。南風原町での巡回指導を続けていた島たちは、原實所長や新里厚子ら保健所スタッフと相談し、久米島をモデル地区として白羽の矢を立てた。宮里は言う。

「東京から久米島に帰って少しすると、保健婦が中心になった地域精神保健活動を始めますからといわれ、最初にモデルに上がったのが久米島でした。私は『待った』をかけたのですが、結局受けることになりました。四月に久米島に赴任してきて、六月には巡回診療の話が出て、八月には診療が始まっています。たった四ヶ月間でいろいろな準備をしなければならなくて、本当に大変でした。おまけに私は一人目の子を妊娠中だったのです。でもやるしかなかった」

宮里にとってはかなりハードな状況に置かれることになったが、後年、島をして「〔宮里さんは〕仲里村で六ヶ年、具志川村で四ヶ年半とずっと久米島の保健活動に全身を打ちこんでこられました。／ただ地元出身というだけでなく、誰よりも献身的に精神衛生活動に取り組んできました」といわせるほどの活躍を見せていく。

久米島での巡回診療には、那覇保健所から精神衛生の行政担当者や、新里や嘉手苅などの保健婦も同行していた。翌年には患者が増え、年三回、久米島での保健所クリニックに玉木病院も協力することが決まった。看護婦が看護業務のために訪れることになり、車も用意された。巡回診療が軌道に乗るにつれ、玉木病院の看護婦のなかには、有給休暇を取り、自ら参加するスタッフが現れるまでになったという。

玉木病院の参加は、患者たちに歓迎された。治療が中断していたり、薬だけ送ってもらっていたような患者が、定期的に相談に乗ってもらえるようになった。このことは患者にとって大きな安心をもたらした。それをきっかけに、玉木病院へ受診するために足を運ぶまでになった。久米島の人は自分では病院に行けなかったから、病院が便宜を図ってくれたことはとてもありがたいことだった、と宮里は話す。

監置室から出た後の患者たちの変化

久米島でも私宅監置されている患者は少なくなかった。巡回診療の前に宮里たちは事前訪問を重ねていたが、そこで何人かの監置患者に会った。

「きれいなコンクリートの建物を作って、そこに監置をされている患者もいれば、家のなかに鍵をかけられた暗い部屋があってずっとそこにいるとか、訪問のたびにそういう患者さんたちに会いました。巡回が始まると、家族にたいし、滅多やたらに暴れるものではないですからといって、訪問のときに鍵を開けてもらいました。一緒に中に入っていって患者本人と話をして、なぜ暴れるのかを訊き、外に出したらどうかと家族を説得しました」

最初は、島がいない時には、さすがに宮里たちも不安だった。鍵を開けてくれとは言えなかった。島がいる間は家に住まわせ、本島に帰るとまた監置室に入ってもらった。

「鍵がかかっていて顔は見えないけど、私の声を覚えてくれている方もいて、あるとき、家族が言っても戸を開けない方が、私たちが訪ねていくと少し戸を開けて話をしてくれました。でもすぐに、そばにある棒を振り回して追い出されるのですけどね。そういう人たちも回を重ねるごとに慣れていき、普通に戸を開け、いつ行っても会ってもらえるようになりました」

調子が悪くなって暴れるからと、自分からなかに入っていく患者もいた。二回三回と巡回を続けながら、監置は絶対にやってはいけないと本人や家族を説得し続けた。

「本人も家にいたいということで、何人かは、監置部屋から出て入院した人たちもいます。半年くらいすると帰ってきて、みんなと一緒に生活するようになって、今までテレビなんて見たことのなかった人が、一緒にテレビを見ながらご飯を食べるようになった。最初にこのことを知ったときの感動はすごかったです。家族も『一緒にご飯を食べたのよ！』みたいな感じでしたね」


監置室から出たある患者が、家族のやり方を真似てコーヒーを淹れてくれたことがあった。

「家族は、砂糖はどうする、ミルクはどうするって聞くけど、その男の患者さんはなにも言わないで、いつも家の人がやっていたから今度は自分がコーヒーを淹れて上げる、と持ってきてくれました。飲んでみると砂糖汁になっている（笑）。どうしようかと思ったけど、初めて接待してくれているんだから、これは飲まないといけないと思って、三人のうちもう一人は半分飲んで残していたんですけど、先生と私は全部飲んだのです。底を見ると砂糖が残っている。でも、この人がコーヒーを淹れてくれるなんて、私たちの頭の中にはなかったですから、感動があった。『砂糖は好きな人と嫌いな人がいるから、次からは、砂糖を入れるねって訊いてね。でも、ありがとうね』と言って帰ってきました」

長い間閉じ込められていた人が、外に出た後にいろいろな訴えをする。しかし家族には理解されない。それが高じて物を壊すというケースがあった。

「扇風機をいくつ壊した、位牌をいくつ壊した、といつも数えているお婆さんがいたのです。そのお婆さんから電話があって、『ご飯に毒が入っているからと全然食べない、どうしたらいいね』という相談を受けたのです。役場に出勤する前に彼が住んでいる家によって、二人分ご飯を入れてもらって、『私が食べてなんでもなかったら、あんたも食べるね』と言ったら、『うん、食べる』というんです。『毒だと思っているのは何ね』と訊くと、『鍋に入っているのはみんな毒だ』というので、それも入れてもらって、『私も食べるから』といって食べ、その人にも食べてもらった。

そんなことを一週間ほど続けているうちに、私が『食べたらどうね』と言わなくても食べるようになった。親一人子一人の家族でしたが、彼はお母さんが強く叱るからちょっとおかしくなる。喧嘩になって道具を割ったりしたら、『あっちに行きなさい』と言われる。すると、コンクリートの監置室の中に入っていく。そこが自分にとって安住の地だと思っているんでしょうね」

宮里は、訪問活動に関わってすでに三〇年が過ぎた、と感慨深げに振り返った。

「いまでは久米島のいろいろな人たちと、家族ぐるみの付き合いになっています。患者の親は私の親ですし、患者は私の兄弟のようなものです。私の夫が亡くなったとき、患者も家族のように声をかけてくれて、この人たちは他人の痛みがみんな分かるんだ、この仕事をやっていてよかったと思いました。ほんとうに励まされましたね」

「島先生は妥協をしなかった」

島は、自分が理想とする医療のためには妥協しなかった。宮里は言う。

「私の仕事の六割から七割は、精神衛生業務が占めていました。私は久米島にきて結婚したものですから、その分、母子の仕事なんかをやり残していて、自分でも気になっていました。精神の患者さんの数が増えてくると、その人たちの資料を用意しておかないといけないですから、訪問回数は増えます。『久米島は、精神の患者さんだけで手一杯だね』と、保健婦同士でよく言っていました。そのために犠牲になった他の業務がありますし、心残りがずっとあります。

励まされたことは、島先生がいつも、『この患者さんたちをぜったいに地域に帰すんだ』と言われていたことです。先生は妥協をしなかったし、それはいつも私たちの方針の真ん中にあったのです。先生の口癖は『この仕事は、医者や保健婦だけでできるものではないよ。みんなでやらないといけない。できるだけ大勢の仲間を引き入れよう』。最初からそう言っていましたね」

島が考える仲間や協力者とは、医療側にとっての必要な仲間や協力者ではなかった。患者の過酷で悲惨な生活を知り、このような処遇を強いている地域の状況を少しでも変えていこうとする協力者だった。患者本人にとっての協力者をという観点が必要なのだ、と島は強調した。

そして患者との信頼関係ができてくると、治療の選択も広がっていく。

「玉木病院が巡回診療に参加してくれたことで、〝体験入院〟ができるようになったのです。久米島という生活の場からちょっと離れてみよう、監置の場から出て体験入院してもらおう、という取り組みができるようになった。入院をして、やっぱり家がいいということになると、じゃあ帰ろうと戻ってくる。その後も、何かあればすぐに病院と連絡を取ることができた。そうした融通がきいたのも、玉木病院であればこそでした」

地域生活を支えるために、患者一人一人の実状に即した入退院ができる病院。ここでいわれる〝体験入院〟は、島が構想していた「地域と病院」のあり方がどんなものだったかを示唆する。

「患者さんにいろいろな生活療養体験をしてもらい、自分に合う生活スタイルを選んでいく。こうした考えに玉木病院も賛同してくれて、その人に合った体験入院を何年も続けてくれました。自由入院というのでしょうか。家で過ごしていて調子が悪くなると、『また病院に行きたい』という言葉が、自分から出てくるようになったのです。調子が戻れば家に帰ってくる。そういうことをさせてくれた玉木病院は、とても貴重な病院だったと思いますね。家族の方々も、玉木病院には足を向けて寝られないと言いますからね」

デイケア活動と家族会の立ち上げ

巡回診療は年三回、四日間。デイケア活動も始めていた。

「巡回時におこなう三回のデイケアだけでは足りないね、ということになって、じゃあ自分たちだけでやってみようかと始めました。病院のデイケアは費用が必要でしたが、私たちはお金をとらないでやってみたのです。最初は保健婦が企画していましたが、八年目ごろでしたかね、患者さんと家族で毎月運営できるようになったのは」

最初は、役場で卓球をしようということになった。保健婦たちも緊張し、患者も普段は家に閉じこもっているから、隣にいる人がだれかを知らない。緊張しっぱなしだった。

「忘年会のときにできるだけみんなに出てもらい、チームを組んでゲームをしました。それから知り合いになり、どこの病院から薬をもらってるとか、あの病院はどんな感じなのかとか、いろいろと訊ね合うようになりました。それからは集まっても不安はなかったのですが、ときに他人を叩いたり暴言を吐いたりと、不穏な人がいました。注意すると帰ってしまうのです。でも私たちは、どの人も治療がうまく行ってさえいれば、普通の人と一緒だと思っていました」

久米島の取り組みで特筆すべきは、自主的なデイケア活動ともに（これは今でこそ当たり前だが、当時は画期的だった）、沖縄で初めての「家族会」の立ち上げだった。

「デイケア活動には家族も参加しました。参加しない人も、夜の懇親会には出席しましたね。懇親会は、先生はじめスタッフに対するお礼のつもりで、家族の皆さんが集まってくれたのです。先生はいなくても、自分たちだけでもこういう集まりを続けましょうという話になって、沖縄県内で初めて家族会ができたのです」

家族会を立ち上げてよかったのは、参加している患者はもちろん、家族同士が心置きなく胸の内を語り、助言し合うようになったことだ。

「運営は保健婦がバックアップするとしても、お互いに思いを語り合えることはとてもいいことだと思いました。初代の会長さんが山里八重子さんで、いまはもう亡くなられたのですが、すべての家族に手を差し伸べ、みんなと一緒だったらどんなことでも大丈夫、みんな同じ苦しさを体験しているんだから、と粘り強く家族を励まし続けたのです。家族のほうは、症状や対応は一人一人違うから、と思っていたのですが、だんだん一緒に進むしかないと、励まし合うようになったのです」

家族会は「あけぼの会」と名付けられた。最初に家族会で旅行に行ったとき、会長以外の親御さんは参加しなかった。あの家のあの娘は怖いから一緒にはいけない、この家のこの人は怖いから、といってスタッフに預けっぱなしだった。それが少しずつ参加する家族が増えていった。

「島先生の力で、この久米島でやった家族会が南風原に広がり、与那原に広がり、交流の輪が広がっていきました。いくつかの家族会が合同でおこなう『心の輪を広げる集い』というものができて、久米島の『あけぼの会』も、第一回目からずっと参加しているのです。不安ながら、初めて海を渡って本島に出かけた覚えがありますね。病院からも患者さんたちを連れて参加するので、これでは掌握しきれないということで、北部、中部、南部と分れてやるようになったのです。

それをつくっていったのは島先生なんですけれど、先生が表立って動いたというより、先生の助言を聞いてみんなでこんな形がいいね、ということになったのです。おかげで、病院の看護師も保健婦もワーカーもつながりができた。入院している久米島の患者さんを、久米島チームの所に連れてきて一緒にさせたり、そんなことをしていましたね」

学会発表する、論文を書く

島は、自分たちの取り組みをまとめ、学会で発表するように宮里たちに求めた。

「あまりに業務が大変で、ときには、家族を犠牲にしてまでしてやっていることに何か意味があるのか、と思うこともありました。業務だけでもきついのに、先生は、素晴らしい取り組みをしているのだから学会で発表するように、というのです。自分たちは、人様に言うほどのことをやっているのかな、と思ったりしましたけど、でも島先生には言えませんしね」

五年目ごろから、島や保健所職員たちと自分たちの取り組みを発表するようになった。

「とても大変でした。でもそれによって、自分たちの活動が認められるようになったのです。自分たちがやっていることの意味を確認させてもらったわけですね。時間に追われるばかりの仕事ではない、意義深いことをやっているのだ、と気づかされていったのです。

学会の四日間でやったことは、メニューと組織活動の紹介です。私たちの活動は地域が受け入れてくれなければ動けませんから、どんな連携を取り、どんな活動をしたか。注目を浴びたのは、先生がくるたびに野外活動と称してソフトボールやゲートボールをやっていましたが、ある患者さんが、家族とは話さなくてもそこには出てくるようになった、という報告をしたときでした。患者の皆さん、一〇年も一五年も閉じこもっていた方ですから、目覚ましい変わりぶりで、そんな事例が注目されました。外での活動ができるようになると、今度は患者さん同士で、ほかのできない人たちを労わるようになるのです。目の前でスライドを見せているのに、質疑応答の際、『そんな夢のようなことが、本当にできるんですか』と訊かれたこともありました」

宮里、新里厚子や嘉手苅綾子、その他の保健婦と、島との共著になった論文が、島の二冊の著書に収められている。上手に励まされながら論文をまとめ、学会発表をしていったのだろう。もちろん島は自分が率先して動いた。

島のハードな仕事ぶり

宮里にも悩みの種はあった。那覇保健所の担当保健婦が次々に代わってしまう。久米島の駐在保健婦も、宮里以外は三年おきに交代する。仕事が引き継げないし、双方が不慣れなので、とてもハードになる。加えて、駐在保健婦全員がこの巡回診療に賛同していたわけではなかった。「これは玉木病院の外来の仕事なのではないか」とあたかも自分たちには仕事外だと言わんばかりの発言をする保健婦もいて、スタッフ間でぎくしゃくした時期もあった。

「巡回診療といっても、どこかに見本があるわけではないですからね。時間に追われながら、一つのクリニックが終わったら、次のクリニックのために四ヶ月前から準備をする。私たちにとっては、家庭を放りっぱなしにしてやらなければならないほどの仕事量でしたね」

しかし島もまた膨大な仕事量をこなしていた。島の何人か後の巡回診療医だった中山勲が、面白いことを話してくれた。

「ぼくなんか怠惰な人間ですから、夕方の五時を過ぎたら、そろそろ今日は終わりだな、せっかく久米島まで来てるんだから、後は景色のきれいな海岸にでも行きたい。そう思っていたら、保健婦さんたちは夜の八時九時までぼくを引き連れて、まだあの患者が残っている、この患者も残っていると引っ張っていくのです。

正直、ぼくは腹が立ちまして、久米島に初めて来たのに、どこも見ないで仕事ばかりさせられるのかと言うと、あと何軒あります、新しい患者さんが何人いますと言って、終わったのは九時すぎです。そして島先生はもっと遅くまでやっていましたよ、と言うのです。たしかに島先生はきれいな景色を眺めるより、患者さんと話している方が楽しいのかもしれないけれど、そんな真似はぼくにはさせないでほしい、とそう思いましたね」

島は遅くまで患者の家を訪問し、翌日の診療もこなし、帰りの飛行機までには診断書を書き終えた。診断書は一枚書くのに三、四〇分かかるというが、飛行機に乗るぎりぎりまでカルテに目を通していた。島にはそれが当たり前だったかもしれないが、自分にはそんな真似はとても出来ない。仕事の後の、家族たちとの付き合いもそうだった、と中山はいう。

「島先生は、日によっては診療の後、家族会の人と酒を飲むのです。夜の一一時一二時まで飲む。ぼくは一〇時ころで逃げようとすると、家族会の会長は、島先生は一時くらいまで飲んでました、まだ早いですよ、と言って引きとめるんです。保健婦さんも島先生はこうだったと言うし、家族会も島先生はこうだったと言う。やりにくかったですね（笑）。島先生が偶像化され、その島先生と比べられるなんて、たまったものじゃないと思いましたね（笑）」

中山は諧謔を交えて話してくれたのだが、島たちの熱意や熱気がどれほどのものだったか、よく伝えている。患者本人や家族も、島たちの熱心さに打たれ、活動を受け入れていった。

評判も上がっていき、久米島役場の担当課長が出張に行った際、県の担当者から「久米島はよく頑張っている」と言われたことがあった。すると担当課長も、これはもっと頑張らないといけないと、積極的に協力するようになった。巡回診療を始めて五、六年ほどたっていた。

ある転身——駐在保健婦から養護教諭へ

しかし、駐在保健婦の誰もが順風満帆に仕事を進めることができたわけではない。どうしても続けることができないと養護教諭に転じた人もいる。大田（旧姓・伊是名）英子は旧具志川村の駐在保健婦として採用されたが、二年ほどの勤務の後、退職。その間の辛さを率直に話してくれた。

大田が採用されたときには、すでに久米島の巡回診療は始まっていた。保健所はどこも多忙を極め、先輩の宮里に教えてもらえる機会はなかった。

「患者さんの住まいは藪のなかの掘っ立て小屋で、会いに行くと家族の方にはすごく嫌がられました。『人が秘密にしているのに、なんで世間に公表する？　恥さー』という感じで、『二十二、三の小娘に、何が分かるね』と、まともに取り合ってもらえないのです。

髪がぼさぼさに伸びた女の方で、ボロの、着物なのか何なのか分からない物を着て、顔も真っ黒に汚れ、異臭もしています。アルマイトの洗面器に食べ物が置いてある。私を威嚇しているのか声を掛けてほしいのか、低いうなり声を上げているのです。できるなら逃げたい、それが正直な気持ちでしたね。患者さんのうなり声、ボロボロの服と異臭。いまでも思い出します」

大田が患者に会った最初の印象が、怖いという感情だった。これから自分はどうやって仕事を続けていけばいいんだろう。そう思った。乳幼児健診や老人健診は楽しかった。「精神衛生クリニック」という名が計画書に書かれているのを見ただけで、心臓がドキドキしたという。

大田は一度、患者に追いかけられたことがある。

「家庭訪問に行ったのですが、家が分からないものですから、たまたま歩いているお爺さんに、『誰～さんのうちに行きたいのですが』と訊くと、『なんでだ、何しに行くか』というのです。おかしいなと思ったら、『それは自分の名前だ』という。鎌を持っていて『つかまえに来たのか』と言われ、追いかけられたのです。誰も近くを通らないし、空いている家があったので、そこに飛び込んでいくと、その人は鎌を下ろして戻って行ったんです」

いま考えてもそのときの怖さが戻ってくる、と大田は言った。

島の印象を訊ねると、医者というよりも政治運動家の方がぴったりだと思った、精神医療について語り出すとすごく熱っぽかった、と大田は言う。

「他人のことなのに、なんでこの先生はこんなに体を張っているんだろうと思った。患者さんの状態が悪くなると入院させて、よくなると在宅に戻すという話をなさったときに、これまで自分たちは、精神障害者の人たちは一時的にはよくなるけれど、またすぐに悪くなる、村の人たちが危害を加えられないよう、長く入院させておいたほうがいい、そう思っていたんです。

でも先生は、それは違う、病院からは解放しないといけない。地域で暮らすのが本当だ、と熱く語るのです。その話を聞いたとき、その考えはほんとうに地域に受け入れられるんだろうか。久米島の住民がもっていたこれまでの精神障害者に対する思いを、どうやって変えていくんだろうか。ほんとうに地域で、在宅でみるという考えを浸透させていくことができるんだろうか。私は、その片棒を担ぐ仕事をさせられているけれど（笑）、みんなにどう話をしていけばいいんだろうかと、すごく負担と責任を感じました」

大田はその後、中学校の養護教諭に転じた。そこで本来の自分を取り戻した気がしたという。

「駐在保健婦のときには地域のなかの子ども、という目で見ていましたが、今度は学校のなかで、子どもを通して家族や地域を見ることになった。なんでこの子はこんなことをするんだろうって考えたとき、保健婦の仕事をしたので、子どもの家族もだいたいは分かるのです。すると、こういうことをするのは、家族がこういう問題を抱えているからだと考える。保健婦時代に身に付けた知識と重ね合わせて子どもを見ることができるのです。担任にも助言できましたね」

宮里にもアドバイスを仰いだ。そこが担任や他の養護教諭が持たない大田の強みだった。

「私は三四年間現場にいたのですが、たとえば性に関する問題とか出たときは宮里さんに相談し、性教育の資料をもらったりしていました。相談しやすかったですね」

「安保の島」を垣間見たとき

島は、大田に一度だけ六〇年安保の話をしてくれたことがあったという。

「私たちは学生の頃、沖縄の祖国復帰運動のようなことをして、看護協会や看護学生もデモに参加していたんです。島先生に、私たちもストにも参加しましたとその話をしたら、安保闘争の話をなさるのを聞いて、すごい！　あのときあそこにいたんだと思いましたね（笑）。クリニックの打ち上げで保健所の中庭でバーベキューをやっているとき、ちょっと話してくれただけなんですけどね。

どういうふうなデモをしたの、と訊くので、復帰の四・二八デモで、闘争小屋にこもったりとか辺戸の岬灯火台とか、ああいうことをやりましたと言ったら、そういうこともやったのかという感じで、それから先生がデモの話をして下さったのです。聞いていると、全然ケタが違う（笑）」

宮里にも「安保の島」の面影はなかったかと訊ねてみた。宮里はこんなことを言った。

「あるレクのとき、ソフトボールをしていた患者が、『島のバカ野郎！』と大きな声で叫んで、バットを持って近寄って行ったのです。一瞬だったので何がきっかけだったかは見ていなかったのですが、いきり立っている声だったので私たちも気付いたのです。いつもの先生なら穏やかな説得調で語りかけるのですが、その患者さんに対してはすごく強い口調で制止していました。まったく島先生らしくない強い言葉でしたね。国会のデモで闘っていたり、精神神経学会で闘っていたりしていたときの先生は、こういう感じだったのかと思ったのは、そのときだけですね」

島は政治や学生運動については、久米島でも封印していた。

山城紀子の「心の輪を広げる集い」と島成郎との出会い

沖縄タイムスの記者だった山城紀子は、「心の輪を広げる集い」に初めて参加したときのことを、次のように語っている。山城は島から「心の輪を広げる集い」というものを糸満《いとまん》の摩文仁《まぶに》で行うので、取材に来てほしいと依頼を受けた。山城は出かけていった。

「参加したら、ずいぶんと声の大きい人が掛け声をかけて、ラジオ体操をやっているのです。それが島先生だったのです。これまで会った精神科医の多くはぼそぼそとした声で、しかも単語で、文章にはならない話し方でした。ところが島先生の声は精神科医にあるまじき声でした（笑）。それがとても強烈な印象でした」

山城は「心の輪を広げる集い」がどんなものか、そのとき知らなかった。しかし取材に行ったことで、記者としての今後にとって重要なテーマを発見することになる。

「私自身が女の記者であることによって、不当な扱いを受けていると思ってきました。でも、そこにははっきりとした加害者はいないのです。それまで偏見や差別は、悪意があったり排除をするという意図があるから起きるものだと思っていたのに、そんなことはないのです。私に対しての悪意はないし差別意識もない。でも、女であることで差別をされていると感じてきた。ところが、『心の輪を広げる集い』を取材したことで、じつは私自身も〝見えない加害者〟そのものだったことに気づかされたのです。

『こうやって歌ったり踊ったりすることの何が、精神障害者の人にとっていいんでしょうか』と隣の人に聞いたのですね。するとその人は『いま精神の病は薬もいいものが出ているから、病院で治るのです。ところが家に帰ると、何々さんの娘よ、精神病院から帰ってきているみたい、と偏見の目で見られる。親たちも、外に出ると周りからなんて言われるかを気にするから、家に帰っても外に出るのが怖くなってしまう。閉じこもってどんどん悪い方へ悪い方へと考え、結局再発して入院してしまう。でも、今日のようにみんなと歌ったり踊ったり、障害物競走をしていると、外に向かって一歩踏み出していいのよ、と背中を押してもらえるのです。社会に出ることに勇気が出てくる。それがこの催しのよさです』という話をされたのです」

山城は感心しながらメモをとり続けた。そして尋ねた。

「あなたはお医者さんですかと訊くと、違いますよという。保健婦さんですかと訊くと、違いますよという。自分は患者ですという。ショックでした。自分のなかの差別意識や偏見を、しっかりと見せられてしまった。無意識のうちに、こんなふうにきちんと説明できる人は精神障害者ではないと考えていたのですね。そのことが分かったのです。会社のなかで、無自覚、無意識に私を排除していると批判の目を向けていた先輩や上司と、私はまったく一緒なんだと気付いたのです。痛い思いがありました」

山城への洗礼はこれで終わらなかった。家族たちとこんなにたくさん出会える機会はないだろうと考え、昼食の輪に入り、家族の気持ちを聴いておきたいと思った。

「あなたは？　と訊ねられ、『私は沖縄タイムスの……』と言ったとたん、和気藹藹《わきあいあい》の雰囲気がいっぺんに終わってしまいました。何で新聞記者がここにいるのよ、という空気が猛烈に出てきて、私はいたたまれなくなって席を離れたのです。新聞記者という私の職業がこんなふうに思われているのか。そのことを分かっていなかったことが、はっきりと分かった。そういう体験でした」

以後、山城は島との交流を深めながら取材を重ねていく。精神疾患の問題だけではない。障害者や高齢者、従軍慰安婦問題、沖縄戦と性暴力、といったハードな領域にも正面からぶつかりながら、ジャーナリストとしてのキャリアを積み重ねていった。

ところで、山城が語ってくれた言葉で、強く残ったものがある。島成郎という人の魅力は何だと思うか、と訊ねたときだった。

「島先生と一緒に仕事をした人たちは、とくに女性たちは、いろんな意味でとても面白かったと思います。なぜかと言えば、あてにされているし、本気で期待されているし、仕事ができないと本気でがっかりされてしまう。保健婦さんたちは、そういう思いを誰もが持っていたと思います。男の人と組んだ多くの女の人たちは、じつは男にあてにされていないのですね。期待されていない。ところが島医師は本気で女に期待していました。

『山城紀子に精神医療のガイド本を書いてほしい』と島先生が言ったのは、まさしく本気だったと思います。本気で仕事をしたいと思う女たちには、まさに醍醐味です。甘やかしてほしいのではなく、女に本気で期待し、本気でダメだしをしてくる数少ない男性が島先生だった。女は意気に感じ、本気で仕事をしようとするでしょう。そういう男性だったと思います」

島成郎についての最高の評価ではないかと私は思った。

宮里が振り返って思うこと

久米島社会福祉協議会に行き、さくら事業所へ案内してくれた。かつての「あけぼの作業所」

である。新聞のリサイクル、社協周辺の花壇の手入れ、空港の飾花などに取り組んでいるという。社協の本永妙に説明を受けた後、島と面識があるという三名に話を聞いた。

女性二名は作業所に通いながら、安定した生活を送っていた。島との縁は少しだけだったという。もう一人の男性は、島にはずいぶん世話になったし、いまも宮里との交流が続いている。薬をなぜ飲まなければならないのか。薬を止めたい、普通の暮らしがしたいと考え、自己流で服薬を中断したことがあった。宮里はその時の様子を思い起こさせるように、薬を止めた時にどんな状態になったか、逆に苦しかったのではないかと語りかけていた。彼が宮里を頼り、慕っていることが感じることができた。「島先生は怖かった」というようなことを漏らし、島の思い出が、島を悩ませたという久米島の方言で語られていく。ときどき宮里に意味を教わりながら、私は耳を傾けていた。

振り返って宮里が言う。

「沖縄には『久米島を目指せ』という言葉があります。沖縄で学会や保健婦研修会があると、『久米島の事例を発表してほしい』と県から要望されましたし、保健師会に行っても、医療活動の先駆けをつくった先輩方から『あなたたちは、大変だったね』と、言ってもらうのです。いまになって周りから、偉い先生とこれだけの活動してきたのだ、と認識させられるのです。その事実は、生きる上でとてもいい体験だったと思います。自分の支えになっているのです。子どもたちを雑に育てたという悔いはありますし、仕事を十分にこなし切れなかったという反省もあるのですが、精一杯やったという気持ちのほうが強くあります。いい考え方を学んだ活動だったと思います」

そして宮里は、自分たちのやってきたことが、うまくバトンされていないと漏らした。

「保健福祉は保健師たちが十分やってくれるだろう、という期待を込めて、私は伝統芸能や地域ボランティアをやってきたのですが、保健師の手伝いが十分にできないでいます。先生は、いろいろな人を連れてきて巻き込もうとしていましたが、でもいまは法律が変わり、精神保健だけをやっていられない時代になっています。在宅で一人でいる人を、デイサービスや作業所につなげる仕事までは手が回らないようなのです」

宮里と久米島町役場仲里庁舎に行き、現役のワーカーである新垣菜見子、岡田安代の二人に話を聞いた。

困りごとが多領域にまたがり、高齢、障害、子ども、生活困窮と領域ごとに分けたとしても、支援は横断的になる。精神保健では、在宅で薬を飲みながら療養する患者は多く、全体的に軽症化し、すそ野が広がっている。本島のクリニックに通院する人もいて、そんな人たちは外には表れにくい。久米島全体でどれくらいの数になるのか、把握することは難しい。さまざまな問題の背後には精神疾患の問題があり、この問題がもっとも継続性を要する、と新垣は言う。

「正直隠れている方、引きこもっている方に、どれくらい精神疾患の方がいるかというのが分からない。引き継がれていないのです。この前、昔デイケアに通っていたという人がいて、いまはなくなっていますよと言うと、懐かしがって、涙を流して話していた。その方はさくら事業所に行くことになったんだけど、デイケアはいい気分転換になったり、みんなで集まって交流会をしたりしていたんだろうな、そういう場所はあった方がいいということは感じましたね」

さらに岡田は言う。

「保健師の育成ではないですけれど、恵美子さん〔宮里〕たちの世代の情熱的な保健師魂みたいなものは、受け継がれていないといったら言い過ぎかもしれないですけど、そういう保健師の人材育成に力を入れてほしい、という思いはありますね」

するとと宮里が言った。

「いまは、保健師でも地域に入れない状況が出てきています。難しくなっていますね。公衆衛生が公衆衛生ではなくなっている。改めて、島先生がいらした一五年間は、久米島だけではなく、沖縄の医療全体を変える非常に貴重な時間だったんだなと思います」

第九章　北の風土と医師たちの治療共同体

北の大地に降り立つ

一九九一年五月一五日発行の「NEWSうえなえ」第36号に、「着任にあたって抱負を語る」と題された島成郎のエッセイが掲載されている。「NEWSうえなえ」は苫小牧市に本拠を置く社会医療法人こぶしが、植苗病院やクリニックの患者・スタッフに向けて発行するニュースレターである。〝情報〟の多い文章であり、全文を引く。

この三月、古い言葉でいえば「還暦」を迎えました。人生の一つの節目とも考え、さてこれから何をするかと思案していましたが、此度植苗の地で過ごすことになりました。

考えてみれば不思議な縁です。

一昨年の秋、病後の休養をとっていた私に緒方〔道輔〕先生が声をかけられ、苫小牧を振り出しに道内一周の旅に出たのがきっかけで、今年一月まで、道東・鶴居村の養生邑病院にお世話になりました。広大な自然とのんびりした生活のお陰で、危機に瀕していた身体も復調し社会復帰の第一歩を踏みだすことができましたが、東京と沖縄しか知らなかった私には、この北の国の一つひとつが新鮮な体験でした。そして何よりも思いを同じくするたくさんの人たちと出会えたことが私の心身をリフレッシュしました。

精神科医となってから三十年、心病む数多くの人々との付き合いの中で「豊かな国」の「貧困」と「悲惨」をいやというほど見せつけられ、この状況をなんとか変えられないかと、ささやかな努力を続けてきましたが、緒方さんはこの闘いでの古くからの同志であり友人でありました。

時は経ち年は加わりますが、世の中そう簡単には変わりません。一層道は険しくなってきているとも言えます。

正直なところ、いささか疲れたなあというのが実感ですが、そんな時の緒方さんとの再会。明るさと優しさを失わず、ロマンを追う若さと馬力を持続している姿をみていると、恐らく彼を支え促しているであろう植苗病院や地域の人たちの力を感じます。その力がややくたびれた私のエンジンを再駆動させてくれることを信じておりますし、また心から希っています。

東京・陽和病院での挫折

一九八五年、沖縄を離れた島は、東京都陽和病院の院長に就任した。院長・藤澤敏雄が病状を悪化させ、藤澤の代わりができるのは島成郎しかいない、ということで呼び寄せられた。森山公夫は次のように語った。

「そのころ〔赤レンガ病棟の自主管理闘争が終結したころ〕、島さんは身体的な病気もあったからだと思いますが、東京に戻りたいということで、八五年に陽和病院の院長になります。当時の陽和病院は経営的にもひどくて、島さんも気の毒だったと思うんだけれど、結局体を壊して、入院を二回ほどしてしまいました。このままやっていたら死んじゃうぞということで、陽和病院を辞めようとするんだけれど、辞めるためには代わりに誰かが院長にならなくてはいけない。周りには、代わりになる人がなかなかいない。じゃあしようがない、ぼくがやる、ということになりました」

それまで森山は東大病院精神科の、自主管理病棟の責任者をしていた。しかし、もうそういう時代ではないと考え始めていた。

「自主管理になにか革新的な意義がある、という状況ではなくなってきた。そこで東大を辞めたのです。そして、島さんの代わりに陽和病院の院長になった。島さんには病気静養をしてもらう。それが一九九〇年の七月ですね。島さんは四年間、陽和病院の院長をやったわけです」

陽和病院は五〇〇床を持つ民間の病院である。島は次のように書いた。

「五八年創立のこの病院はいわば日本の古い民間病院の典型でもあったが、改革の大波のなかで熱心な医療者たちの手で大胆な開放化の試みがなされている最中だった。当然のことだがこの営為は一方では旧来の慣習との確執を生まざるをえず、他方では経営と医療の矛盾を顕にせずにはおかない。管理者としての私はこの狭間にあって右往左往するのみで、結局わずか四年にして遺すもの少ないまま職を辞すという羽目になったが、私にとっては学ぶこと多い機会であった」

島はこれまで、病院経営という立場に本格的に立ったことはなかった。陽和病院での経験は過酷で激務であった反面、新しい知見も島に与えている。

「日本の医療は九〇％近くが民間の病院・診療所で成り立っている。この自前で経営を維持しなければならない病院の厳しい経済的条件の下で、一つ一つ障碍をクリアしながら改革を追求することを抜きにして、いかに良い医療をと叫んでも犬の遠吠えにすぎない。と同時にこの民間病院の経営を左右するのが、国の政策、就中《なかんずく》医療費政策であることも恨みをこめて骨の髄まで知らされた」（いずれも「あとがきにかえて」より。『精神医療のひとつの試み』所収）

島にしては含むところの多い、といったらよいか、それこそ「骨の髄」から、恨みやら志半ばで職責を放棄せざるをえなかった痛恨の思いやらが、伝わってくるような文章である。

とはいえ、院長職の傍ら、杉並区でいくつかの作業所活動にもかかわっている。講演「地域精神医療と作業所の役割」（『別冊精神医療　追悼島成郎』所収）で少しだけ触れている。

一九八五年、東京でも作業所作りが盛んになろうとしていた。が、杉並区のある作業所に、島もかかわることになった。呼びかけたのは患者自身。最初は陶芸などレクリエーション的な活動だった。本当に稼ぎたい、給料が欲しいということになり、クリーニング屋を始めることになった。

軌道には乗ったが、この仕事は若い女性には体力的にきつい。女性でも働ける職種はないか、と次に始めたのが喫茶店だった。さらには接客が苦手な人のためにクッキー店を始めた、という具合に、島が東京にいた四年ほどの間に六ヶ所の作業所ができた。しかし杉並区は人口五〇万、まだまだ少なすぎる。そして沖縄での作業所の現状に話題が転じていく。そんな内容である。もちろん、国の貧困すぎる施策への注文も忘れてはいない。

大病のために中断を余儀なくされたが、健康が維持されていたならば〝島版・東京の地域精神医療〟を、私たちは目にしていたかもしれない。陽和病院を玉木病院同様の拠点病院とし、グループホームや作業所、デイケアや家族会活動など、地域医療の都市型ネットワークが、島のコーディネートによってできあがっていたかもしれない。しかし、残念ながらかなわなかった。心身ともに激しく疲弊させ、仕事をすべて中断させるほかなかった。

宮田国男の治療共同体構想

陽和病院退職後、島は療養生活を始めたが、あるときかつてのブントの同志、宮田国男の立ち上げた病院のある北海道鶴居村を訪ねた。宮田はそこに、自らの理想とする「医療・福祉・生活」の治療共同体、「つるい養生邑《ようせいむら》病院」を立ち上げていた。一九八四年のこと。釧路原野の真ただ中に建つ、静かで落ち着いたたたずまいの病院である。ところが宮田は開設の一ヶ月後、突然自ら命を絶ってしまう。理由は不明だった。誰もが大きな衝撃を受けた。

宮田国男に関しては「場末P科病院の精神科医のblog」というブログで「30年前に大きな夢を描いた一人の精神科医」と題して詳しい記載がなされている。その活動や理念は『希望としての精神医療　宮田国男の記録』（つるい養生邑の会編、一九八八年）としてまとめられているが、現在は入手困難。先のブログでその大部が紹介されている。途中の部分を引用する。

さて、私は人間関係の変革を通してこころの痛い《ママ》〔病い?〕を癒そうとする医師としての営みの中で、治療・生活共同体の建設という構想に行きつきました。

「治療共同体」（マックスウェル・ジョーンズ）は、精神病院という小世界を、深い人間同志の出

つるい養生邑時代の島成郎（島博子氏提供）

会いを可能にする場として、そこでの人間関係を通して人々がこころの痛い《ママ》を癒し、成長していくことができる共同体として組織していこうとする考えです。私は、さらに病院という枠をこえて、人々が生活することが治療であり、治療することが生活であるような共同体の創造をめざして「治療・生活共同体」建設という構想にいきついたのであります。私たちは昨年、新しい「治療・生活共同体」建設の地を北海道釧路市郊外の鶴居村に定め、名称も（つるい養生邑・つるいようせいむら）として、建設準備にとりかかりました。

鶴居村は、釧路市の北西に隣接し、釧路湿原の一角をなす酪農の村です。その名の通り丹頂鶴の生息地として有名で、豊かな自然に恵まれています。私たちはこの村の中心にある、南に小川と牧場をこえて釧路湿原を望み、北にはるか雄阿寒岳を仰ぐ約六万坪の丘陵に、小さな病院と社会福祉施設、それに付属して農園と木工場を、さらに造形、テキスタイル、絵画などの工房と音楽、舞踏、演劇などの小劇場を建設していきたいと考えています。

またこの鶴居村とは別に新しい治療・生活共同体の釧路市における拠点として、この一月、釧路駅前に養生邑診療所を開設しました。この診療所を中核として、他の諸機関、諸グループと提携しながら都市での医療を中心とした文化活動を行なうつもりです。その中で都市と農村の新しい有機的な関係も追求していきたいと考えています。

私たちの新しい治療・生活共同体の理念は次の五つに要約することができます。

一、病院をはじめとする諸施設、諸組織を、それらを構成するすべての人々の平等な共同社会として建設し、そこで織りなされる人間関係を患者を含めすべての構成員の精神的成長――治癒に最大限に役立たせる。

二、養生を基本とし、豊かな自然と広大な土地を活用して、自然との関わりの中で構成員の自然成長力、治癒力を最大限に引き出させる。

三、心身一如の存在としての人間にふさわしい医療としてこころとからだの医療の統合をめざす。

四、人間と自然環境との共生的原理に基づく新しい適正技術の研究と開発を行なう。

五、地域社会に開かれた共同体として、地域社会の健康、文化の向上に努力する。

私たちはいまこの理念に基づいて〈つるい養生邑〉建設にとりくんでいます。

（一九八三年九月「地湧」第1巻第9号掲載）

壮大な構想である。出足の経営は順調だったといい、だからこそ突然の死の原因が、かつての仲間たちには大いなる謎と衝撃を残した。島は宮田の死後、一年三ヶ月ほどつるい養生邑病院の名誉院長を務め、そののち、植苗病院に転じることになる。

島成郎、苫小牧の植苗病院に着任す

島を植苗病院に招いたのは、創設者で初代理事長だった緒方道輔。

前（二代目）理事長の望月紘は、九州大学医学部で緒方の一年後輩だった。緒方の父親は長崎大学の教授で、家は資産家だった。大学入学後に入れ込んだ学生運動の某セクトに望月も引き込まれ、それ以来の縁だった。

望月が大学を終え、福岡で医師をやっていた頃、突然緒方から電話があった。「頼むから病院を手伝ってくれないか。実家に帰ろうと思っていたけど、帰れんようになってしまった。なんとか頼む」と懇願された。

その頃、緒方は札幌市内のある大きな精神科病院の副院長になっていた。望月は「緒方は、ホラ半分で調子のいいことばかり言っているから（笑）、若い職員みんながこのドクターは素晴らしい、ということになって、病院内に緒方派ができてしまった。すると面白くないのは院長で、結局、緒方は病院を〝追放〟になってしまったのです」と言う。そして植苗病院を開設するが、当初、ドクターは緒方と望月、望月の義理の弟の三人だけだった。あとは前の病院から移ってきた若い職員ばかりだった。

植苗病院の取材には望月のほかに、現理事長・片岡昌哉、前事務長・榊原省二の二人が応じてくれたのだが、榊原も、緒方と一緒に札幌の病院から移ってきた一人だった。当初はケースワーカーで、それから事務長になった。島が来たときには両方の立場でかかわった。島が講演に出かけるときには運転手として同行した。


片岡と植苗病院のかかわりは、時期を経て一九九四年、片岡が沖縄にいた時分、島を訪ねたときに始まる。島が植苗病院を退職して沖縄に戻ったころだった。片岡が「就職口の相談に乗ってほしい」と電話をすると、「それなら、食事でもしながら話そう」と、自宅に招いてくれた。片岡は島に訊ねた。

「京都の知人に、山形には上の山病院という開放医療をやっている病院がある、苫小牧には緒方道輔という、変わったオッサンがやっている面白い病院がある、と聞いてきました。島先生はどちらがよいと思いますか。助言してください」

すると島が次のように答えた。

「東北は空気も重いし暗いんだよな。苫小牧は何もないけど、土地は広いし開放的なところだよ」

片岡はその場で苫小牧に決めた。すると島が、それならと緒方のところに電話を入れ、「いまいい医者が見つかったところだ」と話し始めた。急のことで片岡は驚いたが、後には引けなくなっており、「よろしくお願いします」と答えてそれで決まりだった。島とはそれ以来、家族ぐるみの付き合いを続けている。

三人は緒方の話になると、「すごく面白い男ですよ（笑）」「いくらでも面白いエピードが出てきますよ」「スケールが大きいというか、型破りというか」と、口々に言うのだった。

その型破りの医師・緒方道輔がつくった植苗病院と島とのかかわりは、望月によると次のようになる。

緒方道輔は大牟田労災病院時代、沖縄に派遣されたことがあった。「革命的左翼を創設し60年安保闘争指揮した前歴を全く忘れたかのように泰然と沖縄の地で先進的な地域精神医療に取り組んでいた島先生」とは望月の文章（「島先生と植苗病院グループ」『別冊精神医療　追悼島成郎』所収）だが、あっという間に島に傾倒した緒方は、例の人なつっこさを発揮して近づきになった。

やがて医療や人間関係のしがらみに疲れ果てた緒方は、北の大地に一時の休息を求めてやってきた。ところが、ここでも思いは遂げられない。「故郷へ帰ろうとした緒方はなぜか突然躁状態に陥り、横路勝手連（一九八三年、北海道知事選に立候補した横路孝弘を支援する団体が名乗ったもの）にのめり込み、あろうことか病院建設にまで突っ走ってしまった」。こうして一九八六年、植苗病院は誕生する。八九年よりつるい養生邑病院に勤務していた島は、緒方の熱心な働きかけで、一九九一年五月より植苗病院副院長として赴任した。

「『何もせんでいいですけん』という緒方の甘言を信じた先生は、しかし外来・病棟・当直・講演とびっちり働かされた。果ては宴会にまでしょっちゅう付き合わされる羽目になったのであった。『緒方のやつにだまされた、あいつはひどい奴だ』とぼやきながらも先生の目は笑っていた」（『同前』）
ところがその緒方も、島が沖縄で息を引き取ってから五年後の二〇〇六年、他界している。難病だったという。

めざすは日本のトリエステ

望月は半ば照れ隠しのように「ホラ半分で」ということばを何度か緒方に付したが、緒方もまた〝生活と治療の共同体〟に、大きな理想を託そうとした医師だった。望月は言う。

「できるだけ患者さんを拘束しない、帰りたいと希望するならすぐに帰そう、開かれた病院をつくろう、ということで植苗を始めました。緒方の当初の夢は、植苗の地にコミュニティをつくることでした。患者さんは退院したらやりたいことをする。農業をしたいなら農場で。工場で働きたいなら工場で。誰もがやりたいことをやって暮らせるようなコミュニティをつくりたい。そういっていました。

でも私は、普通に地域に帰ってもらった方がいいんじゃないかと考えていました。コミュニティとして独立でき、そこで暮らしたとしても、それは普通の地域での生活とは違う。地域で普通の暮らしをしてもらった方がいいんじゃないか。緒方とはそうやって議論をしていましたね」

片岡が島を訪ねる前のことだった。片岡によれば、京都に医者を探しに来た緒方は、片岡の知人にこんなことを言ったという。

「自分たちは日本のトリエステを目指している、だから、そういう取り組みに賛同してくれる若い医師がいたら紹介してほしい」

地域医療への志向性を、緒方も強く持っていたのだろうと片岡は推測する。トリエステとはイタリアの都市で精神病院を全廃したことで知られる。日本からの見学者も後を絶たなかった。緒方は〝日本のトリエステ〟にするために、どんな構想を持っていたのだろうか。残した文章はほとんどなく、病院運営に関するエッセイが「NEWSうえなえ」に書かれている。抜粋しながら引用する。

「巻頭に寄せて」（前文略）／植苗の丘に病院が建ってすでに2年3カ月が過ぎ去った。「誰もが安心してかかれる病院を創ろう」というスローガンを私達はかかげた。荒廃した精神医療の改善が皆んなの努力によって可能だという実践活動のための病院として存在させたい。
鉄格子をなくした。カギのかかる閉鎖病棟をなくした。そして何よりも一人一人の入院者の自由を最大限保障する中で病院運営をおこなってきた。このためには入院者の理解と協力と同時に110名の病院職員の資質向上が何よりも優先して要請されている。これからもがんばってゆきたい。

（一九八八年六月一〇日第1号）

「原点に戻った医療の実践を　緒方院長抱負を語る」
（前文略）／不信と不安に包まれた状況にあって、私達は今一度、植苗病院のあり方を問うてみたい。
①誰もが安心してかかれる病院。②精神医療改革としての病院。③「病者」と「健常者」が共に生活できる新しい村づくりの出発点としての病院。この三つのスローガンを植苗病院は原点

としている。

（一九八九年一月一五日第8号）

これだけでは分かりにくいかもしれない。緒方がつくった病院を島がどう見ていたか。植苗での体験を振り返り「当たり前の医療の難しさ」という小見出しを付した文章で、次のような絶賛に近い一文を寄せている。

苫小牧では、精神科外来診療所を次々と作りながら同時にこれまでにない新しい型の精神病院を生み出し、しかもその医療をさりげなく実践している医療者たちとともに働いて、目から鱗が落ちる思いであった。

ここでは、ごく普通の地域住民の心の病の治療を診療所だけでなく病院でもそのまま受け入れニーズに応えている。

この当たり前のことが、日本のこれまでの病院ができなかったし、私たち精神科医がやってこなかったのだ、と痛感させられる日々だった。（「あとがきにかえて」『精神医療のひとつの試み』）

苫小牧時代の島成郎

苫小牧時代のエピソードを少し拾い出してみる。島の印象について尋ねると、榊原はこんなことを話した。

「島先生は本当にやさしい、気のいい精神科医のおっちゃんという感じで、怒ったのを見たことがないですね。病棟の熟女の方、地域の保健師さん方にすごく人気があり、いつも講演を頼まれていました。島先生は車の免許をもっていませんから、白老《しらおい》で講演があるときに私が運転手をやったことがあります。車の中で『今日は何を話すかな』という感じで、そういう人だったですね。ぼくらは、すごい人だということは全然知りませんでしたし、本人も昔のことは話しませんから、普通の精神科医という感じで接していました。ほんと、ただの気のいいおっちゃんでしたよ」

当時の島を知る看護師も次のような話をしてくれた。

「大勢でいることがとてもお好きな方で、一年に一度、みんなを自宅に呼んでお酒を飲んだりしていました。私はこの界隈に住んでいたので、声をかけていただき、手料理をごちそうになりました。奥様も温厚な方で、とても楽しいひと時を過ごさせていただいたことが、記憶に残っていますね。皆さん、仕事が終わると集まって、島先生も一緒にワイワイと飲んでいました。辞めた後もこちらに来られて、何回か宴会をやりました。普段顔を見せない女の方たちも、島先生の会には来ていましたね。男性よりは女性の参加者が多かったです」

またブント時代の後輩、司波寛は苫小牧での思い出を語った。

「ぼくは地方の自治体から委託を受けて、都市計画の原案を作る仕事をしていたのですが、北海道で仕事があって、苫小牧には何度か行っていました。そのたびに島さんを呼び出しては飲むようになり、親しくなったのはそれからです。学生運動をやっていたときの島さんは、見上げるような存在でしたから。

いまは潰れてしまいましたけど、苫小牧に立派なリゾートホテルがあって、そこのオヤジとひょんなことで知り合いになったのです。そのオヤジが加藤登紀子の大ファンで、もし加藤登紀子を連れて来たらただで呑ませるというんです」

司波は、それならと加藤登紀子を口説きおとし、札幌公園で公演があったときに一日開けてもらい、苫小牧に一泊してもらったことがあった。

「そこへ島さんなんかも呼んで、どんちゃん騒ぎをしたんです。けれども、そのオヤジは自慢話ばかりするんで、島さんが怒って、『今日はお前のために集まっているんじゃない、面白くないからお前出ていけ!』って怒鳴って追い出しちゃった。改めて島さんって面白い人だなと思ったけれど、怒鳴り付けた相手は接待主ですよ(笑)。そんなことがありましたね」

酒にまつわるエピソードは、苫小牧でも尽きることはなさそうだった。

中高年の「性愛論」と「痴呆(認知症)論」

北海道時代の島の特筆すべき仕事は、中高年者の精神保健と臨床にたいする関心を強く持ち始めていることだろう。つるい養生邑病院の老人保健施設での治療体験、釧路での痴呆(認知症)患者の家族会活動などから、再考しなおすことになった。また、年齢による自らの心身の変化を感じ、そのことも高齢者ケアへ向かわせた一因となったのかもしれない。

「NEWSうえなえ」に「『熟年期』心の健康」と題したエッセイを連載している。一一回に及ぶもので、おおよそ、こんなことが書かれている。

近年〔一九九三年当時〕、高年齢の精神科の受診者が増えている。植苗病院でもこぶしクリニックでも、入院外来ともに半数近い数を中高年者が占めるようになった。患者の訴えに耳を傾けていると、精神(心)の奥深いところで葛藤が渦巻いていることが分かる。人間の一生のなかで、思春期がそうであったように、熟年期もまた必ず誰もが体験する精神の危機的な時期である。

火照り、過度の発汗、だるさ、疲労、不眠、頻回する排尿など、さまざまな身体症状が現れる。女性はホルモンの減少と、閉経による神経系統の変化、不均衡。これらは、いわゆる「更年期障害」と呼ばれる症状であるが、ホルモン補充だけでは解決しないことが多い。「性」(セクシュアリティ)と不可分の、精神(心)の問題でもあるからである。

「人間にとって『性』は『生殖』機能の停止をもっては終らず、いつの年代でも、性の衝動は続き、私たちの原動力となり、またこれをコントロールする脳の働きによって精神生活を支配します」。熟年期の性は、「人間特有の性愛が追求され、より豊かな精神生活を営む『ゴールデンエージ』でもあるのですが、同時に夫婦関係をも、破綻にまで追いやる『危険な時代』でもあるのです」とし、女性にとっては〝子離れ〟が、男性にとっては定年退職が、深い喪失感を与え、危機をもたらす。

したがって熟年期とは、「第二の人生の開始の時期《とき》」である。大事なことは病気や老いを受け入れ、自分の状態をよく知り、不眠など、必要によっては薬物療法を取り入れた治療も重要である。そして「熟年期の心の健康は、私たちの心、そして人間関係のレストラクチャー〔再構築〕によって保たれるのです」とまとめている。

いま読むと、さほど目新しさは感じさせないかもしれない。しかし書かれたのが九三年。介護保険法の制定が一九九七年、施行は二〇〇〇年である。当時、老年の性など不潔なものであり、年甲斐のない恥ずかしいものであると見られていたことを考えれば、その先駆性は認めてよいし、内容も正統なものである。

またこの時期に来るべき高齢社会を予測し、医師として何を準備しておかなくてはならないか、実際に取り組み始めている点が島らしい。その証しが、「痴呆論」である。

前述の内容が「老いの現象論」であるとすれば、こちらは「痴呆の原理論」といった趣をもつ。このテーマに触れた島の新しいメモ書きが発見された。断片的なものではあるが、これが今のところ「痴呆論・認知症論」について書かれた唯一の資料である。前半を引用したい（ここでは島が使用する「痴呆」をそのまま使うことにする）。


【老人の精神病（異常精神状態）についてのメモ】
◎平均余命が劇的に延びて、日本は短期間のうちに世界で第一の高年令社会になりつつある。
（女、82才、男、76才）

栄養状態の改善、戦争が45年間なかったこと、そして医学の発達などによって、人間の寿命は、今後極限まで伸びるであろう。

「１００才までの人生」も、現実に可能であり、事実そうなるであろう。

（これは、好き嫌いや倫理の問題でなく、自然科学を手にした人類の必然である）

このため、life cycle はこれまで人間が経験しなかった大変化を迎えている。
◎老人問題は、老人の問題ではなく、人間そのものについての問題であり、社会問題であり、
政治問題であり、
人類史の問題であり、

そして科学そのものの問題であり、
更に精神医学の再変革につなげる大問題である。
◎これまでの精神医学は、思春期精神医学の体系と、古典的脳医学の混合であった、ともいえる。
人間の誕生（受精）から、消滅までの　全cycleをとらえなおすことが必要のように思える。
◎１９９０年、養生邑、老健施設と釧路などでの、ボケ老人を支える家族会での経験は、私に、実践的（臨床的）場面で、老人の精神病について、考えなおす機会を与えた。
そのkey wordとして「痴呆」がある。
◎痴呆の概念は、精神分裂病の概念と、驚くほどの相似がある。
しかもそれ以上に、心身相関が、より、ハッキリ現れる点で、逆に、精神医学の二元性の矛盾を、より鮮明に示しているように思う。
◎分裂病が、主に、思春期に発病するために、精神疾患の社会的、心理的側面が、極めて限定されたcycleのなかで［だけ］生まれるため、精神科学の内容を、大きく変える程の内容を含んでいるとも考える。
◎この「痴呆」をめぐっての、精神医学の寄与は、おそろしい程、貧しいものであったと言える。
脳器質性知能障害としての痴呆、と人間の老化のなれの果てとしての、そしてterminal trush［人生末期のガラクタの意］へ放り込まれるものとしての痴呆。
◎このような視点から、もう一度、老人の精神病について、勉強しなおすことにする。

（1991. 3. 11　岬町にて）

ここでの、痴呆（認知症）をめぐる病態の把握をどう評価するかは、私の任を超えている。島による、老人の精神病をめぐる考察はこのあと書き継がれることはなかったが、いくつかの点で興味深いと感じられた。

人間の精神現象（精神疾患）をめぐる生物学的・器質学的側面と、社会心理学的・生活史的側面、この矛盾を鮮明に示すところに痴呆（認知症）の特質があるという指摘。精神分裂病（統合失調症）に病態構造が相似しているが、統合失調症の多くは思春期に発症する、しかし痴呆は、人生の全サイクルのなかで捉えなければその本質は見えてこない。このような指摘は非常に新鮮であった。

現在、認知症の診断をめぐる技術は、画像やさまざまな心理検査による鑑別診断、そして神経学的な知見や問診技術などは、比較にならないほど進展している。しかし認知症（痴呆）を、精神現象の構造と、精神医学全体のなかで位置づけようとするスケールの大きな捉え方は、重要な視点ではないだろうか。少なくとも認知症の病態をこんなふうに描いてみせた知見は、私には初めてだった。

認知症やその他、老いのもたらす精神現象に、島はどんな発言をしていっただろう。世界の先端現象としての高齢社会、それを切り拓いていくために、島はどんなことを言ってくれただろう。島の関心はそれ以後も続いていたはずで、北海道時代はその入口をつくった。

早世した次男・哲のこと

プライベートなことではあるが、北海道時代の島家を襲った辛い出来事にも触れておかなくてはならないだろう。

一九九一年、島が植苗病院に赴任して一年目の暮れ、次男哲《さとる》（当時二三歳）が急性骨髄性白血病と診断された（博子によれば、確定された診断ではなかったという）。余命は限られているとも告げられた。

島夫妻は苫小牧で暮らしていたが、九一年の暮れに帰省した際、島は次男の顔を見るなり「なぜもっと早く医者に見せなかったのか」と一喝したという。ともあれ伝手を探し、やっとたどり着いた病院で診てもらったところ、骨髄性白血病の疑いがあると診断を受け、即入院となった。

それから始まった四八五日に及ぶ闘病。島はいても立ってもいられないように、『ブント私史』の執筆に手を染めていく。

「当時、北海道にいた私は父親としてほとんど何もすることもできず、一日でも長く命の焔が燃え続けることをただただ祈るだけであった。

医師たちの懸命の医療とナースらの献身的看護にも拘わらず、病勢は無慈悲に進行し死期が刻々と近づいてくるのを見ないわけにいかなかった私は、同じ年の頃全身をうちこんで生命を燃やした私自身の闘いの記録を記して、死と闘っている息子にぶつけてみたいとの想いに激しくとらわれた」（『ブント私史』「あとがき」より）

父親として伝えておきたいこと、知ってほしかったこと。それから二ヶ月、迫りくる時間に追われながらペンをとり続け、終ったのが九二年三月三日。植苗病院、二年目のことであった。「ゲラ刷りの原稿を病床の哲にさりげなく渡したが、彼はいつものように『今ごろこんなものを書くなんて、年をとったもんだな』と私を揶揄しながらも、嬉しそうにはにかんだ笑顔を見せ、手にしていた。／彼がこの文章をどう読んだのか私には分からない。／その一年後の一九九三年四月二十七日、彼は静かに遠く旅立った。

すでに物言わなくなった彼の顔にはいつもの優しい微笑みが浮かんでいるようだった。享年二十四歳。『人知れず微笑まん』との詩句を遺した樺美智子さん（享年二十二歳）とほぼ同年齢であった」（同前）

『ブント私史』は、次男・哲への、父親としての手向けの言葉であった。同時に、死後三十数年を経てなされた樺美智子への追悼だった。

次男が入院してのち、博子は東京に残り、毎日病院に通った。次男は、病室で年上の患者たちに囲まれ、可愛がられた。まだ若いのに気の毒だ、と同情されたのだろうか。しかし、そうやって顔見知りになった患者たちも、次から次へと亡くなっていく。二一歳、二二歳の若者が、そんな環境のなかで、長い時間を過ごさなくてはならなかった。博子は言った。

「次男の日誌が遺されています。口にしてはいけないことですが、交通事故でパッと死んだ人がうらやましいと思ったりしました。周りの消えていく人々に、今度は自分の番ではないか、明日死ぬかも、しんどい、そんなことを書いています。入院時に島から、暗い病棟だから、ロビーで泣いたり、めそめそしたりしてはいけない、そうしないと他の患者に悪い影響があるから、絶対取り乱したりしてはいけない、と私は言われていました」

博子には激しく悔やむことがあった。

「一年ほど前から、朝起きられず、体育の単位も取れなくなったりしていましたが、共に生活していない私は、失恋でもしたのだろうと思っていたのです」

最初は、ちょっと調子が悪い、だったら医者でもいったらどうか、いや風邪薬を飲んだら良くなった、というやり取りから始まった。診断を聞き、島は深刻さを直ちに理解したが、博子は現実をしっかりとは受け入れきれないまま、次男のもとに通っていた。

「あるとき、次男と同じ白血病で死んだ、という新聞記事を見せられて、とうとう、どうしようもなくなって泣いてしまったことがあります。そのことを次男は日誌に書いていて、新聞記事を見せたら、ママがいつまでも泣きやまなくて、と書いている。死ぬとしても死ぬのはおれの方だから、と書いてある。普通、そんなことを書けますか」

日記を引用させていただく（全部で四パートに分かれていて、「島哲病床日誌」とタイトルされているものと、タイトルなしのものがある）。

1992年10月11日（日）

昨晩は久しぶりにぐっすりとよく眠れた。目覚めも結構すっきりであったが、面倒なのでごろごろしていた。検温が終った後から正面のSさんの様子が突然急変、痰がからむらしく苦しそうである。看護婦さんの出入りが激しくなる。どうやらかなり危ない状態である。9時頃家族がきた頃には少し落ち着いた感じであった。結局11時に他の部屋に移動した。ここを持ちこたえられるかが問題であろう。／（中略）／また、昨晩、誰かが亡くなったようである。名前がちょっと思い出せないが、２週間ほど前に退院した車いすで補聴器を付けていた人だと思う、というのも昨日9時頃大勢いた親類の人が今日の朝には影も形もなくなり、いつものようにナースステーションの前の部屋が朝、掃除の人たちが入っているからである。何かこのところ連続していて、悪い予感がする。どんどん病院で知り合った人たちがいなくなってしまっている事実を考えると、今度は自分の番じゃないかと、どうしても弱気になってしまう、しょうがないから30分ほどめそめそと泣いてしまった。やっぱり、まだ死にたくはないもんな。／（以下略）

10月26日（月）
ＡＭ５：30起床、さむけが多少足のほうからおそってきた。６：00に電気アンカをいれ、すでに37・９度、採血。朝食４分の１。朝食後、38・６度。すでに頭に霞がかかりはじめた、何か今日はもしかするともっと上がるような気がする。／（中略）／
夕刊に出ていた血液の病気の記事を見せたら、勝手にボロボロ泣かれてしまって困る。私は人が泣いているのを見ると思わずもらい泣きをしてしまうたちなので、知らぬうちに涙が頬をつたっているという事態になってしまった。
その後もずっと泣いてばかりいるのでさらに困ってしまう。
死ぬとしても、死ぬのはこの私なんだから。

11月22日（日）自宅

8時起床。朝ごはん父と母で食べる。／父、昨日遅かったようで疲れた様子。10：30に父がでる。

部屋に戻って音楽をきく。やっぱり大きい音できくほうが気持ちいいと感じる。午前中ちょっと熱っぽく37・6度。／お昼ご飯は昨日父が買ってきてくれたラーメン、めんも汁もおいしかった。午後母が姉を会社に送るというので一緒に乗っていくことにする。そのついでにレコード屋による予定。／（以下略）

「臨死体験のようなことも書いてある。明るくて、まぶしくて眩しくてどうにかしてくれ、とかですね。四〇歳、五〇歳の入院だったら、あれだけ書くエネルギーはないと思いますね。末期の二、三ヶ月は、熱は何度、朝食は食べたとか、そういう最小限のことだけになっています。入院してしばらくは体力があったから、あれだけ書けたのでしょうね。

あるとき、最初に診てもらった先生に道でばったり会ったことがあります。『今、病院の帰りです』と言ったら『え、まだ生きているんですか』と言われたのです。そのくらいひどい状態だったんですね。日記は私も読み返しましたが、寿命を縮めると思い、すぐに止めました。ここが痛い、あそこが痛い、と哀れの極致で、ベッドに寝て天井に足を向けて、体操をしたりしているんです。何度読んでも寿命が縮まります」

ブント仲間の一人が、哲の葬儀のときの、島の様子を書きとめている。東顯。日本医大の自治会委員長として六〇年安保闘争に参加した。

「島さんにとって最もつらかったことは、子息哲君の死であったに違いない。中野の寺で行われた葬儀で、親戚らしい老人がしきりに会葬者に頭を下げていた。帰り道、妻に『島さんはいなかったな。どうしたのだろう』とつぶやくと、『いたじゃないの』と言われた。私が親戚の老人と思ったのは、島さん本人だったのだ。それほどいつもの島さんとは違って見えた」(「面白きこともなき世を…」『ブント書記長島成郎を読む』)

再び沖縄へ

この翌年の四月、島は沖縄に戻ることに決めた。

次男の闘病を祈るように過ごした苫小牧の地で、さらに月日を重ねることは、あまりに辛いことだと感じられたのだろうか。沖縄ならば、幼くて元気いっぱいだった子どもたちの記憶があちこちに残っている。そんなことも、沖縄行きを決めた理由だったのだろうか。

望月は次のように言った。

「引き止めたかったのですが、言っても無駄だろうという気持ちが私どものなかにありました。緒方が当時の理事長でしたから、緒方との話し合いのなかでそういうふうに決まったのだと思います。あるいは前々から、いついつになったら沖縄に戻るから、という話をしていたのかもしれません」

本部記念病院の高石利博が、北海道まで訪れて、ぜひとも私たちのところへと直談判をした。唐牛健太郎を口説き落とすために北海道までやってきた島が、今度は逆に、北海道で口説き落とされる立場になっていた。沖縄のやんばるの地が、島の最後の主戦場となる。

第十章　沖縄再会――〝やんばる〟に全開放病院を

島成郎、失意を綴る

島成郎が沖縄に戻ることを強く望んだのは苫小牧時代ではなく、北海道行きが決まる以前から、すでに沖縄での再就職を熱望していた。日記にこんな記述を残している。時期は一九九一年。

「4月9日（火）
植苗病院の緒方先生から電話。望月選挙完敗とのこと〔91年4月、望月紘が北海道議選挙に立候補した際の、緒方道輔よりの結果報告〕。／植苗病院赴任5月7日に決定。切符手配。／久しぶりに晴。春の暖かさ、桜満開で新宿御苑散歩」

赴任が決まった日の日録であり、ここだけ読めば、新天地での活動を前に気もちを新たにしているのだろう、と推測させるものである。ところが翌日、内容は一変する。苦しい胸の内が、ここまで、と思うほど赤裸々に述べられている。長いものであるが、省略せずに引用する。

「4月10日（水）
二週間ぶりに日記メモ整理。

★2月以来の休暇がまもなく終わる。植苗病院赴任と沖縄行き断念を決定。60歳の再出発の方向が決まり新たな出立が始まる。／再出発は沖縄でと、この2年間ずっと考えていたことなので、これを断念したことの気持ちの整理がまだなかなか出来ない。しかしこれほど沖縄から嫌われるとは思わなかったのでやはりショックではある。もちろん私を支持してくれる人が多くいて、親身になって努力してくれたことは有り難いことと感謝するが、具体的にはある一部の医師や県当局の島排除の企みをどうすることも出来ず、誰一人として私を沖縄に迎えることに動かなかったこと。その排他性に今更ながら驚くが、15年にわたった私の沖縄での医療がこのような形で報われていることに、言うべき言葉が出てこない」

〝失意に沈む島成郎〟などというイメージは、ほんとうに似つかわしくない。この日記は初公開であり、島を知る多くの読者が衝撃を受けるだろう。しかし六八年に訪沖して以来、常に、見えないところでこうした力は島を取り囲んでいた。それをおくびにも出さず、一言も愚痴らなかった島の器量が、常人をはるかに超えていたということだろうか。しかし、さらに続ける。

「私のこれまでの精神科医としての活動は殆ど沖縄でなされたのだし、そのライフワークもここでの仕事であると考えれば、いってみれば私の一生の仕事がある意味では、全部否定されたことになる。これをこのままにしてしまえば一体私はこれまでなにをしてきたか、と考えてしまう。どうしてもこのままでは引き下がれない気持ちだが、さてどうしたらよいかと考えると、働く場所が保証されないママで行って戦をするほどエネルギーがないし、余裕もない。しばし転戦ということになるのだが、昨年のつるい〔養生邑病院〕での経験から、植苗の仕事も中途半端ではしたくないし、そうすると少なくとも3年はいなくてはしょうがないと思う。そうすると63歳、次の闘いができるのだろうかと弱気になってしまう」

この時期の島は、厳しい現実に次々と遭遇している。陽和病院での、身体をボロボロにするほどの不如意な激務。沖縄から示される島排除の現実。次男の早逝（移住後の九五年には母堂をも喪っている）。立て続けに人生の難事、痛恨事に襲われていた。日記を読んでいると、島がこれほどまでに悲愴な決意をもって北海道の地に臨んでいたのかと、胸が痛くなる。次の記述では、珍しく半生を振り返っている。

「★沖縄だけでない。精神科医になってすぐ始まった精神医療改革の闘いは、東大医師連合の結成。赤れんが自主病棟管理。金沢学会闘争。学会理事の活動。雑誌『精神医療』と続き、沖縄にいってその中心からは逃れた形ではあるが、やはり連続しているもので、私が主体的に責任を持つものである。だから当然、東京に帰ったのも、この全国的活動の中心にいた藤澤〔敏雄〕さんの後任として陽和病院院長となったのであり、辞めたからといってその責任が終ったわけではないのであろう。

しかもそのきっかけとなった東大闘争は私が医学部に復学したクラスから始まったインターン闘争に端を発しているのだし、それを担ったのは多かれ少なかれ、『新左翼』と言われる人たちであったことを考えるとき、ブントはつぶれ私が政治活動から全く身を引いたといっても、60年までの政治思想活動の責任は連綿と続いていることになる。

そしてこの20年間の『精神（医療）改革運動』はいま殆ど生命力を失って、無残といってよい状態である。その全経過のなかで私の沖縄の医療活動があるのだから、これが否定されることは、大げさに言えば私の一生が否定されることにもなろうというもんだ。

そう考えると今度の沖縄断念は小さな選択では決してない。／ここでその意味と今後の対応を考えながら身を処す必要がある……そんな重要な位置にいまあるように思う。よく使う『これまでの総括』が要求される」

六〇年安保でのブントの闘い、その後の東大闘争、精神医療改革活動にたいし、終生、彼にしか分からない〝胸のつかえ〟を持ち続けていたことが、正直に吐露されている。植苗病院にあって、そんな胸の内など一言も洩らさなかったことは前章ですでに書いた。にぎやかに酒を酌み交わし、笑顔で周囲を和ませ、島は仕事を続けていた。

危機に立つ玉木病院

では沖縄はどうだったろうか。玉木病院の事務長、玉木昭道は次のように話していた。

「島先生が久米島で最後に主治医をした患者のなかに、大事件を起こした人がいました。知念先生に交替して間もない頃で、まだ信頼関係がつくられる前でした。玉木病院はこれで参り、久米島から引き揚げたのです。島先生が去ったことと、その直後にこの事件が起こったことで、病院が重傷の骨折を起こしてしまって、きつい状況に入りこみました。正明院長はショックで鬱状態になってしまい、外に出られない状況が一年ほど続きました。玉木病院は男女混合開放処遇などを沖縄の民間病院で初めておこない、基本的な取り組みはでき上がっていたのですが、開放処遇の負の面が出てしまった、そんな象徴的な事件でした」

開放処遇を志向すれば、どうしてもぶつからざるをえない厳しい現実である。しかし明言しておきたいが、〝精神疾患は犯罪を引き起こす要因であり、外に出すのは危険〟といわれるような、疾患と犯行の直接の因果関係はない。重大犯罪に至るとすれば、そこにたどり着くまでの間に多くの負の要因が積み重なっている。しかしそうではあるが、処遇の開放性と安全、これは永遠のテーマである。さらに玉木は言う。

「九四年に、やんばるの高石〔利博〕先生が島先生を迎えますが、その前に、玉木病院でなぜ受け入れないのかという話がありました。先ほども言ったように、院長は迎える心境になかった。経営的な問題もあって、残念だけどもお断りしました。高石先生がそれを聞いて、ぜひうちに来てくれという要請をし、島先生のためにクリニックを作ったのです。その時には玉木病院の職員全員が行き、ぜひ協力して一緒にやっていきましょうと話し合いました」

島を迎えようにも、玉木病院もまた大きなピンチに立っていたのである。

ところで、島の最初の沖縄入りに奔走した儀間文彰も、次のようなことを話した。

「私はもう一回島先生を沖縄に呼び戻したいと、沖縄県庁に働きかけました。嘱託でいいから沖縄に呼ぶことはできないか。そう言ったら当時の県の幹部から、定年になった人をいまさら嘱託にはできないと断られたのです。高石先生に話したところ、それなら私が呼ぶといってクリニックをつくり、そこに勤務させるようになったのです」

島、やんばる（本島北部地域）に赴く

ここからは島を沖縄に呼び戻した本人、本部記念病院の高石利博の談話を中心に報告したい。

高石は、苫小牧の植苗病院に勤めていた島に、沖縄の仲間や保健師たちの「必ず帰ってきてほ

しい」という寄せ書きを携え、代表して乗り込んで行った。訪ねたのは一九九四年春。島は近くの温泉宿に連れて行ってくれた。

「シーズンオフのため泊客は少なかったのですが、先生と男湯に入っていると『お前と二人だけではつまらん、向うに行こう』と言うのです。タオル一枚で前を隠し、露天風呂の垣根を乗り越え裸足で雪を踏みしめて（冷たかった！）、博子夫人と私の家内のいる隣の露天風呂に侵入、他にお客さんがいたら殆ど痴漢！　というまさに裸同士での交渉でした。

『お前さんの病院は面倒くさくなっているからなー、俺を理事長にするなら行ってもいいよ』と言うので、『先生が理事長では、あっという間に病院が潰れます』と答えたり。でも後で聞くと、私の病院の法人問題が面倒になっていることは知っていたが、ほんとうは『沖縄に帰るチャンス到来、しめたと思ったんだ』と言ってくれました。だけど名護の診療所に縛り付けることになり、『俺は診療所医療をやるために帰ってきたんじゃないゾ』と文句を言っていました。でも日記ではしっかりと、ここは自分の最後の仕事になると書いていました」

日記とは、「メンタル・クリニックやんばる日記」と題して島が綴っていたものである。せっかくの貴重な資料であり、初日の部分だけでも引いておこう。

【島成郎　メンタル・クリニックやんばる日記】

8・19（金）

1994年8月8日。

メンタルクリニックやんばるが名護で開所してから2週間経つ。

所長の私と、受付・医事・経理　何でもとりしきる与那嶺勝昭さん、NURSEの友寄孝子さんの三人のスタッフで出発。調剤薬局の導入などもあり、やることすべて初めてなので、患者は1日2〜5人くらいで少いけれど、緊張の続く毎日、今日で2週間が経った。

病院から医者（院長、友寄、木村）、相談室からの応援もあって、気分は楽だが、初めてのクリニックの責任者ということもありや、気分昂揚して、毎日を過ごしている。全くの新患も3〜4名いたが、今の所は病院の外来からの転院（名護在住者を中心として）者が中心だが、今後、どのような方々が来るか、まだ殆ど予想はつかない。しかし私の見通しでは、これまでの本部記念病院のKrankeとはかなり異なった層の人々が来ることになるだろう。私が開院祝賀会でのべたこのクリニックの目ざす方向は
1)誰でもかかる心の病い……その治療のために気軽に相談・受診できる街のなかの診療所
2)患者が主人公（User consumer）で、そのUserに質の高い医療のサービスを提供できる診療所
3)慢性の疾患のため、さまざまなハンディーを負う精神障害者が地域で自立し生きていくのを援助する地域活動の一助となるようなクリニック
ということだ。この簡単であるが難しい機能を果たしながら、やんばるの地域医療の拠点となれないか本部記念病院（精神病院）を逆に　この診療所の活動を通して　本来の、地域にひらかれた病院に変革できないか。という永年の課題をも秘めて出発する。

そしてこの北部地区の経験を生かして　沖縄全体の地域医療の展開をはかりたいというのが私の戦略であり　日本の精神医療改革のための　私の恐らく最後の斗いとなるだろう。そんな決意

をもって　今　創生期を過ごしている。そんな時期のこの記録を続けて記していこう。

〔改行は引用者の判断で修正を加えた〕

やんばるに〝全開放の精神科病院〟を

高石利博は新潟大学医学部を卒業後、いくつかの病院に自主研修で入った。虎ノ門病院に籍を置いていたときには、東大精神科にも研修生として通っていた。その教室で、最初の赴任先となる沖縄の田崎病院を紹介されるのだが、「沖縄には島成郎というオソロシイ奴がいるから、近づかない方がいい」というありがたい助言（?）まで付いてきた。助言を信じ、高石は沖縄に来てから一年間は島に会わなかったという。

「島先生が、那覇の保健所で精神医療の勉強会をやっているという話が伝わってきました。友人の話を聞くととても面白そうです。ついにあるとき、恐る恐る参加してみたのです。すごかったですよ。勉強会が終わって飲み会が始まると、『ハハハ、君が高石さんか』と声をかけてくれました。見ると、コップ持つ手が少し震えている。この先生はそうとうな酒好きだな、と思ったのが第一印象でした（笑）。それが一九七五（昭和五〇）年のことでした。先生のご自宅は私の宿舎と近いところにあったので、それから家族ぐるみで終生のお付き合いになりました」

当時、沖縄県の本島北部には県立名護病院（今の県立北部病院）と、国立療養所「愛楽園」の二つしかなく、医療過疎地域だった（現在は七病院）。精神科は診療所もなかった。一九八〇年、本部記念病院が沖縄県内一一番目の精神科病院として、本部半島の先端に開院した。しかも全開放。全開放病院は沖縄では初めての試みだった。

1980年2月撮影　左から島・高石利博・石川信義・藤澤敏雄の各氏（高石利博氏提供）

「最初、私は恩納村という沖縄の真ん中でやろうと思っていたのですが、島先生に相談すると、『いや、北部には医者もいないし病院もないのだから、やんばるでやるべきだ』というのです。やんばる中をオートバイに乗って探し回ったところ、本部に遊休化しているホテルがありました。海に沿って横に広がるリゾートホテルは、精神医療にうってつけの建物でした」

まさにオーシャンビュー、圧巻のロケーションだった。

「精神医療改革の開放化運動は、本土では七〇年代に始まり、沖縄はそれから一〇年遅れます。『一九八〇年代、これからの精神医療を考える会』と題した講演会が、八〇年に那覇市で開催されました。島成郎を始め、本土からは藤澤敏雄・森山公夫・石川信義などの錚々たる顔ぶれが揃いました。私は『沖縄の開放的精神医療の幕開けだ』と思い、感銘を深くしました。

その時、二ヶ月後の開院を控えてホテル改装の真最中でしたが、講演会翌日に四先生がそろって見学に来ることになりました。当院を見た石川信義先生が、『素晴らしいところじゃないか、こんな建物があるんだから閉鎖病棟は持つな、全開放でやれよ』と言うんです。私は、一八〇床の一〇パーセント（二〇床）は閉鎖病棟と考えていたのですが、石川先生は『たとえ一〇パーセントでも閉鎖があると、それをあてにする医療になる。やるならオールオアナッシング』という考えなのです」

石川信義は精神医療開放化の旗手であり、彼が創設した群馬県太田市の三枚橋病院は全開放病院の先掛けとなった。〝三枚橋詣で〟という言葉が生まれるほど、全国からの見学者が後を絶たなかった。高石は言った。

「初めから全開放だと大変だろうなと思っていましたが、虎ノ門病院では『壁のない病室』の著者である栗原雅直先生の医療を学びました。田崎第二病院では職員達と病棟の鉄格子を外して、伸び伸びとした病棟運営を経験しました。また私はとても楽天的性格ですので、まあ何とかなるだろうと思って始めました。島先生のお達しで本島北部に場所を決め、石川先生に乗せられて全開放で始めたわけです（笑）」

「病院の建物は、たまたま海洋博後に遊休化していたJALのホテルで、くつろげる空間はあるのですが、構造が病院向きになっていない。一般的な精神科病院は鍵を外からかけますが、ホテルは内から鍵が掛かる。ホテルはプライバシー第一だが、精神病院は事故防止が優先され、見通しが重大視される。これらの違いは大きいのですね。

私は貧乏医者でしたので、建物は手に入ったものの改造するお金が無い。玄関やホールの絨毯を剝がし、床を張り替えることも出来ない。天井にぶら下がっているシャンデリヤや、結婚式会場のミラーボールもそのまま。職員に着せるユニフォームも買えない。だから看護の人もみんな私服で患者さんと区別がつかない。当時、日赤のボートピープル（ベトナムからの人たち）の為の難民センターが近くにあったのですが、私も含めてパレスに難民が棲みついたの観でした（笑）。そんな開放病棟の始まりでした」

全開放病院の理想と現実

はじめはてんやわんやの日々だった。患者たちはここぞとばかり病院を出ていった。

「何十年も閉鎖病棟にいた人が転院してきて、急に自由になったのですから、さっさと離院してしまうわけです。その度に、職員がやんばる中を駆け回って連れ帰る。『院長、患者さん全員がいなくなったら、どうするんですか？』と事務長が心配するから、『いや、やんばるのどこかにはいますよ（笑）』と答えておきました。患者さんには『逃げなくていいよ、ここは自由なんだから』といくら言っても無駄でした。医者は信用されないですね（苦笑）。

ところが一月もすると、ぱたりと離院が減りました。先に入院していた患者さんが、後から来た人に『ここは逃げなくてもいい、何かあっても院長が自由にさせてくれるから』とクチコミでもしたんでしょう。

他にも面白いことがありました。ここはリゾート地域で近くに宮様が泊まったホテルがあるのですが、そこから『売店の品物をいじっている人がいる』と電話が来るんです。『すいません、すぐ職員を迎えに行かせます』と言って人を行かせると、また電話があって、『もう一人患者さんが来ました』というんです。『あっ、それがうちの職員ですよ！』。新婚さんの浜辺での記念写真に、必ず割って入って、ポーズする女の子もいましたね。近所の散歩には必ず職員を一緒に行かせるのですが、近くに住むオジーが『患者だけで歩かせるな！』というんです。『いや職員も一緒の筈です』と答えると、『いやみんな患者だ、目を見れば分かる』と言われ、聞くとそれが職員だったりして（笑）。

いきなり平和な農村に一八〇床もの精神科病院ができ、しかも開放医療で近所迷惑ではあったと思います。でも開院の頃は不思議と大きな事故はなく、また近所の人が病院で大勢働いていたこともあって、外も内もなんとなくオープン。初めの一年は開放医療のハニムーンのようでした」

石川信義の『開かれている病棟』を開くと、無断での離院、外出、外泊にどう対応するか、職員の苦労は大きいのだが、そこに治療のポイントがあると述べている件がある。

「病棟を開放すればしたでそれなりの苦労も出てくるのは当然だが、それらの苦労には治療的に意味のあるものが多く、閉鎖における治療と無縁の苦労とは質的に異なっている。

患者に対して援助者であるべき筈の治療者が、抑圧者としてその内部に矛盾を抱えることくらい治療者の心を疲れさせることはない。その矛盾がなくなるので、開放下では治療者の心がはるかに楽になる」

まったくその通りだと思う。治療者や支援者にとって、エネルギーのコストパフォーマンスがはるかに良くなる。もちろん工夫や準備、ちょっとした思考転換を必要とはする。思考転換がうまくできないときは次のようになる。

あるとき、愛媛県のある全閉鎖の病院から二代目院長が沖縄旅行のついでに見学に来た。医師はびっくりして帰った。次に院長の父親と病棟スタッフ五〜六名が、改めて見学に来た。高石は説明しながら付いていったが、後ろから看護師たちの話し声が聞こえてくる。

「日課が無い！　患者が自由にナースセンターに出入りしている！　患者と職員の区別がつかない！　患者を〝マコト〟とか〝ユキエ〟とか、呼び捨てにしている！　患者も職員を呼び捨てにしている！　詰め所で、職員と患者が一緒にスイカをほおばっている所に出くわすと、包丁が出しっぱなし！　服薬確認がないどころか何ヶ月も飲んでいない！　保護室が三つしかない！　自分ならとても怖くて出来ない！　このような批判が出ること自体が全開放病院の意味なんだけど、と私はニヤニヤして聞いていました。あとでこの病院に招かれて、きちんと開放治療の意味を説明しましたけどね」

なぜ全開放治療を拒むのか

しかしさすがに、高石たちにも思考転換は必要だった。これ以上続けるとアナーキー（無政府状態）になると心配になり、いろいろな試みを始めた。急性期の人にはマンツーマンで関わる。全開放とはいえマークケア（特定の人をマークしてそれなりの行動制限をすること）までは必要だろうということになり、そこを一応の着地点とした。

また、こんなこともあった。病院には、地域の青年たちが看護士として勤めていた。彼らは精神科看護を基礎から学んだわけではない。そこである大学の看護婦長を呼んで、看護教育をしてもらうことになった。

「四～五日泊まり込みでやってもらったんですが、ところがその人は怒ってしまい、私に分厚いレポートを書き残して、帰っていったのです。当時の大学で教える精神科看護は、生活指導から始まり、身体面、心理面の観察、服薬指導、作業療法、睡眠調整……。きちんと管理する精神看護こそが、自分たちの仕事だと思っていたのでしょうか。ところがここは〝ぶらぶら開放〟(悪い意味で)。患者に、作業も細かい規則もないし何も強制しない。薬も説得できなければ飲ませられない。それどころか『患者にも〝拒薬の権利〟がある』などという看護者もいる(苦笑)。危険物の管理が全くなっていない。患者と一緒に寝たりしている(変な意味ではなく、眠れない人への添い寝という意味です。ところが添い寝をしている職員の方が先に眠ってしまった!)。院長まで患者さんや職員を呼び捨てにして威張っている(呼び捨てにできることが親愛の関係、沖縄の呼び名文化なんですけどね)、などと怒っていました。

でも私から見ると、その婦長さんの方がおかしい。苦しくて入院してきた人たちに、細々とした規則や日課、集団の作業などを強制する方が間違いです。まずは〝安らぎの空間と時間〟が必要。看護学の教科書には『患者さんを隣人だと思いなさい』と書いてあるが、当院の職員は地域での関係をそのまま持ち込んで、まさに隣人付き合いを地でいっていたのです。開放的精神医療とはなにかと問われたら、私は『閉鎖病棟がいくつあるとかないとかではなく、いかに普通の人間関係を治療的な関わりにしていくか』という、いわば当たり前の治療だと答えますね」

次々にいろいろなことを取りいれていく高石に、島は「高石さんは午年だから、よく考えないで走るんだろうけれど、全開放なんてそういう奴にしかできないことだ」という言葉を進呈した。

しかし好事魔多し。自分の右腕と信頼していた人物に、いつのまにか法人の実権を握られ、高石は何も言えない立場になっていた。理事長職を辞任し、院長職も降ろされ、最後はヒラの医局員になった。辞めてしまおうかとも考えたが、長年、ともに頑張ってきた職員が残っている。患者もいる。辞めたくても辞められない状態が続いた。

「医師ではないその理事長に、医療に対する使命感などはまったくない。ないがしろにされた医療現場は疲弊し、資格のある職員たちが次々と去っていき、最後には院長も副院長も辞めてしまいました。医局は機能不全に陥り、外来・入院とも、新患はすべて断るほかありませんでした。名護のデイケアも閉鎖しました。

前理事長は大きな損失と負債を残したまま、任期半ばで降りてしまい、残された理事が、私に理事長復帰の要望書を出しました。平成二四年、一〇年ぶりに私が正式に理事長に再任されました。長男も覚悟を決めてくれたので理事長を受任し、それから四年間、役職員一同一丸となって働きました。そのうち辞めていった職員も帰ってきてくれて、この四年で再び活気ある本部記念病院になりつつあります。気が付くと、島先生が亡くなってから一〇年が過ぎていました」

島が院長を務めるクリニックの立ち上げには、友人の加藤登紀子（夫の藤本敏夫は六八年を闘った全共闘の闘士。加藤とは獄中結婚していた）がやってきてくれて、看板を書いてくれた。院長室にはその写真があった。また高石の席の背後には、島の笑顔の写真が飾られている。高石はそちらに目をやると、含み笑いになり、余談だがと断ってこんな話をした。

「開院はじめの頃、ある出版ゴロみたいな人間から『お宅は全開放病院だそうだけど、男女フリーセックスの病院だ、というような本を出そうと思っている、どうするんだ』と脅しをかけられたんです。『そんなことは絶対にない』と断ったのですが、要するに金をよこせというわけです。

島先生に相談すると、もう電話一本です。『○○、お前、何やってるんだ、ここの院長は俺のダチだ』で終わり。島先生は変な人脈があるのか、右にも左にも強かったですね、不思議」

島のみならず、全学連・ブントの面々がさまざまなスジに人脈があり、人によっては親分に可愛がられたことは、時にマスメディアを賑わせてきた。このあたりのことは佐野眞一の『唐牛伝』に詳しい。

高石は、現在も「島イズム」という言葉を掲げ、病院内に浸透させようとしている。「島イズム」とは、島成郎の地域精神医療における思想、主義、実践のスタイルを指しており、若い職員にそれを継承したい、という目的で現在も使っているのだという。

悪化する体調

高石によれば、ときに島は「高石君、明日の外来を頼む」と突然本土に行き、誰かに会っていた。高石が「どこへ行ってきたんですか」と訊くと、「細川護煕元首相に会ってきた」とか、「吉本隆明と話したいことがあった」などと言っていた。

「私などから見ると、雲の上の人たちです。私のほうは島先生の代わりに患者さんを診て、必死に留守番をしているわけですが（笑）、それはともかくとして、政治的にも思想的にも、周りの人たちにとっては放っておけない存在だったんでしょうね」

一方で、やんばるに戻ったあとの島は、持病に苦しめられた。

「九九年に倒れ、二〇〇〇年に亡くなるのですが、後半の二、三年は狭心症で入院しましたし、二回目は胃潰瘍で吐血して入院しました。心臓をやったり胃潰瘍をやったりと、体調が悪かったですね。あるとき、もう臨床医は止めよう、物書きになろうと言っていました。『先生、臨床医をやりながらでも物書きはやれるでしょう、辞めないで下さい』と言ったら、『いや、高石君、物書きはそんな簡単にできるもんじゃないよ』と言っていました。私があまり働かせなければ、物書きをやっていたかもしれないですね」

物書きと言えば、こんなことがあった。

「島成郎の未発表と思しき原稿がある、博子夫人にお返ししたいが労をとってもらえないか」、と未知の方から突然連絡が入った。二〇一七年七月の猛暑の中、必死に稿を進めていたときだった。送って下さったのは、大手出版社の編集部に所属していたという方。原稿は、「島成郎用箋」と印字された二〇〇字詰めの原稿用紙で九枚弱。見ると、母堂の死去の報から書き出されている。すぐに博子夫人に電話で確認してみた。確約はできないが未発表ではないか、との返事だった。後に「週刊文春」の書評ページに掲載された原稿であることが判明した。

併せて私のつくる雑誌への掲載許可もいただいたが、全文はそちらで読んでいただくこととして、ここでは冒頭のみを引用したい。

この正月の五日、沖縄の小さな島にいる私のところへ、九十三歳になる母が急逝したとの知らせが届いた。夕食後突然倒れ意識不明になり病院に運ぶ間もなくそのまゝこと切れたという。いつも遠方にいるため常々その世話を姉や兄らに委ねていた私は「介護」の苦労を味わうこともなく死に目にも会うこともできず、余りにも突然の死に未だ喪失の哀しみを実感しえないでいるが、しかし日が経つにつれて、私が生まれてから数えても六十四年にわたった私のなかの母の像がさまざまの場や時のそれぞれの色合いの感情に染められて次々と浮かんでくる。

原稿はこのあと、「ちょうどそんなとき、この松下竜一さんの『ありふれた老い』を手にした」と続き、松下作品の読解へ進んでいく。老いの実相、介護の様子を読み解きながら、母堂の死と重ね合わせ、「六人の子供を育てた一人の人間への賛歌の書として私の心に残った」、と書かれる。

六十四年という年齢から計算すると、執筆は一九九五年。沖縄に移り住んで二年目。次男と訣れてから二年後のことになる。このとき島は最も親しい、いわば分身といっていい存在を、立て続けに喪ったことになる。その胸の内を軽々に詮索する愚は避けたいが、不調に苛まれていた島の身体に、さらなるダメージを与えたであろうことは間違いない。

沖縄県精神障害者福祉会連合会の事務局長の高橋年男は、入院中の島について、次のような思い出を語った。「樺美智子追悼四十周年の集い」に出席した後、動脈の手術をすることになった島は、高橋に言った。

「心臓バイパスがどんな手術か知ってるか。チューブを入れるんだぞ。痛くないわけなんかないだろう。医者なんか絶対に信用するなよ」

そしてしみじみと島は言ったという。

「病院のベッドで寝かされている患者の立場で医者を見たとき、それがどんなに恐ろしい存在か、自分が重症患者になって、初めてよく分かった。地域医療をやろうといってきたぼくは、じつは怖い存在だったんだろうな」

高橋は「最後まで人間関係をとらえ返す力というか、自分と人との関係にたいし、すごく誠実に向き合っていた方でしたね」と述べた。島は入院中も、訪ねてくれた人には明るく接しつづけた。

死期の近づいた島について、新里厚子はこんなことを述べた。

「先生は入院中、南部保健所から、地域精神保健活動についての原稿依頼があったようです。病院の先生から私にも、保健師分野の資料をまとめるようにと連絡があり、何度か病院に通いました。先生はいつも、にこにこしておられましたね。私たちは先生がそれほど深刻な状態にあるとは気づかなかったです。高石先生に、島先生の病気はどうなんですかって訊いても、いやいやたいしたことはない、とおっしゃるので、気にしないでいました。でも後で、あのときにはもう見込みはない状態だった、と訊いてショックを受けました」

この時期の島の大仕事が「樺美智子追悼四十周年の集い」の開催だった。期日は二〇〇〇年六月一〇日。戻ってすぐの六月一七日に心筋梗塞で倒れ、続いて胃潰瘍でも入院している。悪化する体調を押して、樺美智子の集いに出向いて行ったのだろう。このときに司会を担当した長崎浩（もう一人の司会は奥田正一）が、こんな証言を残している。

「わたしは島さんの様子に驚いて、この会がお別れの会になるのではと予感した。当日（六月一〇日）、全国から参集したものたちで、同じように感じた人は多かったと思う。島さんはうれしそうだったが、別れを告げているようにも私には見えた。／この会が終って1週間後に、島さんは博多で倒れ、入院する。そこから沖縄の病院に移送され、病状が一段落した9月12日付で、丁重な礼状を島さんからいただいた。／『この2、3年、やれ心臓だ、やれ胃だと身体大分ガタがきていますが、21世紀、世の中どうなるか、見つめたいと思っています。』／と書かれていた。／私はと言えば、返事を一日延ばしにしている間に島さんの病状は悪化して、私の手紙が届いたときにはもう読める状態ではなかったと聞く」（「島さんの金時計」『ブント書記長島成郎を読む』所収）

ちなみにこのときの島は、こんな挨拶をしている。

自分たちが何を目的として安保阻止の闘いを行ったのか、なぜ国会突入したのか、と振り返ったあと、樺美智子について次のように語る。樺さんは六月一五日のデモにただ参加しただけではない、「戦後の新しい運動の中で新しい組織を作るために、その数年前から身を賭して、あるいは身をかけて闘ってきた同志。すでに東大教養部のときから共産党の一員として活動し、そしてブント結成とともにブントの中心となっただけではなくて、まだほとんど数人しかいなかったブント本部の事務所にきて、全国の組織の中心に黙々として働いた同志。非常に口数は少なく、物静かな人でしたが、いうべきことははっきりいい、おとなしい中にも激しい情熱と意思を秘めた、非常に頼りになる同志」

「負傷したもの720名、逮捕された者146名、その中で起訴されたのは24名」という言葉も見える。六〇年の闘いの後、深い痛手を負い、逮捕・起訴という烙印を負って生きなくてはならなかった人びとが、島の回想によって呼び戻される。勝手な推測にすぎないが、樺美智子という死者を始め、島は終生、これらの人びとを忘れることはなかったはずである。

山里八重子のこと

高石に取材をしているさなか、家族会の故・山里八重子の話になった（第八章で宮里恵美子も山里のことを口にしていた）。高石の「山里さんが、自分はやんばるの地を息子さんとさまよっていた、といってましたね」という一言が気になっていた。さらに調べてみると、高石は山里について、こんなことを書いている（「『やんばる』から」『沖縄県立てるしのワークセンター10年の歩み』）。

「山里八重子さんは言うまでもなく、沖縄の精神障害者の家族会の発展の原動力であり、家族会そのものでありました」

「山里八重子さんとは、私が本部町に病院を開設した1980年頃、島先生がお連れになってお会いしたのが初めてでした。その時、彼女が〝むかし、自分は『やんばる』を息子と一緒にあちこちさまよっていたのよ……〟と静かに話されたことを今でも覚えているのは、その言葉は只ならぬ苦悩の表現と感じたからでありました。その後、いろんな所で山里さんとお会いしましたが、初めての印象とは別に何時もエネルギッシュに立ち振る舞い、家族会のために東奔西走する逞しいイメージの八重子さんでした。しかし、島先生の最期の頃、入院先のベッドに横になったまま、先生は私に自分の苦しい病状の事は語らず、その頃の八重子さんのことを、〝彼女はこのごろとても疲れているようだな……〟と心配されておりました。その言葉が私にはお二人との関係の最後でもありました。奇しくもこの偉大な地域精神保健福祉のリーダーのお二人は2000年10月・2001年7月と時を置かずに急逝されました」

この記述が気になっていた私は、沖福連（沖縄県精神保健福祉会連合会）の事務局長である高橋年男を訪ねた。高橋は、山里について次のように話した。

「山里さんは復帰前（一九七一年六月まで）は、沖縄婦人連合会の理事をやっていましたが、復帰が目の前に迫るころ、家庭の事情等も重なり、家を出て、やんばるの山・デークマタの開墾に入りました。琉球大学などの若い学生たちと山の開墾に情熱を傾けていたY老人とともに、デークマタ農場のやまのじいさん、やまのおばさんと呼ばれ、若者たちと新しい農業を拓こうとしました。沖縄が、本土資本に呑みこまれていくのは本来の沖縄の姿ではない、そう考え、大宜味村押川の開墾地に、新境地を求めて入っていったのですね（その頃の彼女の想いは、沖縄タイムスのコラム『唐獅子』に、『開墾地から　押川清子』のペンネームで、一年間連載されています）。

そこに、当時、琉球大学の学生だった八重子さんの次男が、時々訪ねていたようですが、ある時やってきた次男の様子がどうもおかしい。突然、山に一人で駆け出していってしまった。みんなで手分けして探すと、激しく混乱して倒れていたそうです。八重子さんが病院に連れて行きますが、これが次男の発病を知るきっかけでした」

山里は、医療につないだのでもう安心、回復するだろうと思い、再びデークマタ農場で開墾に勤しみ、新しい農業に打ち込むようになった。ところが、いっこうに回復する兆しが見られない。「そこで八重子さんは山を下り、付きっきりで世話をする生活に切り替えたのです。五〇歳を過ぎて運転免許をとり、医療や福祉にかかわるようになった。できたばかりの病院に用務員として入り、福祉のワーカーの資格を通信教育でとって、福祉職として病院に勤めるようになります」

七〇年代初頭、学生運動が激しい頃だった。琉球大学でも激しい衝突があった。山里は、当時の社会状況や政治状況のなかで「さー、決意を。いま、決断を」と迫られ、抱えこまされた葛藤が大きかったのではないか、そう言っていたという。

「長いあいだ、八重子さんは病院や診療所に勤め、ワーカーの仕事を続けながら、次男の回復を見守っていました。全国的に動き始めた作業所補助金の制度に乗り遅れまいと、一九八八年、沖縄県精神障害者家族会連合会が結成されるのですが、その時の束ね役でした。同じ年の六月にワーカー全国大会を沖縄で開催しようと声を上げたのも彼女でした。大会で玉木病院の玉木昭道さんと一緒の写真が残っていますが、みんなの協力を結び付けながら家族会をまとめていったのです。

ちょうど大田昌秀さんが沖縄県知事になったときでした。戦後すぐの「沖縄文教学校」時代〔一九四六年に具志川村（現うるま市）につくられた沖縄で戦後初の教員養成機関〕、山里さんは、学年は一、二年違いますが、大田知事と机を並べていたというのです。そんな縁もあり、大田知事が、県として家族会のために何が必要かと聞いたとき、退院した後に通える精神障害者の通所授産施設が沖縄にはない、自分たちで作業所作りをしているが、通所授産施設を国事業として予算化できれば、家族会も法人化し、きちんとした対応ができる。そういう話をして、このてるしのワークセンターの建物も、県の予算でできていく。九六年までかかりましたけどね」

この間も、次男は入退院を繰り返していた。

「ところが、あるとき本人が自殺未遂をするのです。脳に損傷が残り、半身にマヒが残った。杖をついて歩くことはできるし、言葉は喋れるんだけど、生活には今まで以上に支援が必要になった。地域のグループホームに入って暮らすようになりました。八重子さんは、次男の世話をしながら、沖福連の会長として、てるしのワークセンターに通う生活になりました」

ところが二〇〇一年七月、不幸この上ない事件が起きて、山里は命を落とした。島を失った哀しみがやっと抜け始めたろうかという矢先の出来事で、てるしのワークセンターのスタッフも高橋も、衝撃は大きかった。山里八重子も、島と、沖縄の家族会や精神保健福祉を語るときには、欠かすことのできない存在だった。

「これまで」を読む

再び医療の話に戻る。ノーブルメディカルセンター（当時の本部記念病院の名）で行われた全三回の連続講座、（1）「これまで」（2）「いま」（3）「これから」を見てみる。『別冊精神医療追悼島成郎』に掲載されたものだが、博子が冒頭に「2000年3月末、島は一生の仕事を終えるにあたり既にガンが増殖している中、ギリギリまで体力をふりしぼり、講演の準備をしていました」という一文を寄せている。まさに最晩年の講演だった。

まずは「これから」から。

自身の生誕からはじまり、医師になり、初めて沖縄に足を運び、本部記念病院が開設されるまでが振り返られる。戦後直後の沖縄精神医療の事情が語られ、保険が使えず、いかに医療費が高額だったか。入院費用が一ヶ月一〇〇ドル。

「2ヶ月も3ヶ月も入院させればもう払えなくなる。払えなくなるから引き取る。2回目に再発して入院した。今度は家も売っちゃう。3回目は田畑も売っちゃう、土地も売っちゃう。4回目はだめ。／しようがないから自分でブロックで部屋をつくって置いておく。そういう私宅監置の部屋というのがこのやんばるにもたくさんありました」

そして法と精神医療政策が振り返られ、批判される。入院させるときの大きな理由は、精神病者は自分の病気が分からない、すなわち病識がない。精神症状や行動を呈している。しかしそれだけが入院理由になるのではなく、もう一つ加わる。他の人に迷惑になる。他の人に迷惑になるから、強制的に病院に入れて出さないようにする。

「これが『精神衛生法』の基本なのです。／こういう人間の保護方法を措置入院といいます。今、この病院〔本部記念病院〕は一人もいない」と述べ、「日本の精神病院の入院者の30％以上が措置入院、強制入院です」という。同意入院といっても、多くが強制入院に近い、と批判する。

入院のあり方をめぐる問題は、島が生涯訴え続けたテーマの一つだった。患者の意思を無視した強制的な入院がいかに患者の誇りを奪い、心を頑なにさせ、治療を難しくするか。現在、法も改正され、措置入院者も二パーセントから三パーセントへと減少しているが、島が指摘する問題の本質が一向に解消に向かっていないことは、二〇一六年に起きた神奈川県相模原市での事件が示した通りである。あの事件の後、改めて措置入院のあり方が問われた。

島はさらに続ける。二〇〇〇年の現在〔講演時〕、社会も医療も大きく変わろうとしている。入院型・閉鎖型の医療から、地域医療、開放医療へ。本部記念病院が、全開放病院をうたって開設したのは、この流れが始まって間もなくだった。

「現在、〔本部記念病院にも〕閉鎖病棟ができました。できましたけども、この全開放で始めた、今までにない、閉鎖的で収容所的な病院を変えようというところでこの病院を造った当初の理念を忘れてはならないと思います。これは後から入った方にとっては古い話であるかもしれないけれども、絶対に記憶しておいてほしいと思います。これからの病院を考える上でもこれは依然として出発点であると私は考えます」

玉木病院も、開院の当初はやはり〝てんやわんや〟だった。近隣住民からのクレーム、家族からの苦情、職員の対立、泥にまみれる数年間があった。同様に本部記念病院も「泥まみれのなかの何年間だった」ろうが、それでも開放で行こうとした。この事実は決して忘れてはならないとくり返す。まさに島成郎のアジテーションである。

まだ半分ほどの要約なのだが、あと一つだけ挙げておこう。病院の閉鎖性とは何か。

「精神病院が閉鎖的だというのは、鍵をかけて患者さんを閉鎖的にしてるだけではなくて、そこで働いている人間が非常に閉鎖的になっているということなのです。(中略)職員自身が自閉的になって閉鎖的になってしまう。心を閉じてしまう。外のことがわからなくなります。そうなると地域との交流もなくなって、地域との交流がなくなれば患者さんとの交流もなくなる」

この指摘にははっとさせられた。医療施設だけではない。学校も、児童や女性、高齢者の支援施設も、福祉施設も同様である。地域との交流を閉ざし、閉ざせば閉ざすほど施設内で支援者が上位の関係になり、いじめや虐待や暴力の温床となる。閉鎖性と暴力は深い関連がある。なるほどと思った。そして、いま転換期にいるのだと改めて強調され、第一回目は終わる。

「いま」と「これから」

第二回目「いま」。転換期とはなにかというテーマから語られるが、最初に取り上げられるのは高齢化社会の問題である。島は言う。

本部記念病院は、今までの沖縄の精神医療が取り組んでこなかった老人性痴呆《ママ》(以下も同様)の問題に積極的に取り組むという方向を打ち出し、県下第一号として老人性痴呆専門病棟を作った。重度痴呆老人のデイケアと精神科デイケアも始めた。さらにデイナイトも始め、グループホームを作った。名護に診療所（やんばるクリニック）も作ったが、外来医療と在宅医療の比重が大きくなることは、おのずと入院治療のあり方を変えることになる。こうした形で自分たちの医療を変え、本部記念病院は転換期を乗り切ろうとした。

もう一つの転換がある。患者側の精神保健へのニーズが格段に広がったことだ。クリニックと外来治療は、こうした患者の変化に対応しなければならないのだが、そのためには入院治療も合わせた三者（患者―病院―クリニック）のあり方を考え直す必要がある。

そう島は述べている。改めて感じることは、島が鋭敏なアンテナで医療と時代の変化を感じ取りながら、あくまでも病院治療のあり方にこだわり続けていたことである。どうしてだろうか。心の病になった時、病院の基本的な考え方が昔と変わっていない、そう考えるからだ。日本の病院治療の多くは、隔離し、地域社会から遠ざけるという考えを抜きがたく持っている。

「この考え方は、ひどい考え方だと言うかもしれませんけれど、私に言わせれば、こんなに近代的な国家になった現在でも、その精神というのは、考え方は、現代でも連綿として続いているということを言いたい」

第二回目の講座の論点は多岐にわたっているが、ここが最大のテーマである。島の生涯をかけた闘いがどこに向けられていたか、よく示されている。

第三回目、「これから」。

冒頭、何が大きく変わったかといえば、時代と社会と人間が変化したと指摘し、こう述べる。

「会社や地域でも、私たちは今、これまで経験したことのない新しい時代に突入しています。そうした社会の価値観の変化の中で、最も露わになってくるのは、人と人との関係、人間関係の歪みです。／身体の病気も随分変わりましたね。昔は伝染病、感染症が第1位だった。いまは生活習慣病などの循環器が1位です。これはつまり、社会の構造が変わってきているからです。社会構造の変化は、当然心の悩みをも引き起こします。人間関係のひずみが大きくなれば心は歪んでくる。悩みを自分で解決できなくなれば、病気と呼ばれる状態になる。心の病は人生のあらゆる段階で間違いなく増えてきます」

精神科の治療は、こうした変化にどこまで対応できるかと島は問う。医療は高度化し、専門的になり、大きく変化している。現在の病院はそれに対応できるのかと言えば、旧態依然のままである。その典型が、医療法の中に「精神科特例」があることだ。国は一向に変えようとしない。「僕の見通しとしては、10年位かかるかも知れないけれど、精神科も一般病棟と同じようになるだろうと考えています。／（中略）なんで精神科だけは特別なのか。ここにこそ、現在の精神医療の悲劇、そして精神障碍者の置かれている悲惨さの根元がある。（中略）／しかし今や、時代の流れは大きく変わっています。決して精神科だけが特別扱いされるべきではありません。（中略）入院中心から外来医療への転換は必ず進みます。精神病院そのものも、大規模なリストラクション（再構築）をやれるところだけが生き残れるでしょう」

日本の精神科病院の八〇パーセント以上は私立であり、つまりは営利団体である。そこを対象に設けられた「精神科特例」とは、つまりは営利団体に対して国が与えた営業特権である。こうした構造そのものにメスを入れるのでなければ、どんな改革を行ったとしても意味をなさない。これもまた島の持論だった。

もう一つ求められる変化は、社会と私たちの側にある問題だと島は言う。

「心を病んで苦しんでいる人たちを、普通とは違った人間、異なった世界に行ってしまった人間、自分たちには了解できない言動をとる不気味な存在、として危険視し、迷惑がる。それを処遇するところが精神病院なのだと、皆がそう思っているのです」

「さまざまにあるバリヤの中でも、一番大きなバリヤは何かと言えば、私は人々の心の中にある心のバリヤだと思っています。精神病者である、痴呆老人である、寝たきり老人である、身体障碍者である、という具合に人間個々人を考え、私たちとは違った世界にいる弱いもの、何か手助けしてあげるべきもの、何かを与えてあげるべきもの、情けや哀れみをかけるべきもの、という意味で福祉を考える、そのような見方こそ障碍者にとっては最も大きなバリヤではないでしょうか」

まさに相模原事件以降の、私たちの社会の最大の課題が問われている。〝心のバリア〟とは何か。それは、障害を持つ彼らを弱い人だと気の毒に思い、手を差し伸べなくてはならないとするその考え方にこそある。同情や哀れみこそが、最大のバリアである。島の言う〝心のバリア〟を私たちは解き放つことができるのだろうか。どうすれば、そこに近づいていくことができるのだろうか。これが、島成郎が人生の最後に私たちに残したテーマだった。

死期が近いことを察していたのだろうか。自分が闘ってきたものが何であったか半生を語り、これから闘おうとしているものが何であるか、未来が語られている。『ブント私史』が前半生をまとめたものならば、連続講座は医師としての半生を振り返り、まとめ、未来へ向かうための里程標としようとしたものだった。質量ともにそれだけの力を持つ講演録であった。

〝アジテーション〟という言葉は注意して使わなくてはならないが、聴衆を鼓舞し、勇気づけ、前に進ませようとする言論・演説と捉えるならば、連続講座は島成郎最後の、渾身のアジテーションであった。「島先生は人をその気にさせる人だった」と高石は語っていたが、多くの聴衆が島の講演に勇気づけられ、鼓舞されたのではなかったろうか。瀬長亀次郎の演説が、まさにそうだったように、島成郎もまた並外れたアジテーターであり、オルガナイザーだった。

安保闘争敗北後のブント全国大会で、壇上で非難にさらされながら、喘息のために途中から椅子に横たわっていることしかできなかった、というエピソードはすでに書いた。そのことを回想し、ブントの同志・香村正雄は次のような文章を残した。

燃えたぎる革命の熱情は、メディアを通してしか大衆に伝えることはできない。そのためにも前衛の煽動は重要である。それにも増して指導者の資質は、いかに前衛を奮い立たせる力があるかである。島の持っていた、この人を奮い立たせる資質は並みの物ではなかった。狂気に近いこの島の資質はどこからくるのか。島の喘息の発作の脇にいて、この発作の中に、あの狂気に近い熱情を見たような気がした。

（「リベラシオン。革命への熱情」『60年安保とブントを読む』所収）

奮い立たせる力こそ、アジテーターの本領である。まさに瀬長亀次郎譲りではないか。

一つ、面白いエピソードを報告し、本章を終えよう。

島が喘息の発作を起こしたのは、このブントの全国大会のときが最後だったと博子は言う。六〇年安保の五月六月、食事もろくにとらないまま不眠不休で日本国中を飛び回って身体を酷使し、長時間激しい緊張のなかに置かれ、そのことで体質改善がなされたのではないか、と博子は推測する。沖縄でお会いする誰もが、島の喘息発作について触れなかったことを私は不思議に思っていた。「生まれ変わったみたいですね」と言うと、「そうなのよ」と博子は答えた。

島成郎はほんとうに、生まれ変わって二生を生きたのかもしれない。そんなことを思わせるエピソードだった。

エピローグ　**島成郎、沖縄に死す**

島成郎の病歴

高石利博が学会で那覇にいたとき、博子から電話が入った。

「島が、風呂場で倒れたのよ！」

高石が「脈を診てください」というと「脈が分からない」と博子はいう。

高石は焦って、「脈が分らないって、まだ、亡くなっていないなんでしょう。探してください」といったのだが、博子はやはり動転しているだけだった。

本部記念病院の内科医が、島の自宅のある瀬底に住んでいたので、高石が「○○先生、急いで島先生の自宅に行ってください」と電話すると、「脈が触れないいんなら、もう間に合わないんじゃないいんですか」と言う。

「そんな事を言っていないで、とにかく行ってみてください」と、島の自宅に向かわせた。

すると吐血して血圧が下がっている。脈が弱くなっているから、医者は触れるが、博子には脈は触れない。駆けつけた内科医が救急車を呼び、病院に運んだ。

こんなことが二回ほど繰り返された。

「最後は胃がんでした。本人は分かっていました。長男と本人には伝えていたのですが、奥さんには言っていませんでした。胃がんの診断がついてから、バタバタと、あっという間に亡くなった。そんな感じでしたね。六月一五日に入院して、亡くなったのが一〇月一七日ですから」

もう一度、高石氏提供資料より病歴を確認しておこう。まず、陽和病院勤務で心身に激しいダメージを受けた島は、八八年から九〇年にかけて「療養生活」に入る。北海道行きもその一つだった。この時期に書かれた手紙で、唐牛健太郎の主治医だった天願勇に宛てた次のようなものがある。

「実はあれ以来〔天願の創設したハートライフ病院の開院を祝う会で会って以来〕体調を崩し、九月初めに救急医療の対象とされ、『病院』に監視され、一応退院になりましたが、なお執行中の状態で自宅に軟禁され、さらにいろいろと精査の予定が組まれている有様……なにしろ東京は雑念の多きところ、あまり静養にならず——、南島の海などを偲んでいるところです」と記している。日付は八八年九月二〇日。

さらに九七年には、「持病の胃潰瘍が悪化、大量の吐血とともに人事不省となり病院に運ばれた」とある。冒頭の高石の証言はこの時期のものだろう。島の体調は回復せず、悪化の方向へ向かって転げ落ちていた。九九年三月には「狭心症発作で入院、この年5回入院」。

元毎日新聞社『カメラ毎日』の編集者・西井一夫が『ブント書記長島成郎を読む』に寄せた文章に（「20世紀の記憶　60年安保」）、島の手紙が引用されている。期日は二〇〇〇年九月一日、亡くなる五〇日ほど前のものである。

「実は小生、さる6月17日、博多で講演後に倒れ、緊急入院、検査の結果すぐ手術が必要と診断され、そのまま現在の沖縄の病院に搬入、7月17日に手術、以来今日までまだ入院加療中の身です。大分恢復してきましたが、2ヶ月以上断食療養の直後、心身やや下向きのときでしたので、『クロニクル』はほんとうに大きな励ましになりました。これからまたゆっくり全文拝読いたしますが、とりあえず今のホットな感謝の気持ちをお伝えしたいと思い、一言筆をとりました」

『クロニクル』とは、西井が編集長を務めた毎日新聞社版の『シリーズ20世紀の記憶　60年安保・三池闘争　1957-1960』のことである。そこに収められた座談会の発言を本書の第六章で引いているが、西井は企画段階で、島が入院直後で体調が不調であることを知っていたという。しかし島は病後を押して沖縄から出てきて参加している。

そして手紙にあるように、博多での講演後に倒れ、沖縄に運ばれた。そのまま入院。「胃がん、胃全剔手術」。執刀したのは東大39卒の同期、宮田道夫だった。手術をしたがいかんともしがたく、宮田が島を看取った。


古賀康正は九月に名護の病院まで来て、中村光男とともに島を見舞っている。

「九月、中村と一緒のときは、病院に行って世間話をしただけでした。でもどうしてあのとき行くことになったのかな。だいぶ具合が悪いようだから見舞おう、ということだったのかな。しかし、まだ絶望的だということではなかったと思うけど。彼の手術が終わったあとかその前にも、『見舞いに行こうか』と何度も言ったのですが、博子さんに『いまは来ないで』と言われていました。治癒するのかどうか、まだ分からなかったけれども、少し具合がいいようで、『今なら来てもいいよ』と言われ、じゃあということで訪ねたんだったですかね。行って、島と中村といっしょに雑談していると、『あまり長くなると体に悪いから、もう帰って』と言われて、じゃあそろそろ帰ろうと、帰ってきた記憶があります。東京に戻ってきたら数日後に危篤になったとのことでした」

島成郎、沖縄に死す

森山公夫はぎりぎり間に合って、最後の島成郎に呼びかけている。

「二〇〇〇年一〇月、島さん危篤の報を聞いてぼくはあらゆることをなげうって沖縄への飛行機に乗りました。かねて心の準備はできていたつもりでしたが、自分でも驚くほど生きている島さんに会いたい、という焦燥がぼくを駆り立てたのです。すでに意識混濁のなかにあった彼にぼくは大声をふりしぼり『島さん!』と呼びかけました。その時一瞬、島さんの表情がほころんだ――とぼくには思えました。ぼくの声は確かに島さんに届いた、といまでも信じています」

島が息を引き取ったのは一〇月一七日、午前七時三〇分だった。

中山勲は通夜のときのことを、次のように書き残している。

中山が島の訃報を受け取り、瀬底島の自宅に駆けつけたときには午後八時を過ぎていた。通夜に来た十数人の友人や知人に囲まれ、島は部屋の中に横たわっていた。家に入り切れない弔問客たちが、庭でたむろしている。多くが沖縄の精神保健や医療の関係者だった。中山はいう。

「先生のお顔を見て、私は奥様に『安らかなお顔ですね』と申し上げましたが、正確には『神々しい、仏様か神様のようなお顔』だと感じました。解脱した顔とか涅槃に入った顔とは、このような顔をいうのだろうな、と先生の顔を見ながら思っておりました。

夜の十二時を過ぎても、大部分の通夜の客は帰ろうとせず、先生が如何に皆に敬愛されているかということがわかりました。そうです。皆、先生の偉大さや、業績の大きさのためというより、理屈抜きで、ただ心から先生が好きなのです。それで少しでも長く先生のそばにいたいのだなと感じておりました」（「哀悼の言葉」『天空の星』）

瀬底もまた島夫妻にとっては難儀な場所だったようだ。私は、そのことを書かれたものや取材で知った。島はどこにも書いていないし、博子も多くを語らなかった。

古賀は瀬底での葬儀に参列するため、急ぎ、島の自宅まで足を運んでいる。ところが途中で、不思議な出来事に遭遇することになった。

「一〇月一七日に亡くなって、一八日に唐牛真喜子〔唐牛の妻〕さんと奥田〔正一〕夫妻に、『朝の一〇時に出棺だから、必ずそれまでに来てよ』と言われ、島の死に顔を撮っておかなきゃと思って、一眼レフカメラを持って家を出たつもりでした。でも、それを玄関に忘れてきちゃって、沖縄の飛行場であわててインスタントカメラを買い、タクシーに飛び乗って瀬底の島宅に向かいました。

ところがタクシーで走っているうちに、島がまだ病院にいるような錯覚を起こしちゃって、海岸近くで、ここでいいと言ってタクシーを降りたのです。この海岸をずーっと歩いて行くと病院があって、そこに島がいるんだなと思って、海岸を歩きながら、いろいろな感慨にふけっていました。そのうちに、突然『あ、そうじゃない、島はもう死んじゃったんだ、島の家に行かなきゃいけないんだ』と、やっと気づいたんです。島が死んでしまっているなんて思いもつかなかった。もう滅茶苦茶に走っていったんだけれど間に合わなかった。

家に着くと、奥田夫妻はかんかんになっている。唐牛真喜子さんに『一〇時だとあれだけ言ったでしょ。いつまで待っても古賀さんが来ないから、もう出棺しちゃったわよ』と言われました。いまは焼いている最中だから、終ったらお骨を拾いに行くからって。一番肝心な時にいなくて、しょうがない人だ、と言われちゃって（笑）」

古賀の魂が身体を離れ、島を捜し、あるいは島と二人、本部あたりの海を彷徨い歩いているような印象を受ける。古賀は島と、最期の濃密な時間を過ごしたのだろうか。島も古賀も、おそらくは根っからのマルキストだろうから、魂がどうしたこうしたなどという話はおよそ信じないかもしれないが。

お別れ会と、バッハとカチューシ

葬儀・お別れ会は、二〇〇〇年一〇月二二日に執り行われた。場所は浦添市中央会館。葬儀委員の一人だった山内春枝が言った。

「島先生のお葬式で、私たちは泣きながらカチューシを踊ったんですよ。にぎやかにっていうのが、先生の遺言だったといいますからね。浦添の中央会館が会場でしたが、森田実さんもいらしてましたし、盛大な葬式でしたね。そのあと会場を移し、上に宴会場があるのでそこに行って、たくさんごちそうがあって、みんなで思い出話をして、歌って踊って食べて。博子さんに、山内さん来てって言われて、カチューシを二人で踊っていたら、みんな踊り始めました。華やかな葬式でしたね。沖縄じゅうの島ファンが集まりましたからね。何百人でしょうか。ホールにたくさん人がいましたから。告別式はもっといましたよ。誰でも自由参加でしたからね。ほんとに泣きながら踊りましたよ」

このとき弔辞を、森田実と吉川武彦が述べている。屋良文雄によるジャズの演奏もあった。後に『ブント書記長島成郎を読む』が編まれたときに、北小路は「〈島が〉地域精神医療について の先進的・画期的な提起を展開」し、「現地と全国の医療者と患者、さらに行政の協力者からさえも、厚い信頼を得ていたことを、改めて知った」という一文を寄せている（「私の源流の中の島成郎さん」）。

二回目のお別れ会は二〇〇〇年一一月一一日、場所は東京青山斎場だった。葬儀委員長は東大の先輩医師として親交のあった原田憲一。長崎浩が司会を務めた。弔辞は、森山公夫、浜田晋、望月紘、高石利博、常木守他四名の名前がみえる（全員の弔辞全文が『情況』二〇〇一年一・二月号に掲載されている）。吉本隆明も弔問に訪れた。再び古賀康正の談話を引く。

「一一月一一日の青山斎場でのお葬式、お別れ会は、一切合切、奥田正一・直美夫妻が中心になってやりました。奥田正一は早稲田ブントの親分の一人で、紙問屋さんですが、商売を一ヶ月間やめて、息子や店員なども総動員し、一家を挙げて招待状の印刷・宛名書き・発送や名簿の整理、会場に掲げる何枚もの拡大写真の作製や飾りつけ、掲示の準備にかかりきりでした。真喜子さんと私とが秋葉原の奥田洋紙店に毎日通い、それを手伝いました。お別れ会の当日は早稲田の後輩を集めて、会場の設営や案内や受付や交通整理などをしてもらいました。みんな手弁当で本当に一生懸命やってくれました。

会場の準備やら何やらを仕切ったのは、すべて奥田を中心としたブントと運動関係者だったのですが、党派色が表には出ないように、関係者が中立的に見えるように配慮しました。葬儀委員長も、島の先輩のお医者さんにしてほしいとのことだったので、原田憲一先生にお願いしたら快

2000年11月11日、島成郎とのお別れの会には600人が集まった（毎日新聞社提供）

諾していただきました」

生前の島は、古賀に向かって「俺とあんたは同年生まれだから同じころに死ぬだろうけれど、生き残った方が死んだやつの葬儀委員長をやろう」と言っていたという。

「島はそういう役をそつなくこなすからいいが、私は儀礼的なものは大の苦手だから困ったなと思っていたから、それで助かったようなものでした。お別れ会には、島夫妻の娘さんの名付け親である吉本隆明さんも病軀をおしてきてくれました。会場には終始バッハの無伴奏チェロ組曲が低い音で流れていました」

バッハは島の好みだったのだろうか。取材で多くの方にお会いし、少なくない数の文献に目を通してきたが、島と音楽の関連について触れたものは初めてのような気がする。私は音痴のくせに「そうか、島さんはバッハが好きだったのか」などと、深く納得していた。

「和解」という主題

司会をした長崎浩は取材の際、私が何気なく「お別れ会の記憶などから話していただければ」と問いかけたところ、思いがけない話を始めていった。

「〈自分が葬儀の司会をしたことは〉これは実はおかしな話で、島さんの『ブント私史』を読んでも分かると思いますが、私は、島さんにクソミソに弾劾されているブント東大細胞の一員だったんです。彼にとっては唾棄すべきグループの一人だった。

結構わだかまりがあったと思いますが、八〇年代のはじめくらいになってからブントの同窓会が開かれるようになりました。そこで、時どき顔を合わせるようになったのです。その契機は唐牛健太郎が北海道から東京に出てきたときです。彼は八四年に亡くなりますが、たしか八〇年くらいに最後に上京するんです。それから昔のメンバーが顔を合わせるようになっていくのですが、その辺りから、私から見ると、島さんなどとも一種の和解が成り立っていった。そんな感じです」

この話を長崎は「最後は親しみといい感じをもって、私は別れることができたのです」と結んだ。長崎のこの話を聞き、島成郎が抱えもっていた終生の課題は「和解」ではないかと直感した。島の人柄を愛し、シンパシーを感じる人は多かっただろう。しかし味方が増えれば敵もまた増える。ここでいう「和解」は、安易な妥協とは異なる。むしろ妥協は厳しく峻拒する。そこを経ての「和解」である。長崎はインタビューの最後をこう締めくくった。

「島さんからクソミソに悪口を書かれた当事者ですが、人間的に対立するとか嫌悪したということが一度もないのです。晩年に和解の雰囲気になったときには、ちょっと嬉しかったですね。遺恨はまったく残っていないです。齢の力ということも、もちろんあったでしょう」

インタビューを終えたとき、私の「島成郎伝」のもっとも核になるモチーフをここにおく。そう決めていた。

武井昭夫と吉本隆明による島成郎追悼

島の没後、多くの追悼文が書かれた。どれもこれも、島成郎への愛情に満ちた文章が並んでいた。そのなかで、武井昭夫と吉本隆明の追悼文を紹介する。

武井昭夫は、本書ではほとんど登場することはなかったが、島が生前、活動家として敬愛し、唯一私淑する師匠、と述べているほど重要な存在である。一九五六、七年ごろ、学生運動の沈滞時に「第二次全学連の再建、いわゆる安保全学連の形成を、島君達が中心になってやるのを私も助けました」と武井はいう。島は森田実とともに武井を訪ね、学生運動を武井が主導していたときのように大衆的な広がりを持たせるにはどうするか、連日、学習会と討論会を続けたという。

作家の小林勝を共産党に入党させて活動家に育てたのは自分（武井）であり、小林は尋常科時代の北寮での島の先輩で、いろいろ影響を与えたわけであるから、「島君は私の孫弟子みたいになります」と武井は笑いながら語る（「島成郎さんの思い出」『情況』二〇〇一年一・二月号より）。さらに以下。

「〔ブントの〕世界変革の論理構造と私の考えとではずいぶん違いがあったと思いますけど、そういうことを超えて、学生運動の大衆的な展開を大胆に展開することに懸けるという島君の大らかな資質が大切なものと私は思うのです。形態としては相当厳しいですよね、安保闘争のときの国会突入戦術とか。そういうことを大胆にやれるという、そういうところが島さんにはあったですね。そういう性質は亡くなるまで失わなかったんじゃないかと思いますね」

ここまでは、いわば活動家の先輩からの、方法論をめぐる賛辞であり追悼である。この後、武井の談話は、ややトーンを変える。

「また、あの人は、自分の経歴を体制側のなかで使うことがなかった。さらに言えば体制の階《きざはし》を上っていく生き方を終生しなかった。一生、とにかく民衆の側にいたという点で私は島君をとても敬愛しています」

元学生運動家への追悼として、最高の誉め言葉ではないだろうか。地位も金も名誉も求めなかった、まさに「ヴ・ナロード」（人民のなかへ――こころ病む人びとのなかへ）を、島は生涯貫いた、と武井昭夫は指摘している。

一方の吉本隆明。吉本は全学連同伴知識人第二号と呼ばれ、早くからブント全学連への支持を鮮明にしていた。ブントと姫岡玲治（青木昌彦）が見せる状況認識への共感が、吉本をしてブントに同伴させた一番の理由である。それにしても吉本は五九年から六〇年にかけて、頻繁にデモに出かけては座り込み、挨拶や演説を行い、招かれてはノーギャラも厭わずに講演をしていた。カンパの呼び掛け人にも、率先して名乗り出ていた。

安保後も、島との交流を深めていく。一九六三年二月、ちょっとした事件が沸き起こった。TBSラジオが「ゆがんだ青春――全学連闘士のその後」というタイトルで、当時の全学連幹部だった唐牛健太郎、東原吉伸、篠原浩一郎らが、田中清玄の企業に就職していること、安保時に闘争資金が田中清玄から引き出されていたことなどの〝事実〟を報道した。これを受けて「アカハタ」がキャンペーンを張って旧ブントを連日批判し、日高六郎、清水幾太郎、大江健三郎がこの「誹謗に加わった」と、吉本は批判を投げた。ブントシンパだった多くの知識人・文化人も、この放送を機に離れていった。

一人吉本は「反安保闘争の悪煽動について」を書き、ブントの側に立って次のように反論した。「〈資金の一部が田中のものだったとしても〉激化した大衆闘争のなかで、ひとりの個人の、あるいは少数のグループの演じうる指導的役割は、たかがしれていると思う。たとえどのような陰謀家を想定してみたところで田中清玄の恣意によって、安保闘争の主導的なたたかいが嚮導されたというようなことはあり得ないのである。それは、大衆闘争そのものを愚弄することであるし、そこに参加した、諸個人と諸組織を愚弄する言いがかりにすぎない。そして、何よりも組織的壊滅をかけてたたかった、全学連と共産主義者同盟の諸君に対する愚弄である。安保闘争を主導的にたたかった学生、労働者、市民知識人は、こういう愚劣なカンパニヤを許している『情況』そのものを、それぞれの場所から粉砕すべき課題を担っている」（『全著作集13』）

数を増す敵対者の中で、孤立も恐れずに言うべきことを言う。吉本隆明ここにあり、と感じさせる文章である。吉本は、島の死に際して次のような追悼を送った。

「島さんの主導する全学連主流派の人たちは、孤立と孤独のうちに、世界に先駆けて独立左翼（ソ連派でも中共派でもない）の闘争を推し進めた。それが60年安保闘争の全学連主流派の闘いの世界史的意味だと、わたしは思っている。闘争は敗北と言ってよく、ブントをはじめ主流となった諸派は解体の危機を体験した。しかし、独立左翼の戦いが成り立ちうることを世界に先駆けて明示した。この意義の深さは、無化されることはない。

安保闘争の敗北の後、わたしは島さんを深く知るようになった。彼の『将たるの器』を深く感ずるようになったからだ。

わたしが旧『ブント』のメンバーの誰彼を非難したり、悪たれを言ったりすると、島さんはいつも、それは誤解ですと言って、その特質と人柄を説いて聞かせた。わたしは『将たるの器』とはこういうものかと感嘆した。わたしなど、言わんでもいい悪口を商売にしているようなもので、島さんの一貫した仲間擁護の言説を知るほどに、たくさんのことを学んだような気がする。（中略）

知っている範囲で、谷川雁さんと武井昭夫さんとともに島成郎さんは『将たるの器』を持った優れたオルガナイザーだと思ってきた。臨床精神科医としての島さんの活動については、わたしは語る資格がない。だが、この人を失ってしまった悲しみは骨身にこたえる。きっとたくさんの人がそう思っているに違いない」（「沖縄タイムス」二〇〇〇年一〇月二二日、のち雑誌『情況』に転載）

吉本と島は、終生意見を違えることはなかった、と吉本の妻和子が博子に言ったという。

追悼文を書いた吉本隆明は、このとき七六歳。七歳年下の島への追悼だった。

島成郎と吉川武彦との共闘

医療者側の追悼もしくは島成郎評価は、これまでも折を見て紹介してきた。少し趣向を変えてみたい。島たちの活動をぎりぎり知る二世代ほど後続の医師に、沖縄での島成郎の活動を振り返ってもらえないかと考えた。沖縄での島たちの医療活動は、どう受けとめられているのか。白羽の矢を立てたのは、那覇市内でクリニックを開業する稲田隆司。なぜ稲田を選んだかは、談話のなかで明らかになるはずである。

冒頭、稲田は吉川武彦の名を引き、島と吉川は当時の沖縄の精神医療のなかで、役割分担をしていたかのようだった、あの時期、沖縄の医療にとってまさに両翼といってよい存在だった、と語り始めた。

「島先生が亡くなってから沖縄で偲ぶ会がおこなわれたのですが、吉川先生もいらしてくださった。挨拶をしたら、吉川先生は『ちょっとお見送りをしてくるね』と言って、ずっと島先生の遺影と語りあっているんです。私は元々吉川先生ファンなので、両翼とご縁をいただけたのは、下の者からすればすごく嬉しかったですね」

すでに書いているが、吉川も六〇年安保世代である。千葉大学の救護班にいた吉川は、現場で倒れている樺美智子を病院まで運んだ一人である。稲田は言う。

「私は一九七五（昭和五〇）年の大学入学です。昭和五〇年代前半の医学部生で、その頃『沖縄精神医療』が発刊されています。夏休みの帰省を利用して、玉木病院に買いに行きました。今では沖縄の長老と言っていい先輩方が、実践であったり、精神病理学の考察であったり、そんな原稿を精力的に書いておられ、面白い雑誌だなと思いましたね。その中心が島先生じゃないですか。沖縄には玉木病院というところがあり、そこには島成郎という、安保の親分だった偉い人がいるというのが最初の印象です。

全国版になると、『精神医療』という雑誌がありますね。『精神医療』には森山公夫先生や、大変な理論家で実践家である先生方が書かれていました。精神医療はこういう社会的な問題を抱えているのか、ということを学びました」

吉川の『精神科のリハビリテーション』の話題になった。その著作を読んだことが、稲田が吉川に強く惹かれるきっかけだった。四、五年前、吉川が沖縄に足を運んだ時、稲田がこの話をしたら、「あんなマイナーな本を、よく買ってくれたね」と言われたという。数百の販売部数で、高価な本だった。

「こんど記憶を手繰ってみたのですが、昭和五〇年代のあの当時、すでにすごいことが書かれていました。『精神科リハビリテーションに王道なし』。これはまったくその通りだと思います。今考えると、疾病観の大きな転換を提起していました。当時〝精神分裂病〟は原因不明で、人格が次第に荒廃していく病、というイメージが強くあったのですが、吉川先生のご本は、もうそういう考え方はやめよう、疲れたら風邪を引く、追い込まれると誰でも変調をきたす、精神分裂病も同じだ、そんなふうに疾病観を変えよう。そう書かれている。あのインパクトは今でも残っていますね」

疾病観の大きな変換は島も同じだった、同じ時期に、同じことを二人は考えていた。稲田はそう述べる。島と吉川によって、相補い合いながら進められてきた医療実践。

私は、生前の吉川に取材の依頼状を送っていた。すると「私の知る島成郎について語るだけしか出来ません。それはブントの島ではありません。家庭人としての島さんであり、友、終生の友としての島さんです。人生の先輩としての島成郎ですし、人を裏切らない島成郎です」と達筆の文字で、取材を了承した旨が記されていた。

「平成二十六年十一月二十三日」の日付がある。ところが暮れになってご子息からメールをいただき、「父の体調が悪化し、取材を受けられなくなりました、あしからず了承ください」という内容だった。二〇一五年三月二一日、吉川は他界した。吉川の話を聞くことができれば、さらに広がりのある島成郎像を描くことができたかもしれないのに、間に合わなかった。

疾病観の変換のほかに、稲田を驚かせたことはもう一つあった。稲田は岐阜大病院に勤務していたが、医師になって二、三年目のとき、県の精神保健センターの企画で吉川が講演会に招聘された。講演が終わった後、稲田はフロアからの質問者として質問に立った。

「先生の著書を拝読したものですと自己紹介をしてから、『今後の精神科リハビリテーションにとって、どんなことが大事になってくると思われますか』と聞いたのです。昭和五八、九年の頃です。すると『これからは〝おばちゃんの精神医療〟が大事になってくる。街の世話好きのおばちゃんたちがわいわい集まって、メンタルを病んだ人を助言する、それが今後のリハビリの主力になるだろう。井戸端会議のように集まって、精神科リハビリテーションを作っていくだろう』。そう答えられた。昭和五八年か九年ですよ。

精神科病院には独自の医療体系があり、そこでは医者がトップにいて、次にスタッフがいる、そして精神病院医療が成り立っている。しかしこれからはそれでは通用しないという。ほんとうに驚きました。私も精神科の医者になっていろいろな現場を経験しましたけど、若い時の教えは残りますね。疾病観の転換と、おばちゃんのリハビリテーション、というこの二つは鮮明に残っていますね」

島もまた医師がトップに立って主導する治療方法は採らなかった。むしろ医者よりも地域の人たちが大事だ、と機会あるごとに説き続けた。ふたたび稲田が話した。

「吉川先生が亡くなる二、三年前、沖縄にいらしてくれたことがあり、一〇名くらい集まって、居酒屋で二回目の吉川先生を囲む会をやったことがあります。私は一回目、二回目、そのどちらにも参加したのですが、吉川先生を慕って集ってきた人は、いろいろな職種の人なのです。家族会、市民、患者会、行政、多様な人が集まって、吉川先生を囲んで議論を始めたのです。吉川先生はとても喜ばれて、『自分が最初に沖縄に赴任した時には、人も少ない、資源も乏しい。そんな沖縄の精神医療が、やっとここまで来た』と、嬉しそうに話していましたね」

両翼の二人はお互いを認め、尊敬しあっていた、とも稲田は言った。

「吉川先生は、琉球大学というアカデミズムで、島先生は地域で、それぞれを認め合って活動していたんでしょうね。吉川先生は学生教育で治療教育というか、発達障害の子どもをどうサポートするか、教育学部で教えておられた。引きこもりとか発達障害とか、いろいろな子どもの問題について本を書かれ、講演をしていました。島先生同様、吉川先生も勉強会をやっておられたし、いろいろな人が二人の勉強会に集って、薫陶を受けてきたんですね」

島成郎が沖縄にまいた種

稲田自身の話になった。沖縄に戻ったのは一九九六年、四〇歳のとき。すぐに那覇でクリニックを立ち上げた。間もなく、児童自立支援施設の嘱託医を依頼された。休診日に担当し、一五年ほど続けてきた。やがて、子どもの虐待問題が大きく取り上げられるようになり、児童相談所にも精神科医が必要だからと頼まれ、十数年、そちらの嘱託医も引き受けてきた。

「子どもたちの現場で体を張っているいろいろな職種の人がいますね。県の職員に、この人はいいな、という人たちがいるのです。その人たちと雑談をしていると、『自分は島さんの思春期勉強会に参加していた』と、嬉しそうに言うのです。いまでは県のトップになっている人たちですよ。児童福祉とか行政の分野の人も、おれも行っていたよという。

沖縄の現場で取り組む多くの人たちに、力を与えているんですね。島先生はそうとう種を蒔かれた。この現場で仕事をするようになって、そのことがよく分かりました。私は吉川先生や島先生と一緒に仕事をしたことはないのですが、先輩方の活動が、我々のような後輩の応援をしてくださっていることはとても感じますね。お二人が沖縄にいた十数年、多くの若い人をサポートしたのではないでしょうか。

それは医師として君臨したということでは全然なくて、今話題になっているオープンダイアローグです。あんな感じです。私は以前から依存症治療をやってきたので、みんなで集まってミーティングをやるのは当たり前、オープンダイアローグは当たり前です。島さんや吉川さんは、オープンダイアローグという言葉がない頃から、オープンダイアローグをやっていた。医療者の権威や権力性が出ないよう、フラットにして語り合う。島先生や吉川先生の仕事は何だったのかと聞かれれば、私はオープンダイアローグでしたよと答えますね。乱暴ですか」

いいや、おっしゃる通りです、まったく同感です、と私は答えた。稲田は、新人時代に影響を受けた精神科医としてマイケル・バリントの名前を出した。中井久夫による『治療論からみた退行――基底欠損の精神分析』(金剛出版、一九七八年)という名訳がある。素晴らしい本で、若いころ、稲田は夢中になって読んだ。

「バリント方式と言い、多職種の人が集まり、一人の患者さんについて徹底して語る。医者が言ったから正しいのではなく、あなた方が述べることはすべて正しい。人間はこうも見えればああも見える、あちらからは、また別の見え方がある。そうやってみんなで語り合えば、その患者の姿がよりよく見えてくる。このバリント方式にハマって、大学病院で看護婦さんとやっていたんですよ。オープンダイアローグは、バリント方式に通底していますね。今の日本でどこまでできるかは別として、オープンダイアローグのようなやり方があることは、ものすごく影響を与えますね。すごい時代になってきたと思います」

そして、島をライバル視してきた沖縄の医師たちの話題になった。

「島先生から距離をとる医者たちは、同世代にも先輩や後輩にもいるんですよ。ところが、彼らは島先生に違和感を覚え、距離をとりつつも島先生を意識していた。島先生よりももっといい実践をしよう、そうやって取りくんできた医師たちは何人もいます。そういう意味では、島先生はシンパに対してはもちろん、距離をとってきた人たちにも影響を与えてきたんじゃないでしょうか。政治的な対立というよりも、疾病観や臨床作法などの違いですね。島流はちょっと自分には合わないと思いつつ、意識していることは間違いないですね」

これは、医療のなかにいる人ならではの洞察だった。

島と稲田の接点はどこにあったのだろうか。

稲田が東京の下町の病院で勤務していた頃、島からハガキが届いた。稲田は大学の精神医学教室で人体実験に反対し、精神医学の変革を求める運動に参加していたのだが、その後の内部抗争に嫌気がさし、大学を辞した。「当時は荒れた心境だった」と稲田は言う。島からハガキが届いたのはそんな時だった。「あなたの臨床を刮目している」と書かれていた。

「島先生は、全国にどこまで広いネットワークを持っているのか、と驚きましたね。自分のことまで知ってくれているとは思わなかったです」

しかし、それを機に島との交流を深めていったわけではない。沖縄に開業してからも、学会やシンポジウムで会えば挨拶する、打ち上げの会で機会があれば話す、といった程度の付き合いにとどめてきた。

「ミーハーのようにただ近寄るのもどうかと思っていまして、まず自分が沖縄でちゃんとした実践をやってから会いに行こう。そう思っていたらなかなかタイミングが合わず、結局、お会いすることなく過ぎてしまいました。後で奥さんに『素直に会いに来たらよかったのに』と怒られましたけどね（笑）」

知念襄二が診療所とデイケアを作り、作業所を立ち上げていく、というように首里で積極的に活動していた。稲田は、知念ら先輩医師へのアンテナも張り巡らしていた。

「我われ後輩は、知念さんを尊敬しているので、知念さんがやっているんだから真似してやってみるか、とパン屋をやったのです。言うは易し。無茶苦茶大変でした。素人ですから味がいま一つだし、見た目もよくない。どうしても売れ残るのです。全部私が引き取って知り合いに配っていたのです。

あるとき島先生に『メンバーがつくったものだから、よろしかったら』と差し上げたことがあります。そしたら島先生は『稲田は精神科医をやらずに、パン屋を始めたみたいだ』と笑っていた、と奥さんから聞きました。島先生なりの励ましですね。パン屋はほんとうに大変ですよ。クリニックの院長仲間が集まると、知念さんのような仕事は誰にもできん、といつも言っています」

稲田は今、高石の本部記念病院に手伝いに入っているという。

「私も六〇を過ぎましたので、今後は徐々に、後輩の医者たちに診療所を渡していって、やんばるにシフトするつもりです。春以降ですけどね。やんばるで海に出て泳いだり、カヌーを漕いだり、シフトするつもりでいます」

島が息を引き取ったやんばるの地に、稲田自身も終の棲家を求めようとしているのだろうか。答えを聞きそびれたが、島成郎に強いシンパシーを持ち、沖縄の八〇年代、九〇年代の精神医療を知る医師が、また一人那覇から去ってしまう。

樺と島と唐牛の死

この本のプロローグを、島成郎が初めて沖縄に来て米軍に拒まれ、那覇空港で足止めを食ったという、あのシーンから始めたい、早い時期からそう決めていた。エピローグのラストは、唐牛健太郎に登場してもらうことにしていた。島成郎の評伝のラストがなぜ唐牛なのか。

島にとって、家族以外、心の負債として終生その死が去らなかった人物が、おそらく二人いる。一人は樺美智子。「虎は死んで皮を残す、ブントは死して名を残す」と島は演説のなかで語った。六〇年安保闘争において、実際に死して名を残したのがだれかといえば、樺美智子ただ一人である。

樺の死について、島はこんなことを語っている。

「樺さんのことを、私はいまでも考えております。そして考えることとは、死というものは自らの意志じゃなくても、決していさましい言葉をいわなくても、権力との闘いが激しくなればなる程、誰でも突然否応なく訪れるものなのだ、納得できないまま、死ななきゃならない事態に必ずいくものだということを知りました」(西井一夫・前掲書所収)

連合赤軍事件直後の講演だという点が、ひときわ注目される。六〇年安保闘争から一二年後。樺の死を他人事の死としてではなく、自身の責任それ自体であるような死として、真正面に据えて「考えて」きたことが、ここでは述べられている。

北小路敏の次の一文が、私の拙い言葉を補足してくれるだろうか。北小路が島と最後に会ったのは、二〇〇〇年六月一〇日の樺美智子の四〇周年の集いのときだったという。

1980年6月、安保闘争二十周年の時の島成郎。後ろに樺美智子の遺影が見える（『ブント書記長島成郎を読む』より）

「そのとき島さんは、すでに非常に体調が悪い様子だった。／それにもかかわらず島さんは発起人代表としてあいさつされ、しかも他の私を含む幾人かの発言と献杯が終わるまでのかなり長いあいだ、壇上の樺さんの遺影の横に立ち尽くしていた。苦しさをこらえて立ちつづける島さんの姿に、たたかう人間に対するあつい誠意を、私は感じた」（北小路・前掲書所収）。

この一週間後、島は博多で倒れる。遺影のそばに立つ島は、逃げも隠れもせずに樺の死を受け止

1990年７月７日函館山の唐牛健太郎オブジェ除幕式で参列者と談笑する島成郎（天願勇氏提供）

めている。いや、樺の死を抱きとめているように、私には感じられる。

もう一人は唐牛健太郎。父親のいなかった唐牛は、兄以上に、むしろ父親に近い存在として島を慕っていた。島もまた弟分の唐牛に深い親愛の情を持っていた。一方では自分が北海道から引っ張り出して全学連の委員長に抜擢し、人生航路に大きな影響を与えてしまったことに強い責任を感じていたのではないか（同様のことを儀間文彰も述べていた）。

唐牛は四七歳というこれから男盛りに入ろうというう入り口で、がんに倒れた。私は「総合医療センター・クリニックぎのわん」に、唐牛の主治医だった天願勇を訪ねた（天願はまた、玉木病院の玉木正明を看取った医師でもあった）。

天願が千葉県の鴨川にある亀田総合病院に勤務していたとき、がんセンターを退院し、人工肛門を付けた唐牛がリハビリをしたいと訪ねてきた。一九八三年三月、国立がんセンターで直腸を全摘、骨盤の中にもリンパ節転移があったために摘出。執刀医は小山靖夫だった。小山を紹介したのが天願だった。唐牛はそのつてを頼って、亀田総合病院に天願を訪ねた。当時の新聞や雑誌が唐牛の病名までを掲げて騒ぎたて、その騒動から身を隠すための訪問だったともいう。これが唐牛と天願の個人的な交流の始まりだった。

このころ唐牛は、沖縄徳州会の徳田虎雄のもとに出入りし、「炫燿社」の看板を掲げ、何事かをやろうとしていた。佐野眞一の『唐牛伝』によれば、非行少年の更生に携わる仕事をしようとしていたのではないかという。また島と徳田は、大学時代、学生運動での接点があったようだし、「面白い男がいるから」と、唐牛を徳田に引き合わせたのは島だった、とも書かれている。

天願はがんセンターから照会のあったデータや、亀田総合病院のカルテを前にして話し始めた。「記録を見ると、朝、便が出ていたら人工肛門を取り換え、自分で尿の管を入れ、溜まっていた尿を流し、その後、病院の前の浜辺を散歩するのです。木刀を持ち、雪駄を履き、麦藁帽子をかぶって散歩するのが、毎日の日課でしたね。外出もしました。痛みはほとんど訴えなかったです。そのうちにぼくと打ち解け、ぼくの官舎が病院の近くにあったものですから、そこに遊びに来たりしていました。あるとき『先生、泡盛を持ってきたんだけど』というので『え、泡盛？ ぼくも沖縄なんだけど』と言ったら、『沖縄で医者をやっている島という人が見舞いに持ってきた』と(笑)。

さすがに病棟では飲めませんね。だったらぼくの家で飲んだら、と誘って家で飲んだのですが、もう止まらないわけですよ。健太郎さんは大酒呑みですね(笑)。外泊をすることもあるんですが、でも毎日、朝起きたら浜辺を散歩して、患者としては真面目にリハビリをやっていました。さぼることはなかったですし、検査もちゃんと受けていました」

しかし一九八三年一〇月に再発する。がんセンターに再入院し、再度の手術。執刀医は堂園晴彦だった（堂園は後に九州に帰り、ホスピスを開業した）。全身転移だったという。天願は死亡後の剖検にまで立ち会い、唐牛を送った。

天願が沖縄にハートライフ病院を開業させた時、唐牛の主治医だったということで、島がお祝いに駆けつけている（同様に加藤登紀子も那覇でコンサートを行った後、夫・藤本敏夫とともに来院し、祝っている）。天願と島の交流はここから始まっていく。ときどき天願はオリオンビールを携えて、瀬底の島の自宅を訪ねるようになったという。

唐牛の闘病を「最後の闘い」としながらも、病に侵された唐牛を正視できずにいる自分を、島は正直に告白している。

「〔唐牛は〕自分を冒している病から目をそらすことなく、恐るべき意志力で立ち向かっていた。一時《とき》一時に精一杯の賭けをしているようでもあった。／（中略）／しかしまた私はこのような状態の唐牛に会うのは堪えきれない程辛かった。／私の唐牛は強靭でたくましく美しい肉体を持ち、豪酒で笑いながら悪態をついている男でなければならなかった。／たとえ手術とはいえ、彼の身体がメスによって傷つけられるのは許すことができないとさえ思った。／ベッドに縛りつけられるように点滴注射をうけ苦痛に眉をひそめる唐牛はあってはならなかった」（『ブント私史』）

まるで、愛する肉親が激痛に苦しむのを正視できないとでもいう悲痛な心情である。最後に会ってから三ヶ月、死の床にある唐牛を見たくないという思いに打ち克てなかったように、島は病院に足を運ぶことを避け続けた。結局、死の知らせを聞く。島はこんなことを書いている。
「しかし、『もう帰るのか』とつぶやいた後に『俺はさきにいくからな、島はまだ大変だな』といおうとして呑みこんでしまった唐牛の言葉が、二十四年前の投獄前のせりふと重なりあって、その後ずっと今に至るまで私の心耳に響いてくるのである」（同前）
通夜は、東京中野の宝仙寺で行われた。そこで島が、こんな献杯の挨拶をした。
「唐牛を悼むことを、唐牛らしくやりたい。彼が愛したものを、みんなで今晩も愛したい。それじゃあ唐牛、今晩も飲むからな」

樺美智子の非業の死は、一九六〇年六月一五日。

唐牛健太郎が息を引き取ったのは、一九八四年三月四日。

そして島成郎は、二〇〇〇年一〇月一七日に他界。

六〇年安保闘争の敗退とともに顕著になっていく高度経済成長が、バブルにまで上り詰めようというときに唐牛は世を去った。島はそれから一六年生きた。晩年の島は「世の中が面白くなってきた」というのが口癖だったという。ベルリンの壁の崩壊以降、たしかに世界は激変を重ねてきた。島が他界して一七年。二〇〇〇年までの一六年とは比べ物にならないほど、さらに激しい速度で世界は変容している。

周りを見渡せば、日本は、日本ではない別のものになろうとしている。沖縄もまた、かつての沖縄とは別のものになろうとしている。

私の本は間に合ったのだろうか。

おわりに　島成郎の病理観・治療観と、人をつなげる力

島成郎は物事に取り組む際、挫折から始まることの多い人だった。日本共産党入党後も、ブント創設の後も、沖縄で医療活動を始めようとしたときにも、初めに躓きがあった。少なくとも私の中では、そんな島成郎像が作られていった。しかしそこからが島の本領で、強力な支援者が現れて事態は少しずつ好転していく。島の本領が何かといえば、「人と出会い、つなぐ力の強さ」である。島は行くところ行くところで強い信頼を誇る仲間と巡り合い、ネットワークをつくり上げていった。それが彼の仕事を、よりスケールの大きなものにしていったのだと思う。

そうすると島成郎の評伝は、島個人にスポットを当てるだけでは足りず、彼が作り上げていく人間関係（ネットワーク）をも、浮かび上がらせていくことが重要になる。島は、精神の病理は人と人との関係における葛藤や苦しみに始まりを持つ、という病理観をもち、従って治療の場は病院ではなく、人が生きる場所、つまりは地域こそが最良であるという治療観を、終生手放さなかった医師である（もちろん病院を全否定してはいないが）。この病理観と治療観は、先ほどの、「人と出会い、つなぐ」という生きる姿勢と、緊密につながっている。

ところで、作品を書き進めるにあたって、この間、自らに課してきたことがあった。

一つは、評伝は「時間との闘い」だということ。他界された吉川武彦氏のことはすでに書いた。

取材を受けていただいた方にも、その後、重い病に伏しておられる方がいる。高齢のために取材の任に耐えられない、と返信してきた方々は少なくなかった（後註　山内春枝氏も一二月二九日に亡くなられた）。二つ目、取材で入手した「情報」は、もはや私一人のものではない、広く公共的な財産であるということだった。従って私には、取材で得た情報を次代に引き渡す責務が生じる。

三つ目。「偶然」の力をどこまで引き寄せることができるか。今回は多くの僥倖に恵まれることになったのだが、まず、取材の始まりが偶然の賜物であった。島成郎の評伝を書こうと腹を決めかけていたとき、沖縄でクリニックを開業するAさんと知り会った。たまたまあるシンポジウムで同席することになり、そのとき島成郎の話をしたところ、数日を経て、「先日、中山勲先生とお会いした。佐藤という人が島先生の取材をしたいといっているが、お会いいただけないか、と伝えた」という連絡が入った。驚きつつも取材は実現した。この中山氏のインタビューの記録が、その後、大きな役割を果たすことになる。

もう一つ、心底驚いた偶然がある。途中、確認のために何度かウィキペディアの「島成郎」の項を覗いていた。するとあるとき「1964年……都立島田療育園勤務（現島田療育センター）」とあった（それまではなかった）。島田療育園勤務？　私はすぐに博子夫人に確かめた。その事実はないはずだという。どなたがどこから情報を得て、このような記述をされたかは分からない。誤りにしてはあまりに度の過ぎた偶然である（二〇一七年一二月二六日現在、まだ掲載されている）。

極めて私的なことになるが、弟は母親の死去を機に、一九六五年に東京多摩の島田療育園に入園。六七年に一一年間の生涯をそこで閉じた。仮に六四年以後に、島が島田療育園に勤務していたことが事実であれば、低い可能性ではあったとしても、重度脳性マヒ児への研修なりなんなりの名目で、二人に接点ができる可能性が生まれる。そんなことを、この「誤記」は考えさせたのである。残念ながら私の空想（妄想）は空振りに終わったが、「誤記」だったとしても、何という偶然だろうか。ちなみに、弟が園で他界するまでの二年余は、私にとっては痛恨の記憶である。その原因を作ったのは島田ではなく私の方にあるのだが、ここで触れる余裕はない。封印していたこの記憶をこじ開け、塩をすり込んでくれたのが、「津久井やまゆり園」の植松某である。

事件後、彼の愚劣な障害観はもとより、六〇年代の「施設収容政策」までもが批判された。それが事件の遠因となったと。私とて地域移行に異論はないが、ただし、弟の施設入園がなければ、私がここまで生き延びることが難しかっただろうことも、また一方の事実である。島は精神科病院の収容性を批判しているが、そのたびに私は、自身の六〇年代と向き合わなくてはならなかった。ところどころで文章に力が入りすぎていると感じられるかもしれないが、それは、こうした事情による（誤解はないかと思うが、島田療育園は収容施設だと申し述べたいのではない。念のため）。

取材には長年の友人、黒岩久雄氏の多大な援助があった。沖縄・やんばるや、北海道にも同行してくれた。博子夫人を始め、校正まで協力してくださった古賀康正氏、お名前を出す余裕はないが、取材に応じて下さったすべての方、写真提供の労をとってくださった方々に、深くお礼を申し述べます。本書は紆余曲折を経て、筑摩書房で引き受けていただくことになった。担当してくれた編集者の喜入冬子氏、小川哲生氏、装幀の間村俊一氏に、心より感謝します。

佐藤　幹夫

二〇一七年一二月二六日

〔参考文献一覧〕

●島成郎の著作・論文など

・『精神医療のひとつの試み』(批評社・一九八二年、新装版一九九七年)

・『精神医療・沖縄十五年――持続する地域活動を求めて』(社会評論社・一九八八年)

・島成郎・島ひろ子『ブント私史』(批評社・新装増補版二〇一〇年)

・島成郎監修・高沢皓司編集『戦後史の証言・ブント――ブントの思想別巻』(批評社・一九九九年)

●島成郎とブント・追悼集・研究紀要・論文記録集・記念誌など

・島成郎記念文集刊行会編『ブント書記長島成郎を読む』(情況出版・二〇〇二年)

・同『60年安保とブントを読む』(同)

・『別冊精神医療　追悼島成郎』(批評社・二〇〇一年)

・玉木一兵『曙光』(琉球新報社・二〇〇六年)

・玉木一兵編著『天空の星　玉木正明・島成郎』(新星出版・二〇〇七年)

・玉木一兵エッセイ・論集『人には人の物語――「六畳の森」から』(MUGEN・二〇一七年)

・『生田夫妻追悼記念文集』(生田夫妻追悼記念文集刊行会・一九六七年)

・唐牛健太郎追想集刊行委員会(代表・島成郎)『唐牛健太郎追想集』(一九八六年)

・『あゆみ――精神活動の記録』(南風原町・発行年無記載)

・久米島精神障害者家族会『あけぼの――久米島精神衛生活動十周年記念誌』(一九八一年)

・『玉木病院十周年記念誌』(医療法人宇富屋・一九八二年・非売品)

・島成郎・玉木昭道編著『玉木病院十周年記念論文集』（医療法人宇富屋・一九八二年）
・『玉木病院35周年記念（1983〜2007年）院内研究論文集』（医療法人宇富屋・二〇〇八年）
・社団法人　沖縄県精神障害者福祉会連合会『沖縄県立てるしのワークセンター　10年の歩み』（二〇〇六年）
・青木昌彦（姫岡玲治）『日本国家独占資本主義の成立』（現代思潮新社・一九六〇年）
・青木昌彦『私の履歴書　人生越境ゲーム』（日本経済新聞社・二〇〇八年）

●六〇年安保闘争と新左翼

・石井暎禧・市田良彦『聞書き〈ブント〉一代』（世界書院・二〇一〇年）
・石井保男『わが青春の国際学連』（社会評論社・二〇一〇年）
・大井浩一『六〇年安保――メディアにあらわれたイメージ闘争』（勁草書房・二〇一〇年）
・江刺昭子『樺美智子　聖少女伝説』（文藝春秋・二〇一〇年）
・大嶽秀夫『新左翼の遺産――ニューレフトからポストモダンへ』（東京大学出版会・二〇〇七年）
・佐野眞一『唐牛伝――敗者の戦後漂流』（小学館・二〇一六年）
・新左翼理論全史編集委員会『新左翼理論全史』（流動出版・一九七九年）
・立花隆『中核VS革マル（上・下）』（講談社文庫・一九八三年）
・立花隆「六〇年安保英雄の栄光と悲惨」「東大ゲバルト壁語録」『立花隆のすべて（下）』所収（文春文庫・二〇〇一年）
・保阪正康『六〇年安保闘争の真実――あの闘争は何だったのか』（中公文庫・二〇〇七年）
・長崎浩『叛乱論』（合同出版・一九六九年）
・長崎浩『叛乱の六〇年代――安保闘争と全共闘運動』（論創社・二〇一〇年）
・西部邁『六〇年安保――センチメンタル・ジャーニー』（洋泉社・新書MC・二〇〇七年）
・伴野準一『全学連と全共闘』（平凡社新書・二〇一〇年）
・『植谷雄高作品集3　政治論文集』（河出書房新社・一九七一年）

・森田実『戦後左翼の秘密』（潮文社・一九八〇年）
・『吉本隆明全著作集13　政治思想評論集』（勁草書房・一九六九年）
・吉本隆明研究会編『吉本隆明が語る戦後55年①――60年安保闘争と『試行』創刊前後』（三交社・二〇〇〇年）
・吉本隆明『全南島論』（作品社・二〇一六年）
・『吉本隆明全集37　書簡1　川上春雄宛全書簡』（晶文社・二〇一七年）
・『吉本隆明資料集143　宿沢あぐり「吉本隆明年譜②」』（猫々堂・二〇一五年）
・『吉本隆明資料集146　宿沢あぐり「吉本隆明年譜③」』（同・二〇一五年）
・『シリーズ20世紀の記憶　60年安保・三池闘争　1957－1960』（毎日新聞社・二〇〇〇年）
・知念襄二「全共闘の時代、沖縄は燃えていた」60年代・70年代を検証する　聞き手・小嵐九八郎（『図書新聞』二〇〇九年二月二八日）
・沖縄タイムス「沖闘委の闘い　27度線のパスポート4、5」（二〇〇九・五・一八、五・一九）
http://www7b.biglobe.ne.jp/~whoyou/chinenjoji09.html

●一般医療と精神医療

・『東京大学精神医学教室120年』（新興医学出版社・二〇〇七年）
・秋元波留夫『異常と正常――精神医学の周辺』（東京大学出版会・一九七一年）
・秋元波留夫『精神医学と反精神医学』（金剛出版・一九七六年）
・秋元波留夫『精神障害者の医療と人権』（ぶどう社・一九八七年）
・秋元波留夫『精神医学遍歴の旅路』（創造出版・二〇〇四年）
・石川信義『開かれている病棟』（星和書店・一九七八年）
・石川信義『心病める人たち――開かれた精神医療へ』（岩波新書・一九九〇年）
・吉川武彦『精神科のリハビリテーション』（医学図書出版・一九七三年）
・吉川武彦『逃げない、逃がさない、逃げ込まない――'72～'83沖縄で精神科医として生きて』（一九八四年・凱

風社）
・木村哲也『駐在保健婦の時代1942－1997』（医学書院・二〇一二年）
・栗原雅直『壁のない病室――異常と正常のはざまで』（中央公論社・一九九〇年）
・立岩真也『造反有理――精神医療現代史へ』（青土社・二〇一三年）
・浜田晋『私の精神分裂病論』（医学書院・二〇〇一年）
・広田伊蘇夫『精神病院――その思想と実践』（岩崎学術出版社・一九八一年）
・藤澤敏雄『精神医療と社会――こころ病む人びとと共に』（批評社・初版一九八二年・一九九八年増補新装版）
・森山公夫『現代精神医学解体の論理』（岩崎学術出版社・一九七五年）
・森山公夫『和解と精神医学』（筑摩書房・一九八九年）
・『精神神経学雑誌』「特集　本学会の『沖縄精神科医療委員会』活動の検証」（二〇一六年一一八巻第四号所収）
・責任編集・高岡健＋犬飼直子『精神医療　精神医療の1968年』（批評社・二〇一〇年）
・責任編集・森山公夫＋広田伊蘇夫＋佐原美智子＋浅野弘毅『精神医療別冊　追悼藤澤敏雄の歩んだ道』（批評社・二〇一〇年）
・WEBサイト「場末P科病院の精神科医のblog」「30年前に大きな夢を描いた一人の精神科医――宮田国男」(http://blog.livedoor.jp/beziehungswahn/archives/33709658.html)

●沖縄の精神医療など

・小椋力『沖縄の精神医療――精神医学の知と技』（中山書店・二〇一五年）
・沖縄精神医療編集委員会編『沖縄精神医療　1977～1983』（合本・沖縄精神医療編集委員会編・一九八九年）
・北村毅編『沖縄における精神保健福祉のあゆみ――沖縄県精神保健福祉協会　創立55周年記念誌』（二〇一四年）
・高石利博『本部記念病院開院一〇周年記念特別講演集』（医療法人博寿会本部記念病院・一九九三年）
・山城紀子『老いをみる――在宅福祉の現場から』（ニライ社・一九九五年）

・山城紀子『心病んでも――「あたりまえ」に向かって』（ニライ社・一九九八年）
・山城紀子「沖縄戦と精神障害」（『世界』岩波書店・二〇一一年一月号）

●沖縄をめぐる思想

・新川明『反国家の兇区』（現代評論社・一九七一年）
・新川明『琉球処分以後（上・下）』（朝日選書・一九八一年）
・新川明『沖縄・統合と反逆』（筑摩書房・二〇〇〇年）
・大江健三郎『沖縄ノート』（岩波新書・一九七〇年）
・川満信一『沖縄発――復帰運動から40年』（二〇一〇年・情況新書）
・川満信一・仲里効編『琉球共和社会憲法の潜勢力――群島・アジア・越境の思想』（未来社・二〇一四年）
・仲宗根勇『沖縄少数派――その思想的遺言』（一九八一年・三一書房）
・仲宗根勇『沖縄差別と闘う――悠久の自立を求めて』（未来社・二〇一四年）
・仲宗根勇『聞け！　オキナワの声』（未来社・二〇一五年）
・琉球新報社・新垣毅編『沖縄の自己決定権――その歴史的根拠と近未来の展望』（高文研・二〇一五年）

●第二次世界大戦／沖縄戦

・『沖縄県史　各論編第六巻　沖縄戦』（編集・沖縄県教育庁文化財課資料編集班、発行・沖縄県教育委員会、二〇一七年）
・明田川融監修『占領期年表 1945－1952年――沖縄・憲法・日米安保』（創元社・二〇一五年）
・蟻塚亮二『沖縄戦と心の傷――トラウマ診療の現場から』（大月書店・二〇一四年）
・大田昌秀『沖縄差別と平和憲法』（ＢＯＣ出版・二〇〇四年）
・『大田昌秀が説く沖縄戦の深層』（高文研・二〇一四年）
・沖縄タイムス社編『鉄の暴風』（沖縄タイムス社・一九九三年）
・林博史『沖縄戦と民衆』（大月書店・二〇〇一年）

・八原博通『沖縄決戦――高級参謀の手記』（中公文庫・二〇一五年）
・ジェームス・H・ハラス著・猿渡青児訳『沖縄 シュガーローフの戦い――米海兵隊地獄の7日間』（光人社NF文庫・二〇一〇年）
・沖縄戦トラウマ研究会（代表・當山冨士子）「終戦から67年目にみる沖縄戦体験者の精神保健」（沖縄県立看護大学紀要第14号（二〇一三年三月））
・『季刊 戦争責任研究81 戦争と心の傷』（日本の戦争責任資料センター・二〇一三年）、蟻塚亮二「沖縄戦のトラウマによるストレス症候群」、北村毅「沖縄戦における精神障がい者」、中村江里「日本帝国陸軍と『戦争神経症』」
・後藤基行・中村江里・前田克実「戦時精神医療体制における傷痍軍人武蔵療養所と戦後病院精神医学――診療録に見る患者の実像と生活療法に与えた影響」（『社会事業史研究会』社会事業史学会・二〇一六年）

●沖縄近代史／戦後史

・阿波根昌鴻『米軍と農民』（岩波新書・一九七三年）
・新崎盛暉『沖縄現代史・新版』（岩波新書・二〇〇五年）
・新崎盛暉『私の沖縄現代史――米軍支配時代を日本《ヤマト》で生きて』（岩波現代文庫・二〇一七年）
・中野好夫・新崎盛暉『沖縄戦後史』（岩波新書・一九七六年）
・岸政彦『同化と他者化――戦後沖縄の本土就職者たち』（ナカニシヤ出版・二〇一三年）
・河野康子・平良好利『対話 沖縄の戦後――政治・歴史・思考』（吉田書店・二〇一七年）
・櫻澤誠『沖縄現代史――米国統治、本土復帰から「オール沖縄」まで』（中公新書・二〇一五年）
・瀬長亀次郎『沖縄からの報告』（岩波新書・一九五九年）
・瀬長亀次郎『民族の悲劇――沖縄県民の抵抗』（新日本出版社・一九七一年 新装版二〇一三年）
・瀬長亀次郎『瀬長亀次郎回想録』（新日本出版社・一九九一年）
・瀬長亀次郎・琉球新報社編『不屈――瀬長亀次郎日記（全三巻）』（琉球新報社・二〇〇七～二〇一一年）

・ドキュメンタリー作品『米軍が最も恐れた男　その名は、カメジロー』パンフレット（監督・佐古忠彦、二〇一七年）
・仲村清司『消えゆく沖縄──移住生活20年の光と影』（光文社新書・二〇一六年）
・松島泰勝『琉球独立論──琉球民族のマニフェスト』（バジリコ・二〇一四年）
・佐藤幹夫編『沖縄からはじめる「新・戦後入門」　飢餓陣営せれくしょん5』新川明・仲宗根勇・山城紀子・加藤典洋・村瀬学他（言視舎・二〇〇六年）
・新外交イニシアティブ編『虚像の抑止力』（旬報社・二〇一四年）
・琉球新報「日米廻り舞台」取材班『普天間移設　日米の深層』（青灯社・二〇一四年）
・琉球新報社論説委員会『沖縄は「不正義」を問う』（高文研・二〇一六年）

●日本の近代史／戦後史

・江藤淳『もう一つの戦後史』（講談社・一九七八年）
・江藤淳『新版　日米戦争は終わっていない──宿命の対決　その現在、過去、未来』（ネスコ・一九八七年）
・江藤淳『閉された言語空間──占領軍の検閲と戦後日本』（単行本・一九八九年、文春文庫・一九九四年）
・江藤淳『一九四六年憲法──その拘束』（文春学藝ライブラリー・二〇一五年）
・尾崎秀樹『ゾルゲ事件──尾崎秀実の理想と挫折』（中公新書・一九六三年）
・加藤典洋『アメリカの影』（講談社文芸文庫・二〇〇九年）
・加藤典洋『敗戦後論』（講談社・一九九七年、ちくま学芸文庫・二〇一五年）
・加藤典洋『戦後入門』（ちくま新書・二〇一五年）
・川田稔『昭和陸軍全史1──満州事変』（講談社現代新書・二〇一四年）
・川田稔『昭和陸軍全史2──日中戦争』（講談社現代新書・二〇一四年）
・川田稔『昭和陸軍全史3──太平洋戦争』（講談社現代新書・二〇一五年）
・佐野眞一『沖縄　だれにも書かれたくなかった戦後史（上・下）』（集英社文庫・二〇一一年）

・佐野眞一『沖縄戦いまだ終わらず』（二〇一五年・集英社文庫）
・原彬久『岸信介―権勢の政治家―』（岩波新書・一九九五年）
・福永文夫『日本占領史 1945－1952――東京・ワシントン・沖縄』（中公新書・二〇一四年）
・孫崎享『戦後史の正体 1945－2012』（創元社・二〇一二年）
・前泊博盛編著『本当は憲法より大切な日米地位協定入門』（創元社・二〇一三年）
・矢部宏治『日本はなぜ、「基地」と「原発」を止められないのか』（集英社インターナショナル・二〇一四年）

●雑誌特集

・『朝日ジャーナル』一九七一・Vol.13「激動の大学・戦後の証言45　ブント・共産主義者同盟」島成郎・森田実（朝日新聞社・一九七一年）
・『情況』二〇〇一年一・二月号、「特集　追悼島成郎」（情況出版・二〇〇一年）
・『世界　沖縄・何が起きているのか』（臨時増刊・二〇一五年四月）
・『流砂』12「座談会・佐藤粂吉さんを偲ぶ」島ひろ子他（栗本慎一郎・三上治共同編集、批評社・二〇一六年）
・『表現者』61「特集　沖縄」（二〇一五年七月・MXエンターテインメント）
・『現代思想二月臨時増刊号』「総特集　辺野古から問う現場のリアル」（二〇一六年一月）
・『飢餓陣営』（佐藤幹夫編集発行・飢餓陣営発行所）
四一号（二〇一四・秋）中山勲氏を訪ねて「島成郎と沖縄」（「聞き書きシリーズ第一回島成郎と沖縄」）
四二号（二〇一五・春）森山公夫氏を訪ねて「島成郎・吉本隆明・精神医療」（「聞き書きシリーズ第二回島成郎と沖縄」）
四三号（二〇一六・冬）特集　沖縄／奄美　戦争と戦後　北村毅／山城紀子／新里厚子・嘉手苅綾子・照屋恵子／島田正博・高橋年男（「聞き書きシリーズ第三回島成郎と沖縄」）
四五号（二〇一七・夏）　島成郎総集号　島成郎／古賀康正／香村正雄／司波寛／長崎浩／中山勲／玉木昭道／山内春枝／後原榮子／宮里恵美子／大田英子／望月紘／片岡昌哉／榊原省二／高石利博ほか

佐藤幹夫（さとう・みきお）
一九五三年秋田県生まれ。フリージャーナリスト。批評誌『飢餓陣営』主宰。自立支援センターふるさとの会相談室顧問、更生保護施設かりいほ人材育成研修委員、更生保護法人同歩会評議員
主な著書に『自閉症裁判——レッサーパンダ帽男の「罪と罰」』（朝日文庫）、『十七歳の自閉症裁判——寝屋川事件の遺したもの』（岩波現代文庫）、『「自閉症」の子どもたちと考えてきたこと』（洋泉社）、『ルポ 高齢者医療——地域で支えるために』『ルポ 認知症ケア最前線』（以上、岩波新書）、『知的障害と裁き——ドキュメント 千葉東金事件』（岩波書店）、『ルポ 高齢者ケア——都市の戦略、地方の再生』（ちくま新書）など。ほかに共著・編著など多数ある。
［公式ホームページ］
http://www5e.biglobe.ne.jp/~k-kiga/

評伝《ひょうでん》 島成郎《しましげお》
ブントから沖縄《おきなわ》へ、心病《こころや》む人びとのなかへ

二〇一八年三月二〇日 初版第一刷発行

著 者 佐藤幹夫
発行者 山野浩一
発行所 株式会社 筑摩書房
東京都台東区蔵前二-五-三 郵便番号一一一-八七五五
振替〇〇一六〇-八-四一二三
印 刷 中央精版印刷株式会社
製 本 中央精版印刷株式会社

ISBN978-4-480-81846-1 C0095

乱丁・落丁本の場合は左記宛にご送付ください。
送料小社負担でお取り替えいたします。
ご注文・お問い合わせも左記へお願いいたします。
〒三三一-八五〇七 さいたま市北区櫛引町二-六〇四
筑摩書房サービスセンター 電話 〇四八-六五一-〇〇五三